스토리코칭

스토리코칭

2025년 4월 25일 초판 인쇄
2025년 4월 30일 초판 발행

지은이 | 변민주, 윤영돈
교정교열 | 정난진
펴낸이 | 이찬규
펴낸곳 | 북코리아
등록번호 | 제03-01240호
주소 | 13209 경기도 성남시 중원구 사기막골로 45번길 14
     우림2차 A동 1007호
전화 | 02-704-7840
팩스 | 02-704-7848
이메일 | ibookorea@naver.com
홈페이지 | www.북코리아.kr
ISBN | 979-11-94299-29-5(03320)

값 23,000원

Story Coaching

현명한 리더는 스토리로 이끈다

스토리 코칭

변민주 · 윤영돈 지음

 현직교수와 현장코치가 풀어낸
1급 노하우 전격 공개!

머리말

핵개인화 시대에 스토리코칭이 뜨고 있는 이유

의미 있는 삶을 산다는 것은 지속되는 위험 속에서 살아간다는 것을
의미한다.

- 로버트 맥키

"어떻게 스토리로 코칭해야 하죠?"

필자에게 자주 묻는 학습자들의 질문이다. 세상에는 세 부류
의 사람이 있다. 남의 이야기를 듣기만 하는 사람이 있고, 자신의
이야기만 쏟아내는 사람이 있고, 남의 이야기를 경청하고 자신의
이야기를 전달하는 사람이 있다. '나는 어느 부류의 사람인가?' 되
묻는다. 아마도 소극적인 사람이라면 남의 이야기에 끌려가거나,
적극적인 사람이라면 자신의 이야기만 할 수 있다. 이제는 스스로
남의 이야기를 잘 듣고 내 이야기를 할 줄 아는 스토리코치가 되어
야 한다.

스토리코칭이란 무엇인가?

'스토리코칭(story-coaching)'이란 한마디로 "스토리텔링 기법을 활용하여 개인 혹은 조직의 성장과 변화를 돕는 코칭 방법론"을 말한다. 스토리코칭은 경험이 풍부한 스토리텔러나 코치가 개인이나 그룹의 스토리텔링 기술을 개발·개선·안내하는 과정이다. 직장인들이 새로운 과제를 부여받고 그것을 파악하여 어떻게 해결할 것인지 고민할 때 가장 핵심이 되는 것이 바로 스토리텔링 기법이다.

이제 단순히 스토리를 전달하는 시대는 끝났다. 코로나19 팬데믹 이후 스토리의 지형이 변화할 전망이다. 소셜미디어 캠페인, 유튜브 스크립트, 브랜드 네이밍, 블로그 포스팅, 인스타그램 콘텐츠, 기획서, 보고서, 제안서, 자기소개서, 사업계획서, 책 쓰기 등 다양한 콘텐츠 제작에 사용될 것이다. 그렇다 보니 말단 신입사원에서 최고경영자(CEO)에 이르기까지 누구도 스토리에서 자유롭지 못하다.

바야흐로 단순히 스토리를 지배하는 자는 망하고, 입체적으로 코칭하는 자는 흥한다. 눈 깜짝할 사이에 스토리가 변하고 있다. 이미 우리는 생산과잉·정보과잉·광고과잉 시대에 살고 있다. 메시지를 무의식적으로 받았던 고객이 이제 스토리에 반응하는 속도가 달라지고 있다. 옛날처럼 온 가족이 TV 앞에 옹기종기 모여서 보던 시대가 지나가고 있다. TV로 스토리를 보던 시청자는 이제 코드커팅(cord-cutting)을 하고, 넷플릭스 등 OTT(Over-The-Top) 서비스나 유튜브, 틱톡 등 스트리밍을 통해 자신이 보고 싶은 것만 보고 있다. 소비자가 각자 취향에 맞는 서비스를 이용하면서 광고를 보지 않아도 된다는 것이 온라인 스트리밍 서비스의 장점이다. 소비자의 패턴을 분석하여 맞춤형 프로그램을 추천하며 더 많은 시청자를 끌어들인다. 스토리텔러가 일방적으로 전달하던 콘텐츠는 청중에게 더 이상 먹히지 않는다.

이제 초개인화 시대에 걸맞은 스토리코칭의 시대가 온다

개인 콘텐츠를 제작하는 크리에이터가 늘어나면서 전 세계 누구라도 언제든지 인기 콘텐츠를 만들 수 있다. 유튜브, 인스타그램, 페이스북, 링크드인 등 비슷한 스토리텔링으로는 주목받기 어렵다. 챗GPT가 나오고부터는 비슷한 콘텐츠가 우후죽순으로 재생산되고 있다. 이제는 미디어를 기반으로 한 '스토리텔링(storytelling)' 시대가 지나고 개인화된 맞춤식의 '스토리코칭(storycoaching)' 시대가 오고 있다. 이제 스토리를 완성품으로 파는 시대가 아니라 스토리를 함께 만드는 스토리코칭 시대가 된 것이다.

이 책은 소설, 영화, 드라마, 시나리오 등을 쓰는 전문작가가 아니라 일상에서 스토리를 만들어야 하는 대중을 위해 쓰였다. 특히 자신만의 스토리를 만들어야 하는 직장인, 자영업자, 소상공인, 기획자, 세일즈맨, 1인기업가 등 누구나 쉽게 스토리코칭을 할 수 있도록 구성했다. 이 책을 통해 마음을 훔치는 스토리코치가 되어야 한다. '스토리코치(storycoach)'란 독자의 공감을 불러일으키는 강력한 스토리를 만들 수 있도록 도와주는 사람을 말한다.

1. 스토리코칭은 스토리를 통해 코칭할 때 더 잘 각인된다.

사람의 뇌는 정보와 연관 지어 생각하면 단순한 사실보다 더 오래 기억에 남는다. 인지심리학자 제롬 브루너에 따르면 사람은 스토리를 통해 정보를 접할 때 22배나 더 잘 기억한다고 한다. 설령 아주 딱딱한 정보라도 마찬가지다. 스토리 없이 그저 통계자료나 각종 데이터와 정보를 보았을 때, 10분 후 머릿속에는 정보의 5%밖에 남지 않는다.

2. 스토리코칭은 함께 일하는 사람들끼리 서로 코칭할 수 있는 기술이다.

소방수들은 한번 출동할 때마다 동료들과 서로의 경험을 이야기하며 스토리를 교환한다. 그렇게 함으로써 화재 현장에서 마주칠 수 있는 다양한 상황에 적절히 대처할 수 있다. 이처럼 스토리는 일종의 정신자극제처럼 효율적으로 대처하게 한다.

3. 스토리코칭은 외적 환경에서 주인공이 문제해결을 위해 내적으로 변화하는 과정이다.

스토리에서 중요한 것은 세상에서 일어나는 일이 아니라 주인공의 내면에서 일어나는 과정이다. 마찬가지로 스토리코칭에서 가장 중요한 것은 주인공이 어떤 문제를 해결하려는 과정이 아니라 내적으로 뭔가를 깨닫는 과정이다. 카네기멜론대학 인지과학 뇌영상센터의 마르셀 저스트(Marcel Just) 소장은 이렇게 말한다. "뇌영상 촬영이 대단히 크게 기여한 부분 중의 하나는 인간의 뇌가 얼마나 엄청나게 사회적이고 감정적인지 밝혀낸 것이다. 내게는 무척 의외의 사실이었다. 사람들에게 평범한 서사 하나를 읽게 했을 때도 뇌 활동을 관찰해보면 인물의 의도와 동기 같은 것들을 헤아리고 있음을 알 수 있다. 이처럼 우리 뇌는 사회적·정서적 정보를 끊임없이 처리하려는 경향이 있는 것 같다. 그런 경향이 분명히 존재하고, 어디서나 두루 나타난다."

스토리코칭으로 바꿔야 조직에서도 살아남는다. 이제 정보는 누구에게나 공유되고 있기 때문에 리더라고 해서 무조건 제공하는 역할을 맡는 건 아니다. 여태껏 그렇게 배워왔고 그 문화에 젖어있다. 하지만 자기 할 말만 하는 꼰대 상사는 환영받지 못한다. 그런 의미에서 이야기 전달에 그치는 스토리텔링이 아닌 이야기를 직접 체험하고 공유하며 이야기가 일상이 되는 '스토리코칭'이 중요해지고 있다. 즉, 이제 누구나 콘텐츠 및 경험을 생산하고 타인과 공유하고 소통 가능한 이용자 주도적인 콘텐츠를 생성할 수 있게 되었다는 것이다. 스토리텔링의 시대는 저물고 있다. 앞으로는 일방적인 전달이 아니라 정해지지 않은 비선형 스토리 안에서 살아가면서 콘텐츠를 향유할 것으로 전망된다. 바야흐로 엄청난 지각 변동이 이루어지는 '스토리코칭의 시대'가 오고 있다.

스토리텔링이 어느 한순간 스토리코칭이 되어 등장한 것은 아니다. 디자인씽킹(design thinking), 스토리씽킹, 스토리두잉 등이 많은 사람에게 관심을 불러일으키고 있다. 이는 여러 분야의 전문가뿐만 아니라 학생들이나 일반인도 다양한 문제를 해결해야 하는 상황에 직면하기 때문이다.

이 책에서는 스토리텔링에서 스토리코칭으로 바꾸는 방법을 제시한다. 스토리텔링을 통한 문제해결 기법을 연구하면서 새로운 방법론으로 '스토리코칭'을 제안한다.

I 부의 저자(변민주)는 단국대 커뮤니케이션디자인과 교수이자 스토리텔링 학자로서 스토리코칭에 관한 중요한 이론인 '집단무의식의 심층 메타포' 연구를 했다. 이 '집단무의식의 심층 메타포' 연구가 사람들의 근원적인 마음을 읽어낼 수 있을 것이라는 확신과 함께 스토리의 중심에 있는 주인공과의 갈등이 문제해결의 핵심 요소가 될 수 있을 것이다. '심층 메타포'는 제럴드 잘트먼 교수팀이 30개국 이상에서 100명이 넘는 고객을 상대로 약 1,200회의 심층 인터뷰를 실시하고, 그 결과 업종이나 국가와 상관없이 가장 출현 빈도가 높은 심층 메타포를 통해 얻어낸 키워드다. 대표적인 심층 메타포는 균형(balance), 전환(transformation), 여행(journey), 상자(container), 연결(connection), 자원(resource), 통제(control) 등이며, 여기에 시스템(system), 힘(power), 자연(nature), 이동(motion) 등도 거론되곤 한다. 심층 메타포는 인간의 무의식에 잠재되어 있으며, 이는 신화나 전설, 설화, 고전 등과 우리의 일상생활이나 소비심리에도 깊은 연관이 있으므로 우리의 심리적인 문제와 광고, 마케팅 등의 문제해결에도 많은 실마리를 제공해줄 수 있다.

스토리코칭에서 가장 중요한 개념은 자신의 정체성을 파악하는 일이다. 현재 자신의 위치를 알고, 과거의 위치를 포지셔닝해서 새로운 자신에 대한 정체성을 찾아갈 수 있도록 하는 것이 무엇보다 중요하다. 그러므로 스토리코칭의 궁극적인 목표는 문제해결이라기보다 '나의 정체성'과 "내가 무엇을 해야 하는지, 그리고 내가 잘하는 것을 어디에서 찾아야 하는지"를 알아가는 과정이라고 할 수 있다. 즉 무엇보다 내가 잘할 수 있는 것을 어디에 활용할 수 있는지 스토리를 통해 풀어낸다면, 적어도 앞으로 무엇을 해야 할지를 스스로 생각하고 해결해나갈 수 있을 것으로 기대된다.

Ⅱ부에서는 스토리의 체계를 코칭에 적용해서 수록했다. 메타포를 통한 스토리와 코칭의 적용은 실제적인 응용에도 많은 도움이 될 것이라고 여겨진다. 이번 기회에 스토리코칭 연구 영역도 자연스럽게 도출될 것으로 여겨지며, 이를 기반으로 스토리코칭연구회도 만들어지게 되면, 연구도 자연스럽게 확장될 것으로 기대된다. 이 책이 스토리코칭 연구의 확장에도 많은 도움이 되기를 바란다.

저자(윤영돈)의 2010년 박사논문의 주제가 '스토리텔링'이었다. 그때 박사논문을 책으로 내자는 출판사가 있었지만 뻔한 스토리텔링이라는 생각이 들었고, 새로운 주제와 콘셉트가 잡히지 않으면 책을 쓰고 싶지 않았다. 저자는 50년의 인생을 살면서 진짜 다양한 경험을 했다. 직장인들이 따로 시간과 돈을 들여 배우지 않더라도 실제 업무 과정에서 부딪히는 일을 통해 스토리텔링 기법을 쉽게 익힐 수 있는 책이 있으면 좋겠다는 요청에 부응하여 전문코치이자 문학박사인 저자의 20년 노하우를 담아 『스토리코칭』을 집필하게 되었다. 이 책에서는 스토리텔링 기법뿐만 아니라 스토리코칭을 실제로 적용할 수 있도록 디테일하게 실습하는 방법을 담았다. 수천만 원이 넘는 외국의 코칭 프로그램을 듣지 않아도, 수백만 원이나 되는 국내 코칭 프로그램을 듣지 않아도 직장인들이 자신의 일과 삶 속에서 스토리코칭을 할 수 있었으면 하는 바람을 이 책에 담았다. 쓸데없이 많은 시간을 허비하지 말고 스토리코칭을 배우는 사람들에게 이 책이 좋은 길라잡이가 될 수 있다면 그것으로 족하다.

무엇보다 이 책을 집필하게 된 가장 큰 이유는 다양한 고전이나 문학, 미디어의 스토리에는 플롯의 구조가 있고, 플롯의 구조 속에서는 다양한 인과관계를 통한 해결의 솔루션이 있다는 점을 공유하고 싶었기 때문이다. 따라서 지속적인 솔루션을 제공받기 위해 해야 할 스토리코칭 훈련 방법을 제시할 것이다. 부록으로 실은 질문스토리카드도 잘 활용하기 바란다.

저자 변민주, 윤영돈

목차

머리말   5

I부   스토리코칭을 위한 스토리 솔루션의 이론과 적용
───

여는 말: 새로운 만남을 통해 새롭게 재탄생한 영웅   21

01   스토리텔링의 기능적 확장과 스토리 솔루션의 첫걸음   25
     1. 스토리텔링과 코칭의 관계를 통해 배우는 스토리코칭
        의 이해   25
     2. 스토리텔링 영역의 확장과 이야기 서사의 문제해결을
        위한 스토리코칭 들여다보기   32
     3. 변화를 위한 서사 과정 10단계와 세 가지 욕망을 통
        해 풀어보는 시나리오   38
     4. 심층 메타포의 모델을 코칭에 적용해야 하는 이유   43

02 영웅 탄생의 서사적 구조에 보이는 심층 메타포의
    시나리오 도출하기   50
    1. 스토리코칭으로 문제 해결하고 목표 이루기   50
    2. 심층 메타포를 시나리오의 성취 과정으로 풀어보기   54
    3. 심층 메타포 코드의 이해와 서사구조 적용하기   63
    4. 심층 메타포의 욕망은 이야기의 궁극적 목표다   67

03 균형의 원리와 심층 메타포를 통해 문제를 해결하다   70
    1. 스토리텔링의 '균형' 문제는 곧 나의 문제다   70
    2. 옛날이야기 속의 '균형' 문제와 통과의례 솔루션 찾아
       가기   74
    3. 세 가지 심층 메타포가 영웅의 정체성을 만든다   78
    4. 역사적인 인물 '김유신'에게는 어떤 균형의 문제가 있
       었는가?   81

04 세 가지 심층 메타포의 시나리오 솔루션 원리를 찾다   89
    1. 심층 메타포의 '자원': 결국은 내가 최고의 자원이다   89
    2. 자원으로서의 문제 인식과 전환의 과정을 한 번에 보다   92
    3. 심층 메타포의 '전환': 영웅의 변화는 심리적 전환에
       서 시작된다   95
    4. 심층 무의식 '연결': 목표를 이루기 위해 '연결'과 '전
       환'의 시험대를 넘어라   97

05 목표실현을 위해 고전의 서사 과정을 나의 것으로 삼다   101
    1. 균형과 연결 문제를 고전에서 찾다   101

2. '균형'의 심층 메타포가 갖는 현대인의 문제성을 인지
하라   107

3. 통과의례의 '상자'를 열어라: 특별한 공간에서 이루어
지는 변화에 주목하라   109

4. 성공하기 위한 운명적 '초연결'을 만들어라   114

06 심층 메타포의 통과의례 원리를 현대 미디어에서 찾다   117

1. 통과의례의 변화 과정과 영웅의 공간에서 일어나는
서사적 단계를 인지하라   117

2. 조셉 캠벨의 영웅의 여정에서 실마리를 찾다   127

3. 「왕좌의 게임」에서 보는 영웅의 여정을 나의 이야기
로 만든다   133

4. 미디어 스토리텔링에서 균형과 연결의 문제를 나의
정체성 찾기에 적용한다   151

07 목표실현을 위한 심층 메타포의 서사 과정을 광고에서   160
배우다

1. 당신의 신체적·사회적 균형은 문제없는가?   160

2. 무협지에서 볼 수 있는 영웅의 특별한 통과의례가 내
가 겪는 통과의례 과정이다   166

3. 생각의 '전환'으로 완전한 '변화'가 시작된다   171

4. 내 안에 있는 불균형을 자각하고 대처하기   176

08 내 안의 별난 인격, 페르소나와 그림자의 상징 알아보기   180

1. 나의 페르소나 얼굴을 찾아서 스토리코칭에 적용하기   180

2. 나의 페르소나와 그림자 얼굴로 '통과의례'를 치르자　187

3. 나의 감추어진 또 하나의 인격, 그림자 상징의 정체
　에 접근하기　192

4. 내 안의 그림자 콤플렉스를 기반으로 한 스토리 만들기　195

5. 스토리코칭을 적용해서 나의 정체성 찾기　201

II부　스토리코칭의 실제

01　스토리코칭의 탄생　215

1. 스토리코칭의 오해와 진실　215

2. 서사가 사라진 시대, '자신만의 스토리'가 필요하다　220

3. 팩트로 명령하지 말고 스토리로 설득하라!　223

4. 스토리와 내러티브의 미묘한 차이는 무엇인가?　232

5. 선형적 내러티브 vs. 비선형적 내러티브　236

02　스토리코칭의 핵심역량을 키워라!　241

1. 문화적 이해력을 높여라　246

2. 정서적 민감성을 키워라　248

3. 내러티브 씽킹을 하라　250

4. 의미 탐색 질문을 하라　252

03　스토리코칭의 절차는 어떻게 실천해야 하는가?　257

1. 상황 - 현재 주인공이 어떤 상황에 놓였는지 파악하기　259

2. 타깃-스토리의 주체로서 방향과 목표를 명확히 설정
하기   261

3. 대안-목표 달성을 위한 여러 가지 대안 탐색하기   263

4. 재구성-새롭게 재인식하고 실행계획 다시 잡기   265

5. 갈망-스스로 마무리 짓도록 실천의지 갈망하기   267

04   스토리코칭의 도구는 어떻게 활용해야 하는가?   270

1. 한마디로 무엇인가? 로그라인 찾기   271

2. 내가 닮고 싶은 역할 채택하기   274

3. 내가 직접 역할 수행하기   282

4. 새로운 무대에서 역할 창조하기   288

5. 스토리코칭을 할 때 유의해야 할 점 10가지   293

6. 스토리보드 만드는 방법   296

닫는 말: 더 이상 명령하지 말고 스토리코칭을 하라   301

1부

스토리코칭을 위한
스토리 솔루션의 이론과 적용

여는 말

새로운 만남을 통해
새롭게 재탄생한 영웅

    이 책의 I부는 스토리코칭의 방법론과 스토리의 연구 영역에서 코칭에 도움이 될 만한 이론과 사례 적용을 수록했다.

    스토리코칭에서 심층 메타포에 많은 관심을 갖는 이유는 심층 메타포가 인간의 무의식에 잠재되어 있기 때문이며, 이러한 심리적인 무의식이 마음속에 깊이 있게 자리 잡고 있어 사람들의 욕망과 두려움, 또는 이를 담고 있는 이야기와 많은 관계가 있다고 보기 때문이다.

    잘 알다시피 메타포 중에서도 아주 빈번히 사용되고, 더 이상 분류되지 않으며, 무의식적으로 진행되는 마음속 최심층의 은유 체계를 잘트먼 교수는 '심층 메타포'라고 표현했다. 심층 메타포는 무의식적으로 진행되기 때문에 무의식의 렌즈라고 할 수 있다. 그러므로 이 심층 메타포는 인간이 끊임없이 갈망하는 욕망이나 두려움과 관련이 있다. 이 책에 소개한 심층 메타포의 키워드를 스토리와 코칭에 적용한다면, 사람들의 기본적인 욕망이나 두려움을 자연스럽게 표현해낼 수 있으리라고 기대한다.

    또한 이 책에서는 서사 체계 중에서 주인공이 진정한 영웅으로 탄생하기까지 거쳐야 할 통과의례 과정을 두 가지 입장에서 규정하고, 이를 코칭에 적용하고자 한다. 첫 번째는 영웅의 서사 체계에서 나타나듯이 영웅이 목표를 이루기 위해 반드시 거쳐야 하는 통과의례가 그것인데, 이는 공간으로서의 낯선 상황과 두려움으로서의 통과의례다. 두 번째는 경험해보지 않은 극한 환경에 처했을 때, 경험해보지 못한 낯선 나의 인격과의 만남이다. 즉, 이 새로운 인격은 어두운 낯선 환경들을 잘 대처해나가는 인격으로서의 그림자를 지칭한다. 그런데 이 두 번째 그림자는 극한 환경에 처하지 않고서는 절대 나타나지 않는 인격이라고 할 수 있다.

저자도 이러한 그림자 인격을 만난 적이 있다. 당시 박사과정에 입학하기 위해 직장을 그만두고 연구에 전념하고 있었다. 이 연구의 어두운 터널을 지나야만 알 수 없는 미래를 조금이나마 볼 수 있게 되는 극한 어둠의 상황이었다. 그동안 내가 진행했던 연구의 콘텐츠들을 모아서 하나의 연구 포트폴리오로 만들어야 했다. 그리고 앞으로 콘텐츠 연구의 미래를 생각하고, 연구의 키워드를 설정해나가야 했다. 그런데 이러한 두렵고도 어두운 심연에서 생각한 것보다 더욱 빠르게 연구가 물 흐르듯이 이루어지고 있었으며, 내 안에서 누군가가 이 일을 대신해주는 듯한 느낌을 받았다. 그 누군가는 분명히 내가 경험해보지 않은, 나와는 인격이 다른 또 다른 나의 새로운 자아라는 느낌을 받았다. 박사과정에 입학하여 연구에 집중할 때, 또한 대학에서 깊이 있는 연구를 진행할 때, 앞뒤가 꽉 막힌 어두운 심연에서 가끔은 그가 나타나주었다. 그리고는 그 깊이 있는 연구를 태연하게 습득하거나 창조하곤 했다.

이러한 경험은 나 같은 학자뿐만 아니라 프로젝트 매니저, CEO, 비즈니스맨 등 다양한 영역에서 일하는 사람들도 비슷한 경험을 하게 된다고 볼 수 있다. 결국은 이러한 어두운 터널이 그 문제를 풀 수 있는 나의 또 다른 자아를 초대한다는 것이다. 이처럼 스토리 영역에서는 그림자뿐만 아니라 페르소나 같은 다양한 가면도 테마가 될 것이며, 이를 코칭에 적용하게 되면 자신의 정체성을 잘 표현해낼 수 있다고 생각된다.

네덜란드의 인류학자이자 민속학자인 아놀드 반 게넵(Arnold van Gennep, 1985)이 '통과의례'라는 용어를 처음 사용했다. 반 게넵은 통과의례를 분리·전환·통합의례로 분류했는데, 이는 사회적 지위 획득 및 권력 획득뿐만 아니라 마음을 다스리고 추이하거나 조정하는 단계로 코칭에도 많은 도움이 될 것이라고 여겨진다. 일반적으로 고전소설은 주인공이 태어나서 죽을 때까지의 사건을 순서대로 서술하는 일대기적 형식을 갖추고 있으며, 그러한 서사 구조에서는 통과의례가 존재한다. N. 프라이가 자신의 신화이론에서 신의 세계를 '탄생→죽음→재생'이라는 이미지의 순환적 형식으로 규정하고 있는 것과도 맥락을 같이한다. 이러한 통과의례가 신화나 설화, 전설 속의 영웅 이야기에서는 주인공이 진정한 영웅이 되기 위해 재탄생하는 모습을 보여준다.

통과의례의 구조로 보면, '전환'의 측면에 많은 공감이 될 것으로 여겨진다. 진정한 전환이 이루어지기 위해서는 다음의 서사 과정이 전제된다. 즉 비밀에 부쳐진 주인공의 출생 비밀 및 혈통 비밀이 풀리고, 고난의 통과의례 과정을 극복하고 새로운 나라를 세우거나, 영웅이 되어 새로운 왕조와 깊이 연결되어야 신분 및 자원의 전환 과정이 이루어진다. 그런데 통합의 측면에서 보면, 주인공이 여러 가지 험난한 과정을 극복하고 왕의 혈통이거나 영웅의 혈통임을 증명해내어 결국 영웅으로 재탄생하여 기존의 나라를 통제하거나 새로운 왕조를 세워 새로운 통치를 하게 되는 과정이라 할 수 있다. 또한 분리의 측면에서 보면, 주인공이 수많은 여행을 통해 적을 만나지만, 친구를 만나서 목표를 이루고 새로운 여행을 떠나거나, 새로운 만남을 통해 새롭게 재탄생한 영웅의 모습으로 기존의 여행과는 다른 차원의 새로운 여행을 하는 과정으로 결론에 이르게 된다.

이러한 서사적인 체계와 심층 메타포의 원리는 우리의 상황이나 현재와 미래의 모습을 그대로 이야기하거나 정체성을 찾아가는 데 많은 도움이 될 것이라고 믿으며, 이러한 점이 코칭에서 끌어내야 할 부분이라고 생각된다.

〈성찰질문〉

① 당신이 살아오면서 경험한 가장 감동적인 스토리는 무엇인가?

② 다른 사람과 어떤 스토리를 가장 공유하고 싶은가?

③ 훌륭한 스토리코치로서 지속적으로 경청하고 싶은가?

④ 심층 메타포를 어떻게 활용할 수 있을까?

⑤ 당신의 스토리코칭을 어디에 적용하면 좋을까?

01
스토리텔링의
기능적 확장과
스토리 솔루션의 첫걸음

1 스토리텔링과 코칭의 관계를 통해 배우는 스토리코칭의 이해

스토리에 대한 국어사전의 정의는 "일정한 줄거리를 담고 있는 말이나 글"이라고 할 수 있다. 그러나 이를 주체자 또는 주인공의 서사 과정으로 살펴보면, 로버트 맥키는 스토리에 대해 "인물(인간)의 삶에 유의미한 변화를 야기하는 갈등 중심 사건들의 역동적 상승"[1]이라고 정의했다. 이는 우리에게 문제해결을 위한 많은 시사점을 제공해준다.

여기서 첫 번째로 '유의미한 변화가 가능하다'는 단서가 있으며, '갈등이 중심이 된다'는 단서, 그리고 '이를 통한 역동적 상승'이라는 세 가지 단서가 있다. 이러한 단서를 인생의 문제해결에 적용한다면, 어떠한 결과를 맞이할 수 있을까. 물론 영웅처럼 역동적인 상승을 맞이할 수 있을 것으로 예상되지만, 인생은 그렇게 단순하지 않다. 특히 우리는 너무도 많은 사회 조직과 사람, 교육환경,

---

1   로버트 맥키·토머스 제라스, 『스토리노믹스』, 이승민 역, 2020, 민음사, 78쪽.

개별 관계에 의존하며 살고 있으므로 스토리는 단지 스토리에 머물 뿐이라고 생각할 수 있다. 그러나 스토리와 텔링의 관점에서 보면, 단순히 스토리의 신화나 전설에 머물지 않고 현재의 다양한 미디어 환경과의 소통을 통해 새로운 관점에서 생각할 여지가 있다고 보여진다. 이는 곧 주인공의 삶이 우리의 인생에도 투영될 수 있으므로 새로운 깨달음의 솔루션이 마련될 수 있지 않을까 기대할 수 있게 된다. 즉 '스토리코칭'이라는 용어가 갖는 의미는 영웅의 유의미한 변화와 갈등, 역동적인 상승 등의 요소가 문제를 해결하는 데 많은 도움을 줄 수 있다고 여겨지지만, 영웅의 일생을 적용하는 스토리(story)뿐만 아니라 다양한 적용의 관점과 오디언스와의 소통이 관건인 텔링(telling)이 중요한 코칭이라고 믿기 때문이다.

　스토리텔링과 코칭의 연결에서 우리는 세 가지 단계에 주목한다. 먼저 첫째로 스토리텔링이 추구하는 자신의 감정에 대한 솔직한 표현이다. 스토리텔링이 주는 카타르시스를 느낄 수 있도록 감성에 주목하게 된다는 것이다. 두 번째는 이를 기반으로 한 행동의 시작이다. 행동의 변화는 생각의 변화를 통해 이루어지지만, 생각만으로는 절대로 변화가 이루어지지 않는다. 감정의 변화를 통해 행동하고, 목표한 것을 실행할 때 변화가 이루어진다고 볼 수 있다. 그리고 세 번째는 과거로부터 변화해야 하며, 변화하는 시점을 인지하고, 또 변화를 느낄 수 있어야 한다. 이는 첫 번째의 감성과 두 번째의 행동의 시작과 연관이 있으며, 이들은 서로 유기체적으로 관련되어 있다. 이 책은 이렇듯 스토리텔링을 적용해서 감정의 변화를 통한 행동의 유발, 그리고 변화하는 과정에 대해 고전과 신화, 현대의 미디어 영웅들에게 스토리의 과정을 배우고 코칭에 적용할 것이다.

그동안의 스토리텔링 연구는 디지털스토리텔링의 등장과 함께 주로 게임 미디어를 중심으로 발전했다. 즉, 디지털미디어의 상호작용을 통해 이루어지는 미디어 중 게임이 가장 대표적이라 할 수 있다. 소설을 포함한 일반적인 스토리(내러티브)는 화자가 청자에게 이야기를 일방적으로 전달하는 속성이 있는 반면, 스토리텔링은 화자와 청자가 이야기를 주고받는 '양방성', 다시 말해 '상호작용성'을 기본 속성으로 하기 때문에 화자와 청자가 상호작용을 통해 상황에 따라 실시간으로 이야기를 만들어가는, 결말이 열린 비선형적 개방 구조의 담화 양식이다. 또한 스토리텔링은 주어지는 이야기를 넘어서 사용자 스스로 자유롭게 즐길 수 있고, 새로운 이야기를 창출할 수 있도록 기획해야 한다. 또한 캐릭터와의 친밀한 관계를 유지하면서, 또 다른 사용자와 관계를 맺을 수 있도록 유도하는 형식이어야 한다. 이는 다른 사용자와 어떤 관계를 맺느냐에 따라 체험하는 강도와 이야기가 달라질 수 있기 때문이다. 즉 지금까지와 같은 선형적인 스토리텔링을 통해 이야기를 보고, 읽고, 듣는 것에서 능동적인 참여자로 사용자를 이끌 수 있어야 한다.

그러므로 스토리텔링 코칭은 감성적 체계를 만드는 과정을 도울 수 있으며, 깨달음을 얻기 위한 스토리텔링을 설계하고 기획하는 뼈대 역할을 하는 데 많은 도움을 줄 수 있다고 생각된다. 여기서의 코칭은 대상자를 도와서 목표를 달성할 수 있도록 돕는 역할이라고 할 수 있다. 그래서 컨설팅과는 다른 개념으로서 대상자의 문제를 해결하는 과정이 아닌 스스로 깨달을 수 있도록 돕는다

〈표 1-1〉 스토리, 스토리텔링, 스토리코칭의 특징과 관계[2]

구분	스토리	스토리텔링	스토리코칭
개념	일정한 줄거리를 담고 있는 서사이며, 시나리오를 설계하는 뼈대 역할	미디어를 통해 스토리를 공유하는 과정으로, 새로운 이야기 창출 가능	스토리 창출을 통해 감정, 행동, 변화 등의 해결을 돕는 과정

는 개념으로 접근하고자 한다(〈표 1-1〉 참조).

　이 책에서는 고객이 자신 또는 간절히 원하는 누군가의 스토리를 이용하여 실시간, 현재 또는 미래에 진정한 변화를 이룰 수 있도록 자기의 감정에 대한 스토리를 써내려가고, 또한 이를 기반으로 문제를 해결할 수 있도록 돕는 문제해결 솔루션을 제공하고자 한다. 이는 먼저 시간을 지배하고자 하는 결단과 생각의 전환으로 이루어질 수 있으며, 이를 기반으로 생겨날 수 있는 문제점과 극복할 수 있는 미션을 예상할 수 있어야 한다.

　특히 스토리코칭은 고객의 수동적인 입장이 아니라 스토리텔링이 지향하는 서사의 구조처럼 고객과 코치 사이의 공동적인 상호작용을 지향하며, 이를 기반으로 고객과 코치의 상호 창조적인 창작 과정에서 나타난다고 할 수 있다.

　스토리텔링 코칭에서 문제해결을 위해 접근하고자 하는 주요 콘셉트는 서사의 원리를 통한 문제해결, 영웅의 통과의례를 통한 역량 강화의 방법 모색, 그리고 영웅을 돕는 자들의 유형을 찾아서 적용하는 것이라고 할 수 있다. 또한 스토리텔링을 통한 접근 방식을 상품 커뮤니케이션이나 브랜딩 또는 광고에도 적용할 것이

2　변민주, 『콘텐츠디자인』, 커뮤니케이션북스, 2010.

며, 특히 상품을 판매하기 위한 다양한 스토리텔링의 적용이 마케팅 활동에 영향을 미치는 논의도 중요 논제로 접근해나가고자 한다. 또한, 이 책에서 중요한 것 중의 하나는 핵심 가치가 무엇인지를 찾는 작업이다. 이를 위해 현재 위치하고 있는 시간의 형태, 즉 시대적 위치와 함께 목표를 이루기 위한 시간, 그리고 현재의 공간에서 물리적·사회적 공간의 위치를 파악하여 현재의 모습을 정확하게 인지할 수 있도록 한다.

데이비드 B. 드레이크는 『내러티브 코칭』에서 "내러티브 코치들은 정기적으로 고객이 스토리의 핵심 순간들을 단지 회상하고 성찰하는 것이 아니라, 스스로 몰입하도록 초대해서 더 깊은 수준의 실연 중인 내러티브를 발견할 수 있게 한다"라고 하며, 자기 자신과 자기 스토리를 변혁시키는 핵심 기억들과 마주치게 한다고 했다. 한 개인의 스토리를 진정으로 변화시킬 수 있는 유일한 방법은 스토리의 원형이라 할 수 있는 영웅의 서사를 뒷받침하는 근본적·맥락적 스토리 프로세스를 기반으로 나의 이야기를 적용하고 변화시키는 것이라고 할 수 있다. 스토리적 관점에서 나(주인공)를 변화시키거나 고객을 변화시킬 수 있는 요소는 나에 대한 정체성 파악이 매우 중요하다고 본다. 즉, 나의 정체성과 나를 둘러싼 환경에 대한 이해는 코칭에서 매우 중요한 성찰이라 할 수 있다. 다음의 질문에 성의 있게 기술해보자.

[1] 나(고객)의 정체성에 대한 질문

'나는 누구인가?'에 대한 간략한 소개

'내가 싫어하는 것은 무엇인가?'에 대한 간략한 소개

'지금 무엇을 바꾸고 싶은가?'에 대한 간략한 소개

[2] 나(고객)에게 일어나고 있는 사건에 대한 인지

나에게 일어나고 있는 가장 중요한 사건을 중심으로

요즘 가장 많이 경험하고 있는 감정은 무엇인지 기록해보자.

내가 무엇을 원하는지 아는가? 무엇이 필요한가?

2 스토리텔링 영역의 확장과 이야기 서사의 문제해결을 위한 스토리코칭 들여다보기

그동안의 스토리텔링 연구는 미디어를 기반으로 한 스토리텔링의 다양한 기능과 감성, 규칙, 구조, 적용 등 콘텐츠를 성공시키기 위한 가장 중요한 요소로서 연구되어왔다. 이는 인문학 및 디자인 분야의 미디어 및 콘텐츠 연구 중에서는 가장 많은 연구가 이루어지고 있다고 볼 수 있다. 이러한 일반적 경향 속에서 스토리텔링은 미디어의 영역을 넘어선 교육과 산업에서 적용되고 있으며, 스토리텔링 연구는 아이디어를 구체화하기 위한 서사적 감성 체계를 연구하는 서사적 플랫폼 연구로 확대되고 있다.

그러나 사업과 교육, 정보산업 등에서의 스토리텔링 연구는 사례별 연구가 중심이고, 특히 코칭 산업에서의 스토리텔링 적용은 산발적으로 이루어지고 있을 뿐 아니라 조직적인 체계에 대한 연구가 부족해서 스토리텔링의 적용이 쉽지 않은 현실이다. 그럼에도 스토리텔링의 중요성은 범산업계에서 논의되고 있고, 스토리텔링의 영역 또한 다양한 분야로 확대되기 시작했으며, 미디어와 미디어의 경계를 벗어나 새로운 영역도 만들어가고 있다. 즉 스토리텔링이 다양한 산업 분야의 용병으로 등장하고 있으며, 스토리텔링이 적용된 산업 분야의 사례는 코칭을 비롯한 거의 전 산업 분야에 파급되고 있다. 특히 목적을 이루기 위한 다양한 시도는 코칭에서 많은 적용사례가 생겨나고 있다.

현재 스토리텔링의 기본 유형을 목적에 따라 엔터테인먼트 스토리텔링, 에듀테인먼트 스토리텔링, 인포테인먼트 스토리텔링, 브랜테인먼트 스토리텔링, 그리고 기타 메디테인먼트, 스포테인먼

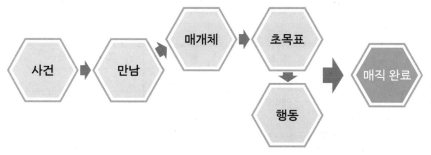

〈그림 1-1〉 서사적 스토리텔링의 전개 과정

트 등으로 분류할 수 있으며, 코칭이 적용된 스토리코칭도 스토리텔링이 적용된 사례라 할 수 있다.

일반적인 엔터테인먼트 스토리텔링은 미디어를 기반으로 한 보편적인 개념으로서의 스토리텔링이다. 즉, 미디어를 기반으로 이야기를 전달하고 공유하고 나누는 행위와 과정을 의미한다. 이야기와 그것을 담아내는 매체의 특성, 즉 기술적 측면까지 포함하는 매우 포괄적 개념으로 받아들일 수 있으며, 반드시 스토리텔링 과정이 필요하다. 물론 스토리코칭 역시 기능적 스토리텔링을 지향하고 있으며, 스토리텔링을 적용하여 재미와 감동을 주기 위해 마치 용병처럼 스토리텔링의 몰입 구조와 서사적 흐름(〈그림 1-1〉 참조)을 적용하는 경우가 여기에 속한다고 볼 수 있다.

즉 중심인물은 사건을 통해 문제에 직면하고, 자기를 돕는 자와 방해하는 자를 만난다. 방해가 극대화될 때, 절대자를 만나 문제를 극복할 수 있는 매개체에 대한 정보를 듣게 된다. 중심인물은 매개체를 찾기 위해 행동하며, 많은 노력을 기울이게 되고, 결국 주인공이 꿈에 그리던 매직 이프를 완료하게 되는 구조다(〈표 1-2〉 참조).

〈표 1-2〉 매직 이프를 기반으로 한 스토리텔링의 플랫폼

구분	요소	구분	기타(설명)
매직 이프	이프	발단	이야기 시작
	캐릭터	특성	프로필
		초목표	주인공의 목표
		매개체	목표를 위한 도구
	공간	특성	-
		이동경로	맵
		매직 공간	목표가 이루어지는 공간
	서사규칙	처음: 불균형	갈등
		중간: 간극	-
		끝: 균형	-
스토리 규칙	주어	사건의 생성	처음
	목적어	주체의 행동	중간
	술어	사건의 해결	끝

일반적으로 잘 알려진 플롯의 구조에서 허구의 이야기는 대략 다음과 같은 4단계로 진행된다. 즉, '발단'은 이야기가 시작되는 부분으로 인물, 배경 등을 소개한다. '전개 및 갈등'은 사건이 전개되면서 인물 사이에 갈등이 고조된다. '절정'은 이야기 내의 갈등이 극에 달하고, 이야기가 해결되는 전환점에 놓인다. '해결 및 결말'은 이야기 내의 갈등이 해소되고 결말을 맞는다. 그러나 플롯의 경우는 이야기의 전개 과정에 따라 다양한 진행이 가능하며, 각각의 플롯에는 메인 캐릭터와 목표, 초목표 등이 존재한다.

즉 〈그림 1-2〉와 같이 아리스토텔레스가 『시학』에서 선보인 처음, 중간, 끝의 구조 속에 각각 하나의 플롯이 존재할 수 있으며,

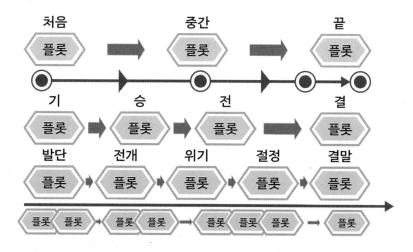

〈그림 1-2〉 스토리텔링의 서사 과정에 따른 다양한 플롯의 구조

기·승·전·결의 확장 구조 속에도 각각 하나의 플롯이 존재하게 된다. 하지만 발단, 전개, 위기, 절정, 결말 등 이야기의 흐름이 다양해지면서 하나의 단위에 다양한 플롯이 존재하게 되고, 오디언스는 이러한 플롯의 연결고리를 통해 몰입하게 된다. 이러한 스토리 구조는 자신의 이야기나 정체성을 찾아주는 데 많은 도움이 될 것으로 여겨진다. 즉 나의 지금 위치를 알고, 과거의 위치를 포지셔닝해서 새로운 나에 대한 정체성을 찾아갈 수 있도록 구조화하는 데 많은 도움이 될 것으로 생각된다.

스토리코칭의 궁극적인 목표는 문제해결이라기보다는 '나의 정체성'과 "내가 무엇을 해야 하는지, 그리고 내가 어디에서 살고 있고 어느 공간에서 일하고 있는지, 또한 내가 잘하는 것을 어디에서 찾아야 하는지"를 모색하는 과정이라고 할 수 있기 때문이다. 이러한 공간에 대한 이해 역시 스토리의 플롯을 통해 찾아낼 수 있다고 본다.

[3] 내가 살고 있는 공간에 대한 이해

지금 내가 살고 있는 공간 소개

일하는 조직의 공간 소개

지금 내가 속한 커뮤니티 소개

[4] 내가 사는 시대에 대한 이해

내가 사는 시대는 나의 일과 어떤 관련이 있는가?

지금 시대를 대변하는 세 가지 키워드는 무엇인가?

요즘 핫한 공간은 어디인가?

3   변화를 위한 서사 과정 10단계와 세 가지 욕망을 통해
풀어보는 시나리오

일반적인 스토리의 주인공은 태어나서 자라고 적을 만나면서
고난을 겪게 되지만, 친구 또는 스승을 만나 이를 극복하게 된다.
그러나 곧 더 큰 어려움과 고난이 닥치며 물이나 불, 토굴 등의 통
과의례를 겪게 되지만, 이를 극복하고 목표를 이루게 된다.

그러나 현실의 시간은 이처럼 순차적으로 다가오지 않는다.
또한 전환의 순간도 어느 날 갑자기 다가오기 마련이다. 즉 어느
날 갑자기 문제의식을 크게 느끼는 순간, 아니면 그 일이 너무도
하고픈 순간, 또는 그 직장에 너무도 가고 싶은 순간 등이 생기게
된다. 이러한 생각은 누구나 하기 마련인데, 여기서 목표를 이루는
사람은 전환의 순간을 잘 인식한다.

이처럼 현실의 결정적인 순간은 스토리의 서사적 시간처럼
순차적으로 오는 것이 아니라 갑자기 온다는 것이다. 고등학교를
졸업하기 전에 올 수도 있고, 대학을 졸업하기 전에 올 수도 있다.
또한 직장에 다니는 동안 전환의 순간이 올 수도 있다는 것이다.
이처럼 현실의 시간은 마치 게임의 시간처럼 현재에만 존재하지
만, 선택은 오로지 나만이 할 수 있으며, 나만이 책임을 지게 된다.
그래서 현실의 시간은 비선형의 시간이라고 할 수 있으며, 열린 개
방형의 시간이라고 할 수 있다. 결과가 반드시 해피엔딩은 아니지
만, 최선의 결과와 열린 결과를 만들어야 한다.

그런데 코칭 프로세스를 적용할 때 유의할 점은 고객의 문제
가 무엇인지를 파악해서 알려주는 것이 아니라 고객이 스스로 원
하는 것을 찾을 수 있도록 해야 한다. 이 과정에서 자연스럽게 문

제점을 파악하고, 자신의 균형이 어떻게 깨어져 있으며 이를 어떻게 극복해야 할지를 스스로 점검하고, 이를 기반으로 자신의 새로운 이야기를 쓸 수 있도록 도울 수 있어야 한다는 점이다. 이를 위해 필요한 것은 다양한 질문 형태라고 할 수 있다.

코치가 마음챙김 실행을 하면 고객과 더 빠르고 깊게 신뢰와 믿음을 형성할 수 있다. 또한 코치가 신뢰성 있는 마음으로 모범을 보이면, 고객도 마음을 열고 상호작용에 응할 수 있다. 코칭의 관점에서 볼 때, 코치는 고객의 깨달음과 기술 향상을 돕지만, 무엇보다 신뢰를 기반으로 한 새로운 관계를 경험하도록 도울 수 있다. 결국 고객과 계속 유지하고 연결을 조절할 수 있는 코치의 능력은 고객의 치유와 성과에 결정적 요소라 할 수 있다.

그런데 잘 알다시피, 스토리의 시간은 대부분 완결된 결론을 이루기 위한 단계로 되어 있으며, 공간 역시 목표를 이루기 위해 단계별로 구성되어 있다. 그러나 현재는 스토리와 달리 인식하는 순간의 순서로 비선형으로 배열되어 있다고 볼 수 있다.

우리는 초등학교, 중학교, 고등학교, 대학교 등의 시절을 시간 순서대로 차례로 보내왔으며, 이후의 직장생활도 시간의 순서대로 살아왔다. 그러나 우리의 삶에서는 지각하는 순간, 불균형을 깨닫는 순간, 그리고 뭔가의 결정을 통해 자세와 행동이 변화하는 순간 등 다양한 순간을 겪게 된다. 중학생일 때 어떤 이는 어머니를 여의게 되고, 고등학생일 때 어떤 이는 아버지의 사업이 부도가 날 수 있다. 또한 대학에 다닐 때 어떤 이는 부모가 이혼하기도 한다. 그러나 대부분의 학생이 그러한 가정사를 드러내놓지 못하므로 우리는 함께 시간의 순서대로 삶을 살아가게 되지만, 고난의 삶을 겪는 동안에 자각하고 전환하는 순간들은 다르게 다가오게 된다. 우리의 인생은 시간 순서에 따라 노드가 전개되고 있지만, 어느 순간 문제에 직면하게 되고, 전환의 시점을 맞게 된다. 즉 앞에서 설명했듯이, 전환은 생각의 전환으로부터 시작되어 생각과 태도, 형태까지도 변화하는 순간을 겪게 된다. 그러나 인생의 서사 구조는 진주목걸이의 줄 구조처럼 단순하지 않다. 우리의 인생은 마치 경주차의 경쟁처럼 어느 누가 1위로 골인할지를 쉽게 예측할 수 없다. 또한 우리가 알고 있는 서사의 구조처럼 그 엔딩이 우리가 예측하는 대로 오지 않을 수도 있다. 마치 여러 엔딩이 미로의 구조처럼 우리에게 다가올 수도 있다. 그렇다면, 스토리 속의 전환(transformation)을 이루기 위해 핵심적으로 이루어져야 할 원리는 무엇인지, 또한 이를 이루기 위해서는 무엇이 필요한지를 생각해봐야 한다.

무엇보다 우리가 '변화(전환)'하고픈 진정한 마음이 있는지를 스토리텔링 기법으로 찾아낼 수 있을 것이다. 이러한 '변화'의 의지를 좀 더 논의하기 위해 스토리텔링적인 접근 방법을 시도해보고자 한다.

서사적 관점에서 영웅은 커다란 목표 의식을 가지고 그 일을 실행하려고 하지만, 항상 난관에 부딪히게 된다. 이러한 과정의 시작을 스타니슬라브스키는 '만약에 …이라면'이라는 '매직 이프'[3]의 상황으로 가정하여 시작한다고 했다. 모든 이야기의 시작은 매직 이프라고 할 수 있는데, 이제 우리의 매직 이프를 말해볼 수 있을 것이다.

---

3   이인화 외 7인(2003), 『디지털스토리텔링』참조. 모든 이야기 예술의 창작은 '만약 […]이라면'이라는 가정에서 시작한다. 스타니슬라브스키는 어떤 종류의 일도 다 일어날 수 있다고 가정해보는 이 물음의 마술적인 효과를 찬양하면서 '매직 이프(Magic if)'라는 용어를 썼다.

[5] 내가 실제로 원하는 소원(매직 이프)

'만약에 _____이라면' 내가 가장 원하는 실제적인 소원은 무엇인가?

만약 다시 태어날 수 있다면 어떤 사람으로 태어나고 싶은가?

만약 타임머신이 있다면 어디로 가고 싶은가?

[6] 나를 둘러싼 인물들에 대한 이해

나의 중요한 사건은 무엇인가?

나의 소원 등과 관련된 인물들은?

나와의 친밀도는 어느 정도인가?

심층 메타포는 제럴드 잘트먼 교수가 사람의 무의식 논리를 알기 위해 전 세계 30여 개 이상 국가에서 100명이 넘는 고객을 상대로 약 1,200회의 심층 인터뷰를 실시하고, 이를 통해 출현 빈도가 가장 높은 메타포를 심층 분류체계로 만든 것이다. 이렇게 만들어진 심층 메타포는 다양한 마케팅이나 소비자 조사에 적용되고 있다. 그가 제시한 가장 출현 빈도가 높은 심층 메타포는 균형(balance), 전환(transformation), 여행(journey), 상자(container), 연결(connection), 자원(resource), 통제(control) 등이며, 여기에 시스템(system), 힘(power), 자연(nature), 이동(motion) 등의 키워드도 포함된다.[4] 이러한 심층 메타포는 결국 인간의 욕망과 밀접하게 관계하고 있으며, 이는 인간의 욕망을 표현한 다양한 신화나 전설 같은 문화원형 스토리로 전해져 내려오고 있다. 결국 신화나 전설은 우리의 선조 이야기이며, 우리의 욕망 이야기이기도 하다. 그러므로 심층 메타포는 우리 내면의 욕망을 표현한 것이며, 이를 스토리텔링 기법으로 적용할 때 내가 원하는 욕망을 표현해낼 수 있고, 그 문제점을 다시금 되짚어볼 수 있다고 보는 것이다. 즉, 심층 메타포를 통한 이야기의 도출은 내면의 문제해결과 나의 정체성을 찾아내는 데 많은 도움이 될 수 있다.

스토리코칭은 고객의 테마와 꿈을 구체화하는 작업이라고 할 수 있다. 이를 위해서는 드라마적인 구성을 갖추어야 한다. 앞에서

---

4   제럴드 잘트먼·리제이 잘트먼, 『마케팅메타포리아』, 이진원 역, 21세기북스, 2010, 43-53쪽.

도 밝혔듯이 서론, 본론, 결론의 3단계 구성에 갈등과 대립이라는 기본 요소를 추가하는 것이 더욱 효율적이다. 왜냐하면 스토리 밸류를 실현할 수 있어야 하기 때문이다. 그러므로 3단 구성 외에도 발단·전개·위기·절정·결말의 5단 구성, 도입·상승·정점·하강 또는 반전·파국이라는 5단계 구성, 기·승·전·결의 4단 구성 등도 많은 작가들이 사용하고 있는데, 그 내용은 아래와 같다.

기: 도입부로서 드라마의 예비적 지식을 전해주는 부분이다. 여기에서는 사건의 원인이 제시되고, 드라마를 끌고 가는 주요 인물이 소개된다.

승: 전개부로서 시나리오의 대부분을 차지한다. 여기에서는 여러 가지 사건이나 사정이 맞부딪쳐서 겹쳐지는 가운데 드라마가 진행된다. 도입부의 터전 위에 연속적으로 사건을 쌓아 올리고, 갈등을 구체화시키고, 이를 심화·증폭시킨다.

전: 절정부로서 클라이맥스에 해당한다. 위기가 더 이상 피할 수도, 돌이킬 수도 없는 결정적인 지점에 도달한다. 중요한 테마와 감동이 드러나야 하는 부분이다.

결: 클라이맥스의 대폭발을 겪고 급속히 냉각되면서 대단원을 맞게 되는 부분이다.

이를 사건의 전개 과정에 따라 발단, 전개, 위기, 절정, 결말의 구성으로 좀 더 나눌 수 있다. 그런데 이 책에서는 심층 메타포의 키워드를 중심으로 코칭 프로세스 모델을 적용하고자 한다. 아래의 〈표 1-3〉은 심층 메타포를 적용한 영웅의 성장 과정과 목표의 실행을 간단히 도출한 것이다.

〈표 1-3〉 심층 무의식 측면에서 살펴본 영웅의 통과의례 관점

구분	주인공의 목표와 실행 과정
전환	출생 및 혈통의 비밀을 풀고 새로운 나라를 세우거나, 영웅이 되어 새로운 왕조와 깊이 연결됨.
	여러 가지 어려운 과정을 극복하고 왕의 혈통이거나 영웅의 혈통임을 증명해냄.
통합	자연 속에 묻힐 수 없는 운명임을 깨닫고, 고난 속에서 목표를 이루고 재탄생함.
	영웅이 되어 나라를 통제하게 되거나 새로운 왕조를 세워 새로운 나라를 통치하게 됨.
분리	수많은 여행을 통해 적을 만나지만, 친구를 만나서 목표를 이루고, 새로운 여행을 떠남.
	필요에 따라 이동하고 도울 자를 만남. 새로운 만남을 통해 새로운 여행을 함.

〈표 1-3〉은 고전에서 쉽게 찾아볼 수 있는 심층 무의식 측면에서 본 영웅의 통과의례라고 할 수 있는데, 이러한 과정은 나의 상황에 적용할 때 전환·통합·분리 측면에서 새로운 해결점을 찾을 수 있다. 표에서 볼 수 있듯이 결론 도출의 서사 과정은 발단·전개의 막혔던 부분이 풀리고, 목표를 획득하는 과정이라 할 수 있다.

이를 통과의례의 구조로 보면, 첫째 '전환'의 측면에서 살펴볼 수 있다. 즉, 비밀에 부쳐진 주인공의 출생 비밀 및 혈통 비밀이 풀리고, 고난의 통과의례 과정을 극복하고 새로운 나라를 세우거나, 영웅이 되어 새로운 왕조와 깊이 연결되어 신분 및 자원의 전환이 실행되는 과정이라 할 수 있다. 둘째로, 통합 측면에서 보면, 주인공이 여러 가지 어려운 과정을 극복하고 왕의 혈통이거나 영웅의 혈통임을 증명해내어 결국 영웅으로 재탄생하여 기존의 나라를 통제하게 되거나 새로운 왕조를 세워서 새로운 나라를 통치하게 되는 과정이라 할 수 있다.

그리고 마지막으로 분리의 측면에서 보면, 주인공이 수많은 여행을 통해 적을 만나지만, 친구를 만나서 목표를 이루고, 새로운 여행을 떠나거나 새로운 만남을 통해 새롭게 재탄생한 영웅의 모습으로 기존의 여행과는 다른 차원의 새로운 여행을 하는 과정으로 결론에 이르게 된다. 결국 주인공은 다음의 〈그림 1-3〉처럼 고난의 통과의례 단계를 극복하고 연결·자원·자연·통제·여행·이동 등의 심층 메타포가 적용된 목표를 이루어 다시금 통과의례의 요소라 할 수 있는 전환·통합·분리 과정으로 오디언스에게 전달된다고 할 수 있다.

즉 이처럼 통과의례의 구조라 할 수 있는 전환·통합·분리의 작용은 스토리코칭에서 핵심적인 목표의 서사 과정이라고 할 수 있는데, 이는 스토리코칭의 프로세스에 서사적인 단계를 형성하는 데 많은 역할을 담당하게 된다. 즉, 사건의 시작과 더불어 불균형화된 문제가 표출되는 서사 과정을 통해 문제를 풀어내는 데 매우 효율적인 코칭 방법론이라고 할 수 있다. 이는 통과의례를 경험하고, 재탄생되는 영웅과 나의 모습을 새로운 각도에서 생각해볼 수 있는 모델이 될 수 있는데, 스토리코칭의 적용 모델은 아래의 그림과 같다(〈그림 1-3〉 참조).

이처럼 스토리코칭의 적용 모델을 설정해야 하는 이유는 스토리의 구조에 따른 나의 상황을 적용해야 하기 때문이다. 〈그림 1-3〉의 기승전결, 순환을 코칭에 적용해서 풀어내면 다음과 같다.

먼저 '발단'은 스토리의 구성 중에서 제1막에 해당한다. 아리스토텔레스가 제시한 제1막은 나의 상황을 인지하고, 나를 둘러싼 세계와 나의 존재에 대한 이해가 필요하다. 스토리 전개에서 사건

발단	전개	위기	절정	결말
불균형	연결	상자	전환	균형
불균형	여행	상자	전환	통합
기	승	전	결	순환
불균형	여행	상자	전환	분리
상황설정	도울 자	통과의례	전환	연결

〈그림 1-3〉 스토리코칭의 적용 모델

의 시작이라 할 수 있으므로 언제 그 불균형이 시작되었는지 기술할 필요가 있다. 즉, 처음의 발단 단계는 나의 균형 문제를 찾는 것이다. 이는 고전의 영웅 사례와 같이 신체적·사회적·심리적 불균형 상태를 찾아볼 수 있을 것이다.

'전개'는 나를 둘러싼 세계와 사건의 문제가 표출되고, 내가 누구와 연결되었는지를 생각해보는 단계라 할 수 있다. 나의 갈등을 구체화하는 사람이 누구인지, 또 나를 실제로 돕는 사람은 누구인지, 겉으로는 나를 돕는 것 같으나 실제적인 접근에서는 방해하는 친구가 있을 수 있다. 이 단계는 갈등이 표면화되는 단계라고 할 수 있다. 누군가의 도움을 받거나 연결되는 단계로서, 균형의 문제를 스스로 안고 있기보다는 도움을 청하거나, 여행을 떠나 새로운 모색을 해야 하는 단계라고 할 수 있다.

'위기'는 위험한 상황에 놓이게도 하지만, 기회의 장을 마련해주기도 한다. 기회를 만들기 위해 내가 반드시 해야 할 미션은 무엇이 있는지 자유롭게 서술할 수 있어야 한다. 또한 내가 어떠한 통과의례의 공간에 들어가야 할지, 어떠한 판도라의 상자를 열어야 할지를 결정해야 한다.

'절정'은 통과의례를 넘어서 변화를 겪는 단계라 할 수 있다. 내가 원하는 것이 무엇인지를 구체적으로 서술할 수 있어야 하며, 전환을 통해 하고 싶은 일을 구체화해야 한다. 전환은 모든 스토리의 열망이면서 목표 중의 하나라고 할 수 있다.

'결말'은 전환 또는 변화를 통해 목표를 이루면서, 불균형화된 정서나 위치 등이 균형을 이루는 과정이라고 할 수 있다. 여기에서는 반 게넵이 주창한 통과의례의 전환·통합·분리가 적용될 수 있다. 완전한 변화를 통해 전환하거나, 전환을 통해 새로운 통합을 이루는 경우다. 즉 영웅의 스토리에서 왕국을 통합해서 통치하거나, 새로운 나라를 통치하는 경우가 여기에 속한다. 그러므로 새로운 통합의 길로 걸어갈 방법을 모색해볼 필요가 있다. 또한 전환을 통한 분리도 또 하나의 시나리오라고 할 수 있다. 영웅 스토리의 경우는 전환이나 통합을 이룬 후에 새롭게 여행을 떠나는 분리 과정이거나, 2세를 통해 완전한 분리를 이루는 것이다. 또는 새로운 만남을 통해 이전 세상과는 분리되는 경우도 여기에 속한다. 이를 나에게 적용하기 위해서는 완전한 변화 또는 전환을 이루고 난 후의 모색점을 서술할 수 있어야 한다.

[7] 나의 스토리와 변화하고 싶은 욕망은?

나의 스토리를 시작하라. 지금 전환(변화)하고 싶은 것은 무엇인가?

통합하고 싶은 것은 무엇인가?

분리할 수 있는 것은 무엇인가?

02
영웅 탄생의 서사적 구조에 보이는 심층 메타포의 시나리오 도출하기

1 스토리코칭으로 문제 해결하고 목표 이루기

이 책에서 스토리코칭이라고 설정한 것은 영웅의 유의미한 변화와 갈등, 역동적인 상승 등의 요소가 문제를 해결하는 데 많은 도움을 줄 수 있다고 여겨지기 때문이다. 또한 영웅의 일생에 적용하는 스토리(story)와 다양한 적용 관점, 오디언스와의 소통이 스토리코칭의 중요한 솔루션이라고 믿기 때문이다.

결국 내가 주인공이 되어(〈그림 1-4〉 참조) 내 안에 있는 심층 무의식의 욕망을 끌어내어 영웅이 당면 문제를 해결했듯이 그러한 방법론을 코칭의 서사 단계에 적용하고자 하는 것이다.

또한, 책에서 중요한 것 중의 하나는 핵심 가치가 무엇인가를 찾는 작업이다. 이를 위해 현재 위치하고 있는 시간의 형태, 즉 시대적 위치와 함께 목표를 이루기 위한 시간, 그리고 현재의 공간 속에서 파악할 수 있는 물리적·사회적 공간의 위치, 그리고 그 공간 속에 누가 있는지, 나를 돕는 자는 누구인지, 나를 방해하는 자는 누구인지를 알아내어 현재의 모습을 정확하게 파악할 수 있도

〈그림 1-4〉 내가 주인공(주체자)으로서 심층 무의식의 서사 과정 적용

출처: 변민주 교수의 '콘텐츠디자인' 수업 프로젝트

록 한다.

즉 스토리코칭에서 문제해결을 위해 접근하고자 하는 주요 콘셉트는 서사의 원리를 통한 문제해결, 영웅의 통과의례를 통한 역량 강화 방법 모색, 그리고 영웅을 돕는 자들의 유형을 찾아서 적용하는 것이라고 할 수 있다. 또한 사용자가 다양한 문제를 풀고 난 후에는 칭찬이나 포인트 등 다양한 문제해결의 동력을 부여받게 되며, 결국 누군가와의 만남을 통해 그동안과는 비교가 안 되는 새로운 패러다임을 만나게 되는 이치라고 할 수 있다.

[8] 나를 돕는 자에 대한 이해

나를 돕는 자는 누구인지 아는 대로 열거하기

최근에 만난 스승은 누구인가?

나와 함께 걸어갈 파트너는 누구인가?

[9] 나를 방해하는 자에 대한 이해

나를 방해하는 자와 그 조직이 있다면?

나의 에너지를 빼앗은 것은 무엇인가?

나에게 어떤 역경이 있었는가?

저자는 인생에서 '탄생→죽음→재생'이라는 이미지의 순환적 형식을 새로운 스토리 형태로 구현하고, 심층 무의식의 코드를 적용해서 목표를 달성하기 위한 새로운 구도를 설정해보고자 한다. 앞에서 언급했듯이 심층 무의식의 키워드는 인간 욕망의 키워드이기도 하고, 옛날부터 전해 내려오는 속담이나 격언과도 많은 관계가 있다. 특히 이러한 심층 메타포의 키워드에는 대부분 서사 과정과 목표를 이루기 위한 다양한 요소가 포함되어 있지만, 여기에서는 균형을 스토리의 전제 조건, 또는 베이직 스토리라고 전제하고, 전환·연결·상자·자원의 서사 과정을 통해 문제해결의 실마리를 찾아보고자 한다.

심층 메타포의 중요 키워드는 인간의 집단무의식에 잠재하고 있어서 다양한 욕구로 표출되며, 속담이나 격언, 신화나 전설, 고전소설 등에서 은유적으로 표현되고 있다.

심층 메타포인 균형(balance)을 비롯한 다양한 키워드는 우리나라의 속담에서도 그렇게 어렵지 않게 찾아볼 수 있다. 이는 속담도 사람들의 욕망을 대변해주기 때문이라고 할 수 있다.

먼저 자원의 경우, 우리나라 사람들은 자원(resource)으로서의 가치를 속담이나 격언을 통해 널리 회자시키고 있는 것을 볼 수 있다. 이는 '자원'으로서의 욕망을 숨기지 않은 것으로서, 인생과 삶에서 자원으로서의 가치가 무엇보다 크다는 것을 인식하고 있었다. 예부터 내려오는 "나무 될 것은 떡잎 때부터 알아본다"는 속담은 잘될 사람은 어려서부터 남달리 장래성이 엿보인다는 말이며, "되는 집에는 가지 나무에 수박이 열린다"는 속담은 잘되어가는 집은 하는 일마다 좋은 결과를 맺음을 비유적으로 이르는 말이라 할 수 있다. 또한 "그 아버지에 그 아들", "오이 덩굴에서 가지 열리는 법은 없다" 등은 똑똑한 아들이 여러 면에서 아버지를 닮았을 경우를 이르는 말이다. 또한 "죽은 나무에 꽃이 핀다"는 아버지를 일찍 여읜 고아가 잘되어 집안이 번성하게 된 경우를 비유적으로 이르는 말로, 집안의 핏줄이나 사람이 가장 중요한 자원이자 자산임을 나타내주고 있는 속담, 격언이라 할 수 있다.

균형(balance)과 관련된 속담도 많이 회자되고 있는데, "사촌이 땅을 사면 배가 아프다"라는 말은 가장 가까운 친척 형제이지만, 사촌이 땅을 사서 부자가 되면 형제간의 격(균형의 문제)이 생길까 괜히 질투가 나는 마음을 속담으로 표현한 것이라 할 수 있다. 물론 이러한 속담에는 본래의 의미가 숨겨져 있지만, 세월이 흘러가면서 본래의 의미보다는 표층 무의식에 존재하면서 사람의 욕망을 표현하는 의미로 재해석되곤 한다.

우리나라 사람들은 무엇보다 전환(transformation)의 키워드에 가장 많은 관심을 가지고 있는 듯하다. 즉, 신분 상승이나 성형수술을 통한 용모의 변화 등 짧은 시간 안에 뭔가 전환을 꿈꾸는 경우를 많이 볼 수 있다. 대표적인 속담으로 "개천에서 용 난다" 또는 "개똥밭에 인물 난다"라는 말에서 알 수 있듯이 미천한 집안이나 변변하지 못한 부모에게서 훌륭한 인물이 나는 경우 등이 다양한 속담을 통해 회자되고 있다. 이는 언젠가는 내게도 신분 상승 등 전환의 순간이 오리라는 것을 간절히 소망하기 때문일 것으로 생각된다. 더불어 "하늘은 스스로 돕는 자를 돕는다"라는 말을 통해 스스로 노력하는 사람이 성공할 것이라는 '전환'의 소망과 함께 '열심히 노력하는 자'는 하늘과 연결되어 있다는 '연결'의 의미도 내포되어 있다. 이는 우리 민족뿐만 아니라 세계의 어느 민족에서도 발견할 수 있는 가슴 속에 깊이 간직된 은유일 수 있으며, 노력하는 자는 하늘과 연결되어 있다는 은유가 내포되어 있다.

심층 메타포 '연결(connection)'은 형제간이나 자녀와 부모 간, 사촌 간, 친구 간 등이 서로 연결되어있음을 상기하며 매우 중요시하는 테마라 할 수 있다. "실 가는 데 바늘도 간다"라는 말은 실이 가는 데 바늘이 항상 뒤따른다는 뜻으로, 사람의 긴밀한 연결 관계를 비유적으로 이르는 말이다. 또한 "먼 사촌보다 가까운 이웃이 낫다"라는 말은 이웃끼리 서로 친하게 지내다 보면 먼 곳에 있는 일가보다 더 친하게 되어 서로 도우며 살게 된다는 것을 이르는 말로, 가깝게 연결되어 있는 것이 무엇보다 중요함을 나타낸다. 비슷한 말로, "친사돈이 못된 형제보다 낫다"는 말은 "사돈은 어려운 사이이기는 하나 곤란한 경우에 도움을 받아야 할 때 제 구실을 못하는 형제보다 낫다"는 말이라 할 수 있다. 무엇보다 마음으로 연결되는 사이가 중요함을 나타내는 속담도 있는데, "마음이 천 리면 지척도 천 리"라는 속담으로, 서로 정이 깊지 못하면 가까이 있어도 매우 멀게 느껴짐을 이르는 말이라 할 수 있다. 이는 먼 데보다는 가까운 곳에, 또한 마음도 가깝게 이어지는 것이 그만큼 중요하다는 의미라 할 수 있다.

이 외에도 통제(control)의 경우는 "나는 새도 떨어뜨린다"라는 속담처럼 권세가 대단하여 모든 일을 제 마음대로 통제할 수 있는 상태를 나타내며, 상자(container)의 경우는 "수박은 쪼개서 먹어봐야 안다"는 속담처럼 어떤 일을 겉치레로 하거나 형식적으로 해서는 성과가 없으며 내용이 중요함을 비유적으로 이르는 말이라고 할 수 있다. 또한 "나라의 쌀독이 차야 나라가 잘산다"는 속담은 쌀독(상자)을 상징적으로 표현하는 경우라고 할 수 있다.

역사적으로 소설가나 시인들은 은유를 통해 자신의 욕망, 고통, 그리고 일반적인 삶에 대한 생생한 이미지와 스토리를 표현해 왔다. 실제로 은유는 마음의 근본적인 기능을 담당하고 있다. 은유는 그것의 두드러진 특징과 작용을 설명해줄 수 있는 신경학적인 근거가 있다.

우리나라의 대표적인 신화라고 할 수 있는 단군신화를 보더라도 이러한 심층 무의식의 키워드가 서사구조 속에서 잘 표현되고 있음을 알 수 있다. 이처럼 신화의 서사적인 구조는 서론에서 '불균형'의 전제 조건을 내세우게 된다. 사람이 되고 싶은 곰의 소원이 환인과의 '연결'을 만들어내며, 이는 곧 환인이 제시한 쑥과 마늘의 매개체로 동굴이라는 어두운 '상자'를 견뎌내고 통과해서 여인이 되는 '전환'의 과정을 겪게 된다. 이는 결국 사람이 되어 단군이라는 '자원'을 얻게 되는 것으로 마무리된다. 또한 이후의 서사가 이어질 수 있도록 재창조 또는 새로운 소명, 여행 등으로 이어지게 된다. 이러한 원리는 단군신화뿐만 아니라 고주몽이나 박혁거세 등의 신화와 『홍길동전』, 『심청전』, 『춘향전』 등의 고전에서도 살펴볼 수 있다. 이 책에서는 스토리코칭의 논리적인 전개와 심층 메타포에 적용하기 위해 먼저 서사구조를 통한 실마리를 찾아보고자 한다.

또한 이 책에서는 균형을 스토리의 전제 조건, 또는 베이직 스토리라고 전제하고 전환, 연결, 상자, 자원의 서사 과정을 통해 문제해결의 실마리를 찾아보고자 한다. 이는 심층 메타포가 인간의 내면에 숨겨진 욕망의 거울이라 할 수 있으므로 사람의 욕망이 실현되는 이야기의 구조를 만들 수 있다고 보는 것이다. 즉, 〈그림

〈그림 1-5〉 자원, 여행, 상자, 전환으로 이어지는 이야기의 플롯 구조

〈그림 1-6〉 스토리의 목표는 결국 '전환'으로 대표됨

1-5〉의 경우는 '자원→여행→상자→전환'으로 이야기 플롯의 구조가 생성될 수 있다. 잘트먼은 심층 메타포를 기반으로 한 스토리텔링의 구조와 적용 규칙을 설정했다. 잘트먼이 제시한 심층 메타포로는 균형, 전환, 여행, 상자, 연결, 자원, 통제 외에 시스템, 힘,

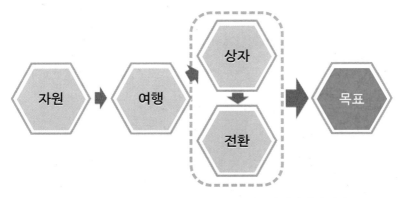

<그림 1-7> '자원'으로서의 주인공은 '통과의례의 상자'에서 전환

자연, 이동 등의 키워드도 포함될 수 있으며, 이러한 키워드를 결합해서 사람의 욕망이 실현되는 이야기의 구조를 만들었다. 즉, '자원→여행→상자→전환'으로 이야기 플롯의 구조가 생성될 수 있었다. 잘트먼이 제시한 심층 메타포의 상징 중에서 가장 많은 욕망을 차지하고 있는 목표는 '전환'임을 잘 암시하고 있다(〈그림 1-6〉 참조).

실제로 많은 이야기 속 매직 이프의 목표는 결혼을 통해 신분이 상승하거나, 고난을 극복하고 영웅이나 왕으로 전환되는 이야기가 가장 많은 심층 메타포의 상징으로 적용되고 있음을 암시하고 있다. 이는 문화원형 또는 영웅, 설화를 기반으로 한 스토리텔링의 기본 구조에서도 잘 드러난다(〈그림 1-7〉 참조).

이처럼 이 책에서는 이러한 구조를 실제적인 스토리텔링을 기획하는 플랫폼으로 적용했다. 이는 메인 캐릭터가 목표를 이루기 위해 가는 길목마다 플롯이 설정되고, 고난의 통과의례 과정이 여러 번 나타나는 경우를 흔히 볼 수 있기 때문이다. 심층 메타포가 기반이 된 스토리텔링의 구조는 발단, 전개, 위기, 절정, 결말을 포함하는 서사적 구조로서, 심층 메타포는 스토리텔링의 기획에 뼈대를 이루는 중요한 역할을 한다고 볼 수 있다. 이처럼 심층 메타포가 적용된 서사적 규칙의 과정은 코칭 시스템에 적용할 때 실질적인 결과를 유도할 것이다.

[10] 내가 가지고 있는 무기 또는 매개체

이 시대의 자원으로서 내가 가지고 있는 무기가 있는가?

도박(고스톱)에서 사용되는 은어인 쇼당(혼자 죽지 않을 패) 패가 있는가? 어떤 히든카드인가?

그 히든카드를 어떻게 실행할 것인가?

[11] 나의 정체성 중에서 가장 큰 무기가 될 만한 장점은 무엇인가?

유형의 장점 세 가지를 열거한다면?

무형의 장점 세 가지를 열거한다면?

장점 중에서 가장 무기가 될 만한 강점은 무엇인가?

저자가 심층 메타포에 많은 관심을 갖고 있는 이유는 심층 메타포가 인간의 무의식에 잠재되어 있으며 욕망의 표현으로 나타나고 있는데, 이러한 심리적인 무의식은 신화의 스토리텔링과 많은 관계가 있다고 보기 때문이다. 즉 심층 메타포는 인간이 끊임없이 갈망하는 욕망과 관련이 있으며, 이러한 욕망이 기록된 역사적인 이야기를 상징화시킨 신화와 전설, 민담 등과 깊은 관계가 있다. 그러므로 개별 심층 메타포의 키워드라 할지라도 스토리텔링의 욕망과 관계가 있으며, 이들 키워드는 서사적인 구조로 활용될 수 있을 것으로 여겨진다. 다양한 욕망을 드러내는 심층 메타포 코드는 잘트먼 교수가 주장한 것처럼 다양하게 존재하는데, 이러한 주요 키워드를 서사적으로 연결하면 신화나 설화 등 현대 스토리텔링의 기본 구조가 되는 규칙을 설정할 수 있을 것으로 보인다.

심층 메타포는 인간 내면의 심층에서 끌어올린 무의식의 세계를 아주 단순화시켜 보여주는 역할을 하기 때문에 신화적인 상징을 단순화시킨 심층 메타포와 많은 연관을 갖고 있다고 볼 수 있다. 즉 잘트먼 교수가 제시한 심층 메타포 이론은 신화나 전설, 민담 등의 이야기 구조와 맞물려서 스토리를 추구하는 다양한 스토리텔링의 구조에도 적용될 수 있을 것으로 기대되며, 이는 마케팅, 브랜딩, 광고 스토리를 기획할 때 이야기의 유형을 설정할 수 있게 해줄 것이다.

다음 〈그림 1-8〉과 같이 잘트먼이 제시한 다양한 심층 메타포의 코드가 존재하는데, 이들은 집단무의식 속에서 욕망의 상징으로 내재되어 있으며, 신화와 설화 같은 이야기에도 상징적으로

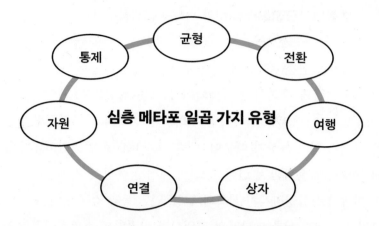

〈그림 1-8〉 심층 메타포 일곱 가지 유형의 대표 키워드

적용되어 표현되고 있다. 이들 심층 메타포는 다양한 욕망의 코드로서, 개별적으로도 중요한 상징의 의미가 있지만, 서로 연결되어 집단무의식으로 인간의 삶에 많은 영향을 끼치면서 존재한다. 특히 스토리적인 관점에서 보면 이들 심층 메타포 중에서 '균형'은 가장 기본적인 베이직 심층 메타포로서의 역할을 하게 된다.

또한 심층 메타포의 키워드 중 하나인 상자(container) 역시 분명한 욕망의 심층 메타포라고 할 수 있다. 상자는 '판도라의 상자'나 보물상자 같은 작은 상자에서부터 물로 가득 채워져 있는 바다나 강, 물리적·심리적·사회적 울타리로 싸여 있는 공간 등을 나타내는 무의식의 코드라고 할 수 있다. 즉 "삶은 놀라움으로 가득차 있다", "내 삶은 공허하다" 같은 표현은 우리 삶 자체를 하나의 상자로 생각하는 것이다. 또한 '큰 그릇', '대기만성형' 같은 표현은 사람의 능력과 품성을 하나의 상자에 비유한 것이다(정성희, 168).

또한 우리는 우리만의 아름다운 집 같은 상자에서 삶을 영위하기를 바라며, 멋진 자동차 같은 상자 안에 있기를 원한다. 이처럼 상자 역시 우리의 욕망을 대변하는 무의식 코드 중의 하나라고 할 수 있다. '상자'는 욕망으로서의 메타포라는 의미도 있지만, 견디거나 벗어나거나 반드시 통과해야 할 통과의례 상자로도 많이 적용된다.

심청이가 아버지의 눈을 뜨게 하기 위해서는 반드시 '인당수(물)'라는 상자에 들어가야 한다. 주몽이 대소 왕자의 핍박을 피해 나라를 세우기 위해서는 반드시 '강'이라는 큰 상자를 넘어야 한다. 또한 단군신화의 곰이 여인이 되어 단군을 잉태하기 위해서는 '토굴'이라는 상자에서 견뎌야 하는 이치와 같다. 이는 성경에서도 '노아의 방주'가 환난을 피해서 들어가야 하는 상자이지만, 비의 재앙이 끝나면 빨리 벗어나고픈 고난의 상자인 것과 마찬가지라고 할 수 있다.

그러므로 스토리적인 관점에서 볼 때 '상자'는 그 자체도 욕망이라고 볼 수 있지만, 또 다른 강한 욕망을 이루기 위한 하나의 매개체로서 등장하는 경우가 많다. 그래서 이 책에서는 '상자'를 매개체적 욕망이라고 표현하고자 한다. 이처럼 상자(container)는 욕망의 심층 메타포라고 할 수 있지만, 다른 심층 메타포와는 역할이 확연히 구별된다고 볼 수 있다.

[12] 나의 판도라 상자를 열어본 적 있는가? 나는 언제 통과의례 상자에 있었는가?

내가 원하는 공간은 무엇인가?

내가 진짜 원하는 것은 무엇인가?

지금 바로 무엇을 한다면 어떤 것을 해보고 싶은가?

프로이트나 융은 인간의 집단무의식에 잠재되어 있는 욕망은 지금도 우리 안에 내재되어 있으며, 이는 우리가 달성하고 싶은 목표나 욕망이라 했다. 은유 중에서도 아주 빈번히 사용되고, 더 이상 분류되지 않으며, 무의식적으로 진행되는 마음속 최심층의 은유 체계를 잘트먼 교수는 '심층 메타포'라고 표현했다. 이 심층 메타포는 무의식적으로 진행되기 때문에 무의식의 렌즈라고 할 수 있다. 심리학자 카를 융은 "원형(archetype)이란 문화적 차이와 상관없이 고유하며 모든 사람이 공유하는 기본적인 마음 상태를 반영하는 패턴이자 상징이며 이미지"라고 주장했다. 또한 원형은 보편적이며, 집단무의식의 상징이나 스토리에서 찾아볼 수 있다고 말했다. 원형들은 은유의 유용한 소스를 제공하는 또 다른 범위이며, 범주화라고 할 수 있다. 제럴드 잘트먼 교수는 결국 서로 다른 소비자는 이 세상의 다른 환경 속에서도 똑같은 심층 은유들을 다르게 경험할 수 있다고 본 것이다. 즉, 기업의 관리자들은 마케팅 전략을 개발하고 실행함에 있어 이러한 심층 은유들의 보편성을 최대한 활용해서 소비자의 욕망을 이해하고자 했다. 다양한 욕망 중에서도 아주 빈번히 사용되고 더 이상 분류되지 않으며, 무의식적으로 진행되는 마음속 최심층의 은유 세계, 복잡하고 보이지도 않는 무의식의 세계를 '심층 메타포' 시스템으로 아주 단순화시켜 보여주는 체계라고 할 수 있다.

심층 은유는 무의식적으로 진행되며, 다양한 경험과 사건에 본질적인 의미와 질서를 부여하는 준거들이자 무의식 내의 심층 코드다. 소비자가 무의식 내에서 제품이나 브랜드 등에 대해 어떤 심층 은유를 작동시키고 있는지를 안다는 것은 고객의 마음을 열 수 있는 아주 효과적인 스토리 테마를 알게 되었다는 것이다. 이오써 고객과 브랜드의 관계를 강화할 수 있는 효과적인 스토리 구성이 가능해졌다고 할 수 있다.

심층 무의식의 코드 중에서 우리가 가장 많이 원하는 욕망은 단연 '돈'이라고 할 수 있다. 돈은 '자원'의 핵심 메타포라고 할 수 있으며, 심층 메타포의 관점에서 보면, 자원은 곧 돈의 은유라고 할 수 있으므로 이를 표현할 때 물 같은 표층 은유를 사용한다. 즉 돈의 성격을 표현할 때 "돈줄이 말랐다", "자금시장이 얼어붙었다", "돈을 물 쓰듯 하다", "돈이 새나간다", "빚더미에 빠졌다" 등과 같은 비유를 한다. 이는 현대사회에서 돈이 곧 자원임을 나타내는 중요한 단서라고 할 수 있으며, "시간이 돈이다"라는 말과도 상통한다.

이 표층의 은유적인 의미를 깊이 파고들면, 그 내면에 깊이 간직된 심층 의미는 '자원'이라는 '심층 은유'로 파악할 수 있다. 표층 은유는 의식적으로 사용되지만 심층 은유는 무의식적으로 진행되며, 사람의 경험과 주변 사물들의 의미를 구체화하는 무의식 내의 심층 코드라고 할 수 있다.

잘트먼이 제시한 심층 메타포의 다양한 키워드 중에서 궁극적으로 현대사회에서 가장 필요하고도 절박한 심층 메타포는 자원과 전환, 그리고 연결이라고 할 수 있다. 이를 세 가지 핵심 서사의 욕망이라고 할 수 있는데, 이 책에서는 이를 풀어가는 과정을 핵심 서사의 원리라고 제안하고자 한다. 결국 핵심 서사의 원리는 자원의 문제, 전환의 문제, 연결의 문제를 어떠한 자세와 실행, 미션을 통해 풀어나갈지가 핵심 코칭이기도 하며, 이를 통해 어떠한 통과의례 과정을 거쳐야 할지가 스토리코칭의 핵심 원리라고 할 수 있다.

[13] 나의 궁극적인 욕망을 생각해본 적 있는가?

나의 이야기에서 숨어 있는 욕망은 무엇인가?

그 욕망을 이루기 위해 처음으로 해야 할 실행 미션은 무엇인가?

그 실행 미션을 했을 때 기대효과는 무엇인가?

03
균형의 원리와
심층 메타포를 통해
문제를 해결하다

1 스토리텔링의 '균형' 문제는 곧 나의 문제다

이 책에서는 심층 메타포의 키워드 중 하나인 균형(balance)을 스토리의 베이직 심층 메타포로 규정하고자 한다. 균형은 생물학 및 사회학적 토대를 가지고 있다. 균형은 신화를 포함한 스토리 관점에서 볼 때, 적대자의 심리를 많이 반영하는 듯하다. 잘트먼 교수에 따르면, 균형은 신체적 균형, 감정적 균형, 사회적 균형, 도덕적 균형으로 나눌 수 있으며, 이러한 균형은 인간의 심층에 무의식적으로 존재한다(〈그림 1-9〉 참조).

균형의 심층 메타포는 스토리텔링의 관점에서 볼 때 두 가지 관점에서 분석될 수 있다. 하나는 스토리 속에 나타난 주인공과 적대자의 균형적 관점이고, 또 하나는 스토리 전개와 오디언스 사이에 벌어지는 균형적 관점이라 할 수 있다. 앞에서 잠시 살펴보았듯이 영웅 서사의 시작은 대부분 불균형에서 시작된다. 즉 신화나 설화 속에 나타난 주인공과 적대자의 균형적 관점의 경우, 주인공은 매우 매력적인 존재임에도 고난과 차별을 당하게 된다. 반대로 적

〈그림 1-9〉 스토리의 베이직 심층
키워드인 '균형'을 형상화한 이미지

대자의 경우는 주인공을 핍박하고 불의한데도 상승하고 성공과 출
세를 누리는 듯해 보인다. 이러한 불균형의 심화는 스토리의 몰입
으로 이끌게 되며, 주인공이 거쳐야 하는 통과의례로 다가서게 한
다. 결국 주인공은 어두운 통과의례의 공간이나 상자를 갈라내어
새로운 반격의 공간으로 넘어가게 된다. 이러한 행위 속에서 기울
어졌던 불균형의 시나리오는 점점 균형을 이루게 되고, 오디언스
의 마음도 카타르시스를 경험하며, 주인공의 결정적 행위 과정이
라는 통과의례를 통해 새로운 균형을 함께 만끽하게 된다.

균형의 심층 메타포를 모티브로 하는 대표적인 스토리가 『흥
부전』이다. 이야기의 시작점부터 못된 형 놀부는 많은 부를 누리
고 살지만, 흥부는 가난하고 착하기만 하다. 이러한 불균형은 서사
가 진행되면서 더욱 커지지만, 흥부는 여전히 형을 원망하지 않고
착하게 산다. 이러한 착한 마음으로 다리가 부러진 제비를 고쳐주

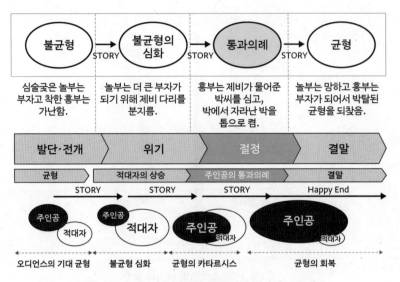

〈그림 1-10〉『흥부전』으로 본 불균형의 서사적 프로세스

게 되고, 이로 인해 커다란 박을 선물로 받게 된다. 흥부는 박을 켤 때마다 펑펑 터지는 돈과 귀금속을 보면서 기뻐하게 되고, 이를 지켜보는 오디언스의 마음도 점점 균형을 이루게 된다. 한편 못된 놀부도 큰 박을 선물로 받고 싶어서 제비의 다리를 부러뜨리고 큰 박을 켜지만, 박을 켤 때마다 도깨비나 무시무시한 괴물들이 나타나 놀부의 재산을 뺏고, 결국은 망하게 된다. 놀부가 욕심을 부려서 더 많은 것을 차지하고자 할 때 어느 정도 맞추어졌던 균형은 더욱 불완전해지고, 독자의 반응은 흥부의 행동과 성취에 집중하게 된다. 결국 옛날이야기의 서두는 불균형에서 시작된다고 할 수 있으며, 이야기가 전개되면서 그 불균형은 더욱 벌어지게 되고, 어두운 통과의례나 상자를 통해 주인공은 목표를 성취하게 된다(〈그림 1-10〉 참조). 이러한 과정들은 옛날이야기이지만, 현대에 사는 우리에게도 많은 시사점을 주고 있다.

[14] 나의 생물학적·물리적 균형이 깨진 적 있는가?

나의 가치는 어디서 오는가?

일과 삶의 균형이 깨진 적 있는가?

일과 삶이 통합되는 순간은 언제인가?

균형의 심층 메타포는 『콩쥐팥쥐전』,[5] 「방이설화」, 「혹부리 영감」, 「우렁이 각시」 등 많은 사례에서 찾아볼 수 있으며, 광고나 마케팅, 브랜딩 사례에서도 찾아볼 수 있다. 대부분의 신화나 전설, 고전의 경우는 오디언스나 독자의 심리적 균형을 무너뜨리면서 이야기를 시작하는 경향이 많다. 앞에서 언급했듯이 착한 흥부 대신 부자인 놀부가 흥부를 핍박하면서 이야기가 시작되는 경우, 또는 왕이지만 왕의 아들로 인정받지 못하고 핍박을 받으면서 이야기가 시작되는 경우 등 오디언스의 심리적인 불균형을 두드리며 서사 과정을 거치게 된다. 이처럼 영웅 스토리의 주인공들이 반드시 거쳐야 하는 통과의례의 구조는 어떠한 원리와 구조로 주인공을 재탄생시키는지에 관심을 갖고 있다. 일반적으로 영웅이 통과의례를 경험할 때, 주인공은 다양한 압박과 고난 속에서 결국 바다나 물속의 세계를 경험하거나, 토굴(흙)이나 동굴 속에서 극도의 인내를 통해 승리의 실마리를 갖게 된다.

우리의 주인공은 이러한 서사구조를 경험하여 새로운 모습으로 재탄생하는 과정을 거친다. 바다나 물속의 극한 고난의 세계를 통해 새롭게 재탄생하는 대표적인 사례가 『심청전』이라 할 수 있다. 『심청전』의 경우, 심청은 아버지의 눈을 뜨게 하기 위해 통과의례 과정인 물[水]의 시험을 거쳐 왕후로 재탄생하게 된다. 즉, "장님인 심학규 부인 곽 씨가 딸을 출산하고 죽자, 가난한 심학규

---

5   『콩쥐팥쥐전』의 경우 전환의 심층 메타포에도 적용되며, 그 외의 스토리 역시 잘트먼이 제시한 심층 메타포에 적용할 수 있다.

는 눈먼 몸으로 심청을 업고 이리저리 돌며 젖동냥을 한다. 그녀는 열다섯 살이 되자 아버지를 대신하여 걸식하다가 몽운사 주지의 말을 듣고, 중국 상인들에게 자신을 팔아서 공양미 삼백 석을 바쳐 아버지의 눈을 뜨게 하기로 결심한다. 심청은 아버지와 고통스러운 이별을 하고, 중국 상인들에 이끌려 인당수(水)에 이르게 되고, 제물로 몸을 던지게 된다. 이때 옥황상제는 심청의 지극한 효성에 감동받아 용왕에게 명하여 심청을 옥련화에 싸서 물 위에 띄우게 한다. 왕은 심청을 왕후로 삼고, 심청은 왕에게 간청하여 장님잔치를 열어 아버지를 초대하게 한다. 이때 심청이 아버지를 발견하고는 '아버지'를 부르자, 깜짝 놀란 심봉사는 눈을 뜨고, 눈물을 흘렸다."

너무나도 잘 알려진 이야기인데, 여기서 우리가 살펴봐야 할 것은 그 인당수라는 상자 안에서 무슨 일이 벌어졌고, 심청이가 어떻게 용왕의 눈에 띄게 되었는지, 어떤 과정을 거쳐 옥련화의 심청이로, 아니 왕후로 재생하게 되었는지의 과정이다. 여기서 우리는 인당수 물에 대한 많은 상상의 나래를 펼 수 있다.

위의 사례에서 볼 수 있듯이, 신화나 고전소설에서는 주인공이 진정한 영웅이 되기 위해 경험해야 할 통과의례가 있다. 또한 단군신화의 경우, 곰이었던 웅녀는 여자가 되기 위해 통과의례 과정인 토굴 시험을 거쳐 단군왕검의 어머니가 된다.

신화나 고전을 코칭에 대입해보면 다음과 같은 특징을 발견해낼 수 있다. 코칭을 기반으로 한 스토리텔링의 특징은 주인공이 핍박이나 공평하지 못한 처우를 통해, 주위의 친구를 통해 다양한 핍박을 물리치고 뭔가 목표를 이루기 위한 통과의례를 거쳐야 한다. 통과의례를 거치는 것은 긴장의 연속이고 어두운 길이라고 할

〈표 1-4〉『심청전』의 서사구조와 물[水]의 통과의례 과정

3막 구조	4단 구조		서사 과정
서론	기	출생과 소명	장님인 심학규 부인 곽 씨가 딸을 출산하고 죽자, 가난한 심학규는 눈먼 몸으로 심청을 업고, 이리저리 돌며 젖동냥을 한다.
본론	승	고난의 과정	그녀가 열다섯 살이 되자 아버지를 대신하여 걸식하다가 몽운사 주지의 말을 듣고, 중국 상인들에게 자신을 팔아서 공양미 삼백 석을 바쳐 아버지의 눈을 뜨게 하기로 결심한다.
	전	통과 의례의 과정	심청은 아버지와 고통스러운 이별을 하고, 중국 상인들에 이끌려 인당수(水)에 이르게 되고, 제물로 몸을 던지게 된다. 이때 옥황상제는 심청의 지극한 효성에 감동 받아 용왕에게 명하여 심청을 옥련화에 싸서 물 위에 띄우게 한다.
결론	결	승리의 과정	왕은 심청을 왕후로 삼고, 심청은 왕에게 간청하여 장님잔치를 열어서 아버지를 초대하게 한다. 이때 심청이 아버지를 발견하고는 '아버지'를 부르자, 깜짝 놀란 심봉사는 눈을 뜨고, 눈물을 흘렸다.

수 있지만, 이는 솔루션에 한 걸음 다가서고 있다는 의미이기도 하다. 이러한 통과의례는 신화나 소설 등에서는 서사의 절정에서 이루어지지만, 인생에서는 이러한 통과의례를 여러 번 겪게 되는 특성을 지닌다고 할 수 있다.

[15] 나의 신체적 균형이 깨지고, 어두운 공간에서 방황한 적이 있는가?

나의 존재는 무엇으로 증명하는가?

어두운 통과의례 속에서 배운 것이 있다면?

나의 생물학적·신체적 가치는?

이 책에서는 심층 메타포 중에서도 사람에게 가장 많은 욕망을 내포하고 있다고 판단되는 '자원', '전환', '연결'을 선택해서 스토리텔링을 적용해 문제해결의 실마리를 풀어보고자 한다.

지금 우리에게 직면한 문제를 풀기 위해 심층 무의식에 내재된 진정한 욕망은 무엇인지를 생각해보자. 무엇보다 나에 대한 신뢰와 자신감이 가장 중요할 것으로 생각된다. 이는 어떤 문제를 해결할 때 가장 기본이 되는 실마리라고 할 수 있으며, 내가 곧 자원이라는 인식과 내 안에 내재되어 있는 유무형적인 자산이라고 할 수 있다. 이를 스토리텔링을 통해 풀어간다면, 더욱 효율적으로 문제를 해결할 수 있으리라고 생각된다.

그리고 과거나 현재에도 모든 이들이 가장 원하는 것은 '전환'의 메커니즘이라고 할 수 있다. 신입사원들에게는 빨리 진급하고 싶은 욕구가 있으며, 정치하는 사람들에게는 뭔가 감투를 통해 변화된 나를 확인하거나 알리고 싶은 욕구가 그것이다. 이러한 변화된 나의 모습을 통해 사랑을 쟁취하고 싶거나 많은 돈을 벌고 싶은 욕구가 생기는데, 이러한 욕구의 기본단위는 '전환'의 욕구라고 할 수 있다.

또한 한국인에게 가장 소중하면서도 가장 많은 비리의 온상이 연결의 욕구라고 할 수 있다. 즉 부모와 자식 간의 기본적인 혈육의 연결과 친척 간의 혈연관계, 초·중·고나 대학교의 학연, 고향 사람들 간의 지연, 특수 목적을 지닌 공동체 간의 관계 등 '연결'은 목적을 이루기 위한 아주 중요한 욕망이라고 할 수 있다. 현대의 연결은 진학이나 커뮤니티, 시험 등 다양한 방법으로 이루어지고

〈표 1-5〉심층 무의식을 적용한 서사의 12단계

서사	심층 무의식	서사의 12단계	영웅의 12단계
기	균형의 문제를 발견함.	1단계: 매직 이프와 목표점	보통의 평범한 세계
		2단계: 모티프와 균형의 문제	모험에 대한 소명
		3단계: 고난의 시작	부름에 대한 거절
승	연결 (connection)	4단계: 친구와 연결	선각자와의 만남
		5단계: 새로운 시대 및 장소	새로운 세계로 진입
		6단계: 나를 방해하는 적대자와 방해물	시험, 동맹, 적
전	상자 (container)	7단계: 통과의례와 내가 이루어야 할 초목표에 접근	동굴로 접근하기
		8단계: 시련과 또 다른 난관에 부딪힘.	시련
		9단계: 목표를 이루기 위한 매개체와 무기	보답
결	전환됨. 자원(resource) 으로서의 변화	10단계: 초목표를 이루고 승리함.	돌아가는 길
		11단계: 새로운 자아로 부활	부활
		12단계: 새로운 소명과 여행	불로불사의 귀

있지만, 사람과 사람의 연결을 통해 이루어지는 만남은 감성과 관계를 이루게 해줌으로써 신뢰라는 새로운 무기를 만들어내기도 한다. 이처럼 자원, 전환, 연결은 지속적으로 우리의 삶 속에서, 우리의 집단무의식 속에서 가장 간절히 원하는 욕망이라 할 수 있다.

〈표 1-5〉는 영웅이 겪어야 할 12단계를 적용해서 심층 무의식의 서사 과정을 단계별로 설정하여 나의 이야기를 서사적으로 구성하고자 한 샘플 사례라 할 수 있다. 이를 기반으로 나의 이야기를 서사적으로 구성할 때 전체적인 참조가 가능할 것이다. 이는 뒤에 나오는 〈그림 1-16〉, 〈표 1-6〉, 〈표 1-16〉과도 연결된다.

[16] 영웅의 12단계를 나와 연관해서 생각해보자.

만약 다시 태어난다면 무엇을 하고 싶은가?

내가 꿈꾸고 있는 것은 무엇인가?

내가 하고 싶지 않은 것은 무엇인가?

최근 만난 사람 중에 다시 만나고 싶은 사람은 누구인가?

지금 새롭게 전환하고 싶은 것은 무엇인가?

나를 힘들게 하는 사람은 누구인가?

내가 거쳐야 할 통과의례는 무엇인가?

최근 나에게 생긴 문제점은 무엇인가?

삶의 목표를 이루기 위한 나의 무기는 무엇인가?

지금까지 내가 이룬 성과는 무엇인가?

이제 '새로운 나'로 거듭 태어났다. 당장 하고 싶은 하나의 일은 무엇인가?

당신은 어떤 사람으로 기억되고 싶은가?

스토리를 기반으로 한 코칭에서는 실제 역사적인 인물의 이야기가 우리에게 많은 시사점을 주고 있다. 여기서 김유신의 가계를 잠깐 살펴보고, 현 시대에도 같은 감성으로 느낄 수 있는 균형의 문제를 살펴보고자 한다. 김유신(〈그림 1-11〉 참조)의 성장 과정과 성인이 된 이후의 균형은 크게 생태적 균형, 감정적 균형, 사회적 균형, 그리고 관계적 균형으로 나눌 수 있다.

〈그림 1-11〉 김유신의 초상화

출처: 위키백과

(1) 생태적 가치에 대한 균형의 문제

김유신의 생태적 균형에 대한 접근은 성인이 되기 전의 과정에서 찾을 수 있다. 즉 진골이기는 하지만, 신라의 왕족이 아닌 항복한 나라인 가야의 왕족이었기 때문이다. 가야의 왕족이 신라의 왕족으로 살아나가기에는 여러 가지 시기와 질투, 시련이 있었을 것으로 여겨진다.

김유신의 증조할아버지는 금관가야의 마지막 왕인 김구해(구형)다. 가야는 철을 생산하고, 또 무기를 만들 수 있는 능력이 있음에도 김구해는 아들들을 데리고 신라에 항복하고 만다. 금관가야는 한때 신라와 라이벌 관계였으나 신라의 법흥왕 시대에 와서 국력이 급격히 기울게 되는데, 대가야와 연합작전을 펼치고 항전하기보다는 항복을 선택했다. 여기에는 뭔가 은밀한 조약이 있었을 것으로 여겨진다. 이는 항복한 나라의 왕족들이 그 지위를 박탈당하거나 노예 신분으로 전락하는 사례가 많았지만, 금관가야의 왕족들은 신라에서도 왕족인 진골 신분을 유지하고 있었기 때문이다. 금관가야의 자손들은 신라의 진골 계급을 유지하기 위해 분투하게 된다. 현대사회만 하더라도 하류 계급과 상류 계급의 마찰과 투쟁이 끊임없이 진행되고 있으며, 특히 상류층의 경우에는 시기와 질투를 막아내기 위해 자신들의 능력을 증명해야 할 것이다. 가야의 왕족이라 할 수 있는 김유신의 경우도 마찬가지였을 것이다. 김구해는 맏아들 노종, 둘째 무덕, 그리고 막내 무력 세 아들을 두었는데, 막내아들인 무력이 김유신의 증조할아버지다.

무력은 진골 계급을 유지하기 위해 끊임없이 노력했고, 인정을 받았다. 진흥왕은 백제와 연합하여 당시 고구려가 점유하고 있던 한강 유역을 차지하고 백제 왕을 죽였을 뿐 아니라 백제의 점령지까지 쳐들어가서 한성(漢城)을 중심으로 신주(新州)를 설치하는데 많은 공을 세워서 아찬(阿湌)의 관등으로 신주의 군주(軍主)가

스토리코칭

되었다. 이후 신라의 1등 관등인 각간에 오르게 된다. 그러므로 김무력의 시기에는 진골을 유지하는 데 전혀 문제가 없었다. 그의 아들 서현도 진골을 유지하는 데 한 역할을 했다. 즉, 신라 진흥왕의 동생 숙흘종의 딸 만명을 꾀어서 야합하게 된다. 서현이 적극적으로 나서서 만명을 꾀어냈으며, 만명 역시 서현을 마다하지 않고 따라나서게 되면서 신라 왕족의 우수한 혈통과 가족의 인연을 맺게 된 것이다. 물론 숙흘종을 비롯한 왕족들은 크게 반대했지만, 이들이 야합해서 도망을 갔기 때문에 결국에는 가족으로 받아들일 수밖에 없었다. 이처럼 진골 계급을 유지하기 위한 가야계의 노력은 피나는 분투였다고 할 수 있다.

김유신은 이러한 가야계의 혈통을 가지고 태어났다. 할아버지와 아버지가 분투한 이야기를 듣고 자라날 수밖에 없었을 것이다. 이러한 김유신의 마음에는 반항심도 생겨났을 것이고, 또한 가계의 틀을 벗어나 자유롭게 생활하고도 싶었을 것으로 보인다. 여기서 김유신이 언제 전환의 순간을 맞이하게 되었는지를 살펴보는 것이 중요한 관점이라고 볼 수 있다. 패망한 나라 가야계의 왕족이었지만, 신라의 왕족으로서 자손에게 진골의 품계를 물려주기 위해서는 새로운 전환의 사건이 필요했을 것으로 여겨진다.

(2) 감정을 다스릴 줄 아는 균형적 감성

『삼국유사』에는 김유신에 대한 어머니 만명 부인의 엄한 훈계가 기록되어 있다. 가문보다는 사랑을 따라 결혼했지만, 현실의 나날들은 남편의 가야계와 친족인 왕족 가문과의 거리가 좀처럼 좁혀지지 않았기 때문이었을 것이다. 그래서 어머니는 김유신에게 많은 훈계를 했을 것으로 보이며, 이에 대해 김유신은 반항의 마음도 가졌을 것으로 짐작하게 된다. 『삼국유사』에는 우연한 기회에 천관이라는 기생을 알게 되어 깊은 정을 갖게 되었고, 그녀에게 가는 날이 점점 많아졌다고 기록되어 있다.

그러나 역사적 기록을 좀 더 살펴보면 천관은 기생이 아니라 당시 제사를 담당했던 무격의 여인(여사제)이었다는 해석도 있다. 어쩌면 천관녀는 불교가 대중화되어 자신의 위치가 불안해지면서, 신라의 또 다른 왕족이라 할 수 있는 가야계와 손을 잡고 싶었는지도 모른다. 김유신의 경우는 신라의 주류 세력에서 밀려나고 있는 가야계의 왕족이라는 슬픈 사연, 그리고 과거에는 고유신앙이 바탕이 되어 귀족으로 추앙받던 무격의 여인이 불교의 대부흥으로 인해 설 곳이 없게 되자, 또 다른 왕족이라 할 수 있는 김유신에게 의도적으로 손을 내밀었을 가능성도 있었을 것으로 여겨진다.

어찌 되었든 둘은 사랑에 깊게 빠지고, 어떠한 목표 의식 없이 그렇게 이 풍진 세상에서 도피하고 싶었을지도 모른다. 이때 만명 부인은 이들의 관계를 눈치채고, 그동안의 훈계와는 다르게 이야기했을 것이다. "나는 사랑만 믿고 가야계에 시집을 왔다. 그런데 현재 가야계의 모습은 어떠한가? 왕족에 위축될 대로 위축되어 있고, 너는 이 세상에서 도피라도 하듯이 그 계집의 집에 들어가서 밤새 술을 마시며 세상을 등지고 있지 않느냐? 너는 가야계의 진골이다. 어느 한순간 한눈을 팔게 되면, 시기·질투하는 무리가 너를 엎어뜨리고 말 것이다. 어찌 네게 이 가야계의 미래를 맡길 수 있단 말이냐." 어머니의 진정 어린 훈계와 뼈있는 지적에 김유신은 깊게 회심하고, 천관녀를 만나지 않을 것을 어머니와 약속하게 된다. 그리고 며칠이 흐른 뒤 낭도들과 술판을 벌인 후 유신은 정신을 잃고 자신의 말에 의지한 채로 집에 가고자 했지만, 말은 언제

스토리코칭

나 그랬듯이 천관녀의 집으로 향했다. 말은 집에 도착하자마자 "이히히히힝~~" 하고 도착했음을 알리는 소리를 지르자 유신이 깨어났는데, 자신의 집이 아닌 천관녀의 집이라는 사실을 깨달은 유신은 칼을 뽑아서 말을 목을 베었다. 이러한 전환적인 사건은 천관녀에게는 확실하게 물리적인 이별을 고한 잔인한 증표이면서, 새로운 모색을 하게 되는 결정적인 사건이 된다.

이는 김유신이 먼 훗날 삼국통일의 위업을 이루게 되는 데 감정적인 전환을 한 중요한 사건이 되고, 훗날 많은 사람들에 의해 새롭게 시나리오로 재탄생하곤 했다. 이는 만명 부인이 젊은 시절의 한순간 사랑의 마음을 잘 알고 있었기에 아들이 장차 대업을 이루는 데 방해될 것을 알고 그렇게 진지하게 충고하지 않았는가 싶다.

코칭에서도 어떠한 목표를 이루기 위해서는 감정적인 휘몰이를 내려놓고, 새로운 목표를 향해 모색할 수 있는 전환의 사건이 필요할 것으로 여겨진다. 여기서 통과의례인 '분리'의 키워드가 적용된다고 할 수 있다.

(3) 김유신의 사회적·관계적 균형

김유신의 사회적 균형은 생태적인 문제와 연관된다. 즉, 가야계의 왕족이 신라의 왕족으로 살 수 있느냐의 문제와 직결되기 때문이다. 할아버지 김무력의 공훈과 왕족인 어머니의 힘은 김유신이 성인으로 성장하면서 점점 그 영향력을 잃어갔을 것으로 보기 때문이다. 그 대신에 자신의 능력으로 공훈을 세워야 한다는 절박감과 더불어 신라의 왕이 될 인물을 철저하게 자기 편으로 끌어오지 않으면 안 되는 상황이었다.

김유신은 15세에 화랑이 되었는데, 그 무리를 '용화향도'라 불렀다. 용화향도라는 명칭은 "미륵이 부처가 될 때 용화수 아래에 앉게 된다"는 의미로 용화향도는 불교 신앙으로 뭉쳐졌을 것으로 보이며, 또 많은 공을 세웠을 것으로 보인다. 그 당시에 화랑이 되기 위해서는 왕경인이어야 했고, 진골 신분이어야 했다. 김유신의 고향은 만노군(충청도 진천군)이라는 곳이지만, 가야의 마지막 왕인 증조할아버지 김구해(구형)는 항복한 이후 경주로 거주지를 옮겼기 때문에 김유신은 왕경인이 맞다고 할 수 있다. 김유신은 이렇게 화랑이 되기 위한 두 가지 조건을 갖추고 있었고, 할아버지 김무력의 화려한 업적과 왕족인 어머니를 두고 있었지만, 진골 출신의 화랑들에 비해 확실하게 부족해 보인 것이 사실이었다.

김유신은 천관녀를 잊고 맹렬히 검술에 매진했을 것으로 여겨진다. 그리고 그는 화랑의 우두머리라 할 수 있는 '국선'에 오르게 되는데, 이는 오로지 검술 실력으로 이루어낸 열매라고 할 수 있다. 이렇게 목표를 향해 한 걸음씩 걷게 되면서, 결국에는 삼국통일의 위업을 큰 대의로 생각했을 것으로 보인다. 이러한 대의를 이루어나가기 위해서는 장차 왕이 될 사람을 찾아내어 그와 결의를 맺는 것이 무엇보다 중요하다고 판단한 것으로 생각된다.

김유신은 여동생 문희를 이용해서 장차 왕이 될만한 김춘추를 집안으로 끌어들인다. 김춘추의 할아버지는 진지왕으로 거칠부에 의해 왕이 되었지만, 정통성이 없는 단점이 있었다. 그러나 선덕여왕과 진덕여왕으로 이어지면서 성골 출신이 왕으로 추대되기 어려워지자, 김춘추는 진골이기는 하지만 떠오르는 왕위 계승자 중 한 명이 되었다. 김춘추는 동륜파와 사륜파의 싸움에서 패배하여 물러앉은 가계였지만, 이 두 파의 피를 함께 물려받은 진골이었다. 또한 진평왕에게는 딸만 있었으며, 진평왕의 다른 형제들도 아들이 없기는 마찬가지였다. 이러한 상황으로 인해 김춘추는 왕위에 대한 꿈을 키워나갈 수 있었으며, 김유신 같은 신흥무장이 필요한 시기이기도 했다. 김춘추 입장에서는 가문의 대업을 위해 김유신 같은 사람과 손을 잡을 필요가 있었으며, 김유신 입장에서는 가야계가 계속적으로 진골을 유지하고, 결국 삼국통일이라는 위업을 이루기 위해서는 김춘추와 그 가문의 역할이 필요했던 것으로 보인다. 그래서 김유신은 김춘추와 같이 공놀이를 하다가 일부러 김춘추의 옷자락을 찢은 후 집에 들어가 여동생 문희에게 김춘추의 옷을 꿰매게 했던 것이다. 이 사건 이후로 김춘추와 문희는 가까이 지내게 되었고, 문희가 김춘추의 아이를 임신하기에 이른다. 이로써 김춘추와 김유신은 혈맹으로 뭉치게 되고, 결국 이들은 삼국통일의 위업을 이룬 역사적인 영웅으로 칭송을 받는다.

[17] 김유신의 깨어진 균형은 내게 어떤 교훈을 주는가?

나의 균형 중에서 깨어진 것은 무엇인가?

이제 나의 새로운 서사를 시작하려고 한다. 무엇이 내게 걸림돌이 되고 있는가?

나의 현재 상황에서 깨어진 세 가지 균형을 기록한다면?

04
세 가지 심층 메타포의
시나리오 솔루션
원리를 찾다

1 심층 메타포의 '자원': 결국은 내가 최고의 자원이다

먼저 '자원(resource)'은 중요한 목표를 이루는 데 필요한 유무형의 자산이자 능력이다. 자기 스스로 자원일 수 있고, 전쟁에서는 전투를 승리로 이끄는 무기가 자원일 수 있으며, 검술에서는 부러지지 않는 '검'이 최고의 자원일 수 있다. 또 기업에서는 회사를 발전시키고 목표 매출에 도달하게 하는 '직원'이 그 회사의 자원일 수 있다. 물론 국가 차원에서는 국가 경제를 일으키거나 국가를 위기에서 구하는 사람이 '자원'이라고 할 수 있다. 그런데 신화나 고전 같은 서사적인 구조에서는 새로운 왕국을 건설하거나 위기에 처한 나라를 구하는 영웅으로서의 '자원'으로 등장하고 있다. 이는 문제를 해결하기 위한 나에 대한 신뢰를 확인하는 과정이며, 진정한 내적 치유와 신뢰 과정을 스토리텔링을 통해 확인하는 과정이라고 할 수 있다.

스토리텔링은 앞에서도 언급했듯이 매직 이프로부터 시작된다. 자원의 경우는 나 자신을 신뢰할 수 있고, 문제해결을 위한 스

〈그림 1-12〉 드라마 「주몽」

출처: 나무위키(좌), 드라마 「주몽」 홍보자료(우)

토리텔링의 서사적인 단계를 거쳐 문제해결을 도울 수 있게 한다.

　　신화 같은 서사적인 구조에서 '자원'은 두 가지 의미로 사용되고 있다. 첫째로 감춰진 자원으로서의 의미가 있으며, 숨겨진 자원으로서의 전환을 꾀하게 되는 경우라고 할 수 있다. 두 번째 자원의 의미는 모진 핍박과 고난 속에서 친구를 만나 큰물을 건너는 통과의례를 통해 영웅으로서의 면모를 갖추게 되는 진정한 자원으로서의 모습이다. 주몽 신화를 보면, 주몽의 아버지는 천제인 해모수이며, 어머니는 강의 신 하백의 딸로서 하늘과 강의 신의 핏줄이지만, 알에서 탄생하고 부여의 왕자들로부터 핍박을 받는 불쌍한 아이였다. 그러나 모진 핍박과 고난 속에서 친구를 만나 큰물을 건너는 통과의례를 거쳐 왕으로서의 면모를 갖추게 된다(〈그림 1-12〉 참조).

　　결국 신화 같은 서사구조에서는 베일에 싸인 자원의 모습을 어떻게 발견할 것인지 서사적 단계를 통해 구현하는 것이 목적이고, 이를 통해 자신의 모습을 새롭게 인증하는 단계라고 할 수

　　　　　스토리코칭

〈표 1-6〉 심층 무의식을 적용한 서사의 12단계와 적용

서사	서사의 12단계	일상의 적용
기	1단계: 매직 이프와 목표점	꿈을 가진 일상의 나의 모습
	2단계: 모티프와 균형의 문제	일상의 시대와 공간에서 모험의 소명을 받음.
	3단계: 고난의 시작	현실의 벽을 자각함.
승	4단계: 친구와 연결	정신적 스승 또는 친구를 만남.
	5단계: 새로운 시대 및 장소	새로운 공간, 분야나 업체에 진입함.
	6단계: 나를 방해하는 적대자와 방해물	적대자와 또 다른 베일에 싸인 사람들
전	7단계: 통과의례와 내가 이루어야 할 초목표에 접근	목표가 보이는 일
	8단계: 시련과 또 다른 난관에 부딪힘.	예측하지 못한 방해와 시련
	9단계: 목표를 이루기 위한 매개체와 무기	실마리 또는 콘셉트를 잡음(검이 내 손 안에 있음).
결	10단계: 초목표를 이루고 승리함.	승리와 귀환의 길
	11단계: 새로운 자아로 부활	일상생활 복귀와 새로운 자아
	12단계: 새로운 소명과 여행	확장된 세계와 새로운 소명

있다.

이제 자원으로서의 자세한 욕구를 서술해보도록 하자. 1단계의 매직 이프와 목표점은 실제적인 목표 달성 계획을 의미한다. 그것은 자신이 원하는 것을 제대로 이해하고 아는 것으로부터 시작된다고 할 수 있다. 목표를 이루는 것은 개념에서의 신뢰를 바탕으로 이루어지기 때문에 이를 서사적 과정으로 표현하고, 시각화하는 노력이 필요하다.

〈표 1-7〉 심층 무의식을 적용한 서사의 12단계와 적용

서사	서사의 12단계	나의 일상에 적용
기	1단계: 매직 이프와 목표점	○○○○○○○○○○
	2단계: 모티프와 균형의 문제	○○○○○○○○○○
	3단계: 고난의 시작	○○○○○○○○○○
승	4단계: 친구와 연결	○○○○○○○○○○
	5단계: 새로운 시대 및 장소	○○○○○○○○○○
	6단계: 나를 방해하는 적대자와 방해물	○○○○○○○○○○
전	7단계: 통과의례와 내가 이루어야 할 초목표에 접근	○○○○○○○○○○
	8단계: 시련과 또 다른 난관에 부딪힘.	○○○○○○○○○○
	9단계: 목표를 이루기 위한 매개체와 무기	○○○○○○○○○○
결	10단계: 초목표를 이루고 승리함.	○○○○○○○○○○
	11단계: 새로운 자아로 부활	○○○○○○○○○○
	12단계: 새로운 소명과 여행	○○○○○○○○○○

2 자원으로서의 문제 인식과 전환의 과정을 한 번에 보다

자원의 사전적 의미는 "성과를 얻고 목표를 성취하며 변화와 치료적인 효과를 거두고 긍정적인 경험을 하는 데 도움이 되는 긍정적인 상태나 지식, 기술, 행동, 경험, 소유물 등"이다. 이를 주체자로서의 입장에서 해석한다면, 주체자의 "지식이나 기술, 행동, 경험, 소유물"을 뜻한다고 할 수 있다.

결국 신화나 전설, 옛날이야기 속의 자원은 신이나 왕의 혈통, 용사 또는 영웅의 혈통으로 요약할 수 있지만, 표층 은유라 할 수 있는 속담이나 격언에서는 실제적인 자원에 관한 의미를 잘 내

포하고 있다고 볼 수 있다. "나무 될 것은 떡잎 때부터 알아본다", "되는 집에는 가지 나무에 수박이 열린다" 등은 잘될 사람은 어려서부터 '자원'임을 알 수 있다는 의미로서 '자원'의 중요성을 엿볼 수 있는 대목이다. 또한 "나무가 커야 그늘도 크다"라는 속담에는 훌륭한 사람일수록 영향이나 혜택도 큼을 비유적으로 말하고 있는데, 이는 자원의 가치가 얼마나 중요한지를 표층 은유를 통해 표현하고 있음을 발견할 수 있다. 이 외에도 "도끼는 무디면 갈기나 하지 사람은 죽으면 다시 오지 못한다"라는 속담을 통해 사람의 생명이 얼마나 중요한 자원인지를 설명하고 있으며, "네 아들 형제가 내 아들 하나만 못하다"라는 은유 역시 실제적인 도움이 되는 자원은 '나의 아들'이라는 표현을 통해 '실제적인 자원'의 중요성을 언급하고 있다. 이처럼 '자원'의 중요성은 속담이나 격언 속에 많이 내포되어 있으며, 여기에는 무언가에 실질적인 도움이 되는 긍정적인 상태나 지식, 기술, 행동, 경험, 소유물 등의 뜻이 내포되어 있다고 볼 수 있다.

그러므로 내가 자원인 이유는 아버지 또는 어머니의 아들로서 충분한 가치를 지니고 있다고 볼 수 있으며, 여기에 이야기 속의 자원을 결합하여 실제적인 '나무의 그늘'이 되는 단계를 의미한다고 볼 수 있다. 결국 자원으로서의 가치는 사람 그 자체로서도 가치가 있음을 표층 은유로 내포하고 있으며, 결국 자원인 나를 발견하는 단계라고 할 수 있다.

사실 자원(resource)은 영어 자체의 개념에서 볼 수 있듯이 그 자체가 소스이고, 역량이나 능력을 의미한다. 이는 신화에서 영웅이 중요한 목표를 성취하는 데 필요한 자신만의 유무형의 자산이자 능력이다. 이야기에서의 '자원'은 두 가지 현상으로 나타난다.

하나는 자신에게 엄청난 힘이 있다는 것을 사건을 통해 깨닫게 되고 이를 활용하게 되는 과정이라 할 수 있으며, 또 하나는 주인공이 목적을 이루기 위해 매개체(자원)를 획득하여 목표를 성취하는 과정을 보여주는 것이다. 결국 주몽이나 광개토대왕의 이야기처럼 자신의 자원을 극대화해서 영웅이나 왕이 되는 것이 이야기의 원리라 할 수 있다.

영웅 이야기에서 영웅은 어떠한 문제를 지니며, 이를 극복하고자 한다. 이러한 문제를 푸는 과정이 스토리 과정이다. 즉, 이 단순한 패턴이 모든 이야기의 근본이다. 일반적으로 스토리는 갈등과 갈등의 해결을 담고 있다. 그리고 그 구조 안에 영웅이 자리한다. 광고에서의 자원은 소비자의 흥미를 붙잡아두기 위한 매력적인 콘셉트여야 한다는 것이다. 신화를 기반으로 한 광고에 등장하는 남성은 자원 그 자체일 경우가 많다. 바디프랜드의 손흥민, 헤어케어 브랜드의 김민재, 파워에이드의 황선우, 퀘이커 밀의 퀘이커 오츠 맨, 맥도날드의 '빅 브라더(Big Brother)', 롯데리아 크랩버거의 '노인' 등은 남성의 신화를 잘 대변해주는 광고로서 주인공 캐릭터가 하나의 자원이라 할 수 있다.

신화의 영웅 이야기에서는 영웅이 변화하고 성장해야 하듯이, 광고 이야기에서도 지속적으로 광고 캠페인이 진화해야 한다. 또한 자원이 사람이 아닐 경우, 가장 대표적인 자원은 돈이라 할 수 있다. 그렇지만 결국 돈을 움직이는 사람 자체가 가장 중요한 자원이다. 광고에서는 진정한 자원을 깨닫지 못하거나 중요한 가치를 깨닫지 못하는 단계는 감추어지고, 이러한 통과의례 단계가 기반을 이루어 자원을 찾아서 진정한 가치로 전환시키는 과정을 담곤 한다.

3   심층 메타포의 '전환': 영웅의 변화는 심리적 전환에서 시작된다

'전환'의 심층 메타포 코드는 모든 사람이 원하는 욕망이라고 할 수 있다. 진급하고 싶은 욕망, 학사와 석사, 박사를 취득하여 새롭게 변화하고픈 욕망, 여자친구에게 뭔가 변화된 모습을 보이고 싶은 욕망, 인기를 얻어서 돈을 많이 벌고 싶은 욕망 등이 여기에 속한다.

전환의 키워드 역시 목표를 설정해야 하며, 이를 이루기 위해서는 통과의례(rite of passage) 단계를 거쳐야 한다. 여기서 작용하는 요소는 주인공의 전환이 생각의 변화로부터 시작되어 생태와 사회적인 전환, 즉 총체적인 변화를 거쳐야 한다. 스토리텔링의 서사적 구조 역시 '전환'은 주인공의 심리적인 전환으로 시작해서 불균형과 고난, 스승이나 친구로 인해 완전하고도 새로운 '전환'의 순간을 맞이해야 한다.

서사적 단계에서 영웅이 목표를 이루기 위해서는 많은 난관에 봉착하게 되지만, 결국 진정한 친구의 도움을 받아서 그 난관을 극복하고 목표를 이루게 된다. 이는 무엇인가를 시작할 때는 마술처럼 이루어지는 목표점이 분명해야 함을 알려주고 있다.

앞에서 다룬 '매직 이프'는 어떤 종류의 일도 일어날 수 있다는 가정이 포함되어 있으며, 다양한 사람과의 만남과 그 과정에서 목표가 '매직 이프'처럼 이루어질 수 있다는 전제를 내포하고 있다. 우리네 인생도 마찬가지라고 할 수 있다. 스토리텔링 코칭 과정에서는 반드시 목표점을 확실히 해야 하며, 이 출발선을 통해 나의 모습과 목표점에 대해 분명하게 이야기할 수 있어야 한다. 이 책에서는 우리가 목표를 이루기 위해 어떤 과정을 거쳐야 하며, 어떤 난관에 부딪히게 될 것인지 스토리텔링의 서사 과정을 통해 이해하고, 이를 통해 목표를 어떻게 이룰 것인가에 대한 스토리텔링의 지침을 설정하고자 한다.

일반적인 스토리의 주인공은 태어나서 자라나고 적을 만나면서 고난을 겪게 되지만, 친구 또는 스승을 만나서 이를 극복하게 된다. 그러나 곧 더 큰 어려움과 고난이 닥치며, 물이나 불, 토굴 등의 통과의례를 겪게 되지만, 이를 극복하고 목표를 이루게 된다.

그러나 현실의 시간은 이처럼 순차적으로 다가오지 않는다. 또한 전환의 순간도 어느 날 갑자기 다가오기 마련이다. 즉 어느 날 갑자기 문제의식을 크게 느끼는 순간, 아니면 그 일이 너무도 하고픈 순간, 또는 그 직장에 너무도 가고 싶은 순간 등이 생기게 된다. 이러한 생각은 누구나 하기 마련이다. 여기서 목표를 이루는 사람은 전환의 순간을 잘 인식한다.

이처럼 운명을 바꿀 현실의 결정적인 순간은 스토리의 시간적 순서로 오는 것이 아니고, 갑자기 온다는 것이다. 고등학교를 졸업하기 전에 올 수도 있고, 대학을 졸업하기 전에 올 수도 있다. 또한 직장에 다니는 동안 전환의 순간이 올 수도 있다. 이처럼 현실의 시간은 마치 게임의 시간처럼 현재에만 존재하지만, 선택은 오로지 나만이 할 수 있으며, 나만이 책임을 지게 된다. 그래서 현실의 시간은 비선형의 시간이라고 할 수 있으며, 열린 개방형의 시간이라고 할 수 있다. 반드시 결과가 해피엔딩은 아니지만, 최선의 결과와 열린 결과를 만들어야 한다.

4 심층 무의식 '연결' : 목표를 이루기 위해 '연결'과 '전환'의 시험대를 넘어라

'연결'의 심층 메타포는 목표를 이루기 위해 반드시 함께 가야 할 친구나 동지, 스승 등을 의미하며, 운명적으로 만나야 하는 인맥을 연결하는 코드라고 할 수 있다.

'연결' 코드는 현대인이 추구하는 가장 갈급한 욕망 중 하나인 것 같다. 인간은 본질적으로 어딘가에 소속되고자 하는 '연결' 욕구를 갖고 있다. 사회적 측면의 연결 코드는 현대사회에서 특히 중요하다. 굳이 네트워크 사회라는 말을 하지 않더라도 혼자서 하는 것보다 상호 연결되어 있어야만 제 기능을 발휘할 수 있는 것이 너무 많기 때문이다. 그리고 그 연결이 많고 밀접할수록 시너지 효과도 더 크게 나타나기 때문이다. 연결(connection)은 유리왕의 이야기에서 그 대표적인 사례를 찾아볼 수 있다.

연결 코드는 유리왕의 이야기처럼 아버지와의 연결을 통해 진정한 정체성을 찾아가는 코드라 할 수 있다. 이러한 코드는 최근 공동체를 연결하는 트렌드를 반영하고 있다. 최근에는 모바일폰이 없으면 생활할 수 없을 정도로 '연결' 시스템과 관련된 사업이 가장 영향력 있는 사업으로 손꼽히고 있다.

성경에서는 예수를 포도나무에 비유하기도 했다. 포도나무 가지가 포도나무에 접붙임만 받아도 포도 열매를 맺을 수 있다는 것은 '연결'의 중요성을 내포한 것이다(〈그림 1-13〉 참조).

'연결'을 기반으로 한 광고 사례는 흔히 찾아볼 수 있다. 연인과의 관계를 이어주는 다양한 제품 광고와 핸드폰 및 전화 광고 등이 그것이다. 연인들의 경우, 연결의 가능성을 제품이나 서비스를

〈그림 1-13〉 포도나무 가지에 연결된 포도 열매의 메타포
출처: 네이버 이미지 검색, 포도나무 포토, https://search.naver.com

통해 인지하고 경험함으로써 심리적·사회적 안정을 되찾곤 한다. 특히 최근 사회적으로 볼 때 청년 실업자가 늘어나고, 직장을 잃어가는 세태 속에서 청년과 직업의 '연결'은 하나의 중요 코드로 자리 잡고 있다.

정치적으로도 혈연과 지연이 중요시되고, 취업에서 학연, 지연, 혈연이 근절되지 못하는 까닭도 이러한 '연결'의 심층 메타포가 자리 잡고 있기 때문일 것이다. 또한 기술이 급속도로 발전하다 보니 새로운 서비스에 대한 기대심리가 높아지고, 시간, 속도, 시스템의 단절에 대한 불안함을 무언가와의 '연결'을 통해 해소하려고 하는 소비자의 심리가 나타나고 있다.

우리는 돈이 없거나 능력이 없는 상태인 자원의 문제에 직면하거나 자신의 포지셔닝에 문제를 발견하지만, 자신을 신뢰하지 못하면 직면한 다양한 문제를 풀어낼 수 없다. 때로는 대기업 또는 혈연과 지연으로 엮인 유명인사와의 만남을 통해 뭔가 변화를 꾀하고 싶을 것이다. 그러나 이러한 연결을 꾀할 때 방해자가 등장하고, 연결을 위한 매개체 문제를 반드시 풀어야 하는 현실에 직면하게 된다.

[18] 내가 자원인 이유는?

'나의 서사 쓰기'를 통해 깨달은 변화는 무엇인가?

변화를 통해 얻은 것은 무엇인가?

자원으로서 나는 어떻게 쓰이고 있는가?

05
목표실현을 위해
고전의 서사 과정을
나의 것으로 삼다

1 균형과 연결 문제를 고전에서 찾다

신체적 균형이나 사회적 균형 문제 등은 신화나 설화 같은 고전에서 많은 부분을 발견할 수 있는데, 균형의 문제를 풀고자 한 선인들의 노력을 엿볼 수 있다. 신체적 균형 문제를 다룬 대표적인 사례는 '아기장수' 이야기라고 할 수 있다. '아기장수 설화'는 우리나라 전역에 걸쳐 수집되는 이야기로, 민중의 비극적인 좌절이 담겨 있는 전설이다. 이와 관련된 유형은 100여 가지가 넘지만, 미천한 혈통의 인물이 탁월한 능력을 발휘하다가 비참한 죽음을 맞이한다는 기본적인 줄거리는 모두 동일하다. 이처럼 좌절과 파국으로 끝나는 이 비극적 설화는 기존 질서의 장벽 때문에 패배할 수밖에 없는 민중의 비극적인 이야기라고 할 수 있다. 아기장수 설화를 좀 더 자세하게 접근해서 그 과정을 살펴보면 다음과 같다.

> "옛날 어느 곳에 한 평민이 아들을 낳았는데, 태어나자마자 겨드랑이에
> 날개가 있어 이내 날아다니고 힘이 센 장수였다. 부모는 이 장수가 크면

장차 역적이 되어 집안을 망칠 것이라고 해서 돌로 눌러 죽였다. 아기장수가 죽을 때 유언으로 콩 닷 섬과 팥 닷 섬을 같이 묻어달라고 했다. 얼마 뒤 관군이 아기장수를 잡으러 왔다가 부모의 실토로 무덤에 가보니콩은 말이 되고 팥은 군사가 되어 막 일어나려 하고 있었다. 결국 아기장수는 성공 직전에 관군에게 들켜서 다시 죽었다. 그런 뒤 아기장수를태울 용마가 나와서 주인을 찾아 울며 헤매다가 용소에 빠져 죽었다."[6]

대개 이 이야기는 비범한 아이의 탄생을 시작으로 하고 그 아이가 훗날 역적이 될까 두려워 부모가 아이를 죽였다는 결말을 보여주지만, 사실은 스토리텔링을 통해 상류 계급의 체계를 지키고, 하류 계급에게는 섣부른 꿈을 아예 차단하는 효과를 가져다주고 있다고 볼 수 있다.

이 책에서는 스토리텔링의 심층 메타포인 '균형'을 토대로 아기장수 이야기와 『홍길동전』, 『고주몽전』과 궁예 이야기를 중심으로 균형의 메타포의 서사 과정을 살펴보고자 한다. 여기서 스토리는 독자들의 심리적 불균형을 안고 시작하게 된다고 볼 수 있다. 일단 서사 과정의 규칙을 살펴보면 아래와 같다.

① 전환: 신체의 불균형과 사고의 전환
② 연결: 고난의 연속과 불균형의 심화 속에서 이루어지는 연결
③ 상자: 통과의례, 상자를 열거나 탈출
④ 자원: 불균형의 해소, 내가 자원임을 발견, 또 다른 소명

---

6   출처: [네이버 지식백과] 아기장수 설화(한국민족문화대백과, 한국학중앙연구원)

여기에 아기장수 이야기를 적용하면 다음 표와 같다.

〈표 1-8〉 아기장수 신화와 적용

서사	심층 무의식	서사의 12단계	설명
기	균형의 문제를 발견함.	옛날 어느 곳에 한 평민이 아들을 낳았는데, 태어나자마자 겨드랑이에 날개가 있어 이내 날아다니고 힘이 센 장수였다. 부모는 이 장수가 크면 장차 역적이 되어 집안을 망칠 것이라고 해서 돌로 눌러 죽였다.	생각의 전환을 할 기회가 없음.
승	연결 (connection)	아기장수가 죽을 때 유언으로 콩 닷 섬과 팥 닷 섬을 같이 묻어달라고 했다.	연결 통로를 세움.
전	상자 (container)	얼마 뒤 관군이 아기장수를 잡으러 왔다가 부모의 실토로 무덤에 가보니 콩은 말이 되고 팥은 군사가 되어 막 일어나려 하고 있었다. 결국 아기장수는 성공 직전에 관군에게 들켜서 다시 죽었다.	통과의례 과정에서 들키게 됨.
결	전환됨. 자원(resource)으로서의 변화	그런 뒤 아기장수를 태울 용마가 나와서 주인을 찾아 울며 헤매다가 용소에 빠져 죽었다.	진정한 자원으로 성장하지 못함.

적용된 사례를 보면 알 수 있듯이, 아기장수의 경우는 집 안에서만 돌아다녔으며, 그 누구와도 연결되지 못했음을 알 수 있다. 그뿐만 아니라 상자의 적용을 보더라도 무덤이라는 상자가 열리고 그를 도울 자가 나타나지만, 이내 누군가의 밀고로 인해 관군들에게 전멸을 당하는 일을 겪게 된다.

그런데 아기장수와 유사한 장수의 이야기가 있으니, 이는 허

균의 『홍길동전』이다. 『홍길동전』의 모티프는 서자로 태어난 영민한 아기장수라고 할 수 있다. 홍길동 이야기를 심층 메타포의 서사 규칙에 따라 살펴보면 다음과 같다.

〈표 1-9〉『홍길동전』과 적용

서사	심층 무의식	서사의 12단계	설명
기	균형의 문제를 발견함.	홍길동의 어머니 춘섬은 홍판서의 첩이었다. 길동은 비범함이 남달라 영웅호걸이 될 만한 아이였으나 천한 종의 몸에서 태어났기에 벼슬길에 오를 수 없는 신분이었다. 길동은 사내로 태어나 출세하여 이름을 세상에 알릴 수도 없는 자신의 신세를 명확히 인식하고, 산속으로 들어가 세상의 명예나 수치를 잊고 살 결심을 한다.	생각의 전환
승	연결 (connection)	길동은 하염없이 걷다가 산속에서 도적 떼의 소굴을 발견한다. 마침 길동이 도착한 날이 두목을 뽑는 날이었고, 시험에 통과하여 도적 떼의 우두머리가 된다.	도적 떼와 연결
전	상자 (container)	그는 도적단을 접수하여 정의의 비밀결사 활빈당을 세우고 조선 전국을 무대로 의적 활동을 하게 된다.	활빈당의 이름으로 하나가 됨. 상자를 열고 의적이 됨.
결	전환됨. 자원(resource) 으로서의 변화	홍길동을 잡을 방법이 없었던 임금이 병조판서 자리를 내준 후에 길동은 저도라는 섬으로 부하들을 데리고 갔다가 옆의 율도국으로 쳐들어가 결국 율도국의 왕이 된다.	자원임을 확인

여기서 살펴본 것처럼 홍길동의 경우는 도적 떼와 연결되고, '활빈당'이라는 공간의 상자를 통해 진정한 영웅이 되는 단계를 밟게 된다. 이는 아무리 영민하고 강한 아이로 태어났다고 하더라도 누군가와 연결되지 않으면 일을 도모할 수 없음을 나타내는 이야기라고 할 수 있다. 후술하겠지만, 신화나 고전 같은 이야기에 등장하는 영웅들은 대부분 생각의 전환을 통해 탈출이나 여행을 하게 되는데, 여기서 선지자나 친구, 동역자 등을 만나게 된다. 이는 극적인 통과의례를 대비하기 위한 단계라고 할 수 있으며, 아무리 영웅의 피를 받아 태어났다고 하더라도 누군가와의 연결 없이는 '아기장수'와 같이 죽음을 맞을 수밖에 없다.

단군신화에 등장하는 곰 이야기도 이러한 연결이 잘 이루어지고 있음을 나타내고 있다. 즉 단군신화의 곰이 신웅에게 간절히 빌었기에 신웅과 연결되었고, 이는 통과의례를 겪을 수 있는 단계가 된 것이라고 할 수 있다. 이를 심층 메타포의 키워드로 살펴보면 다음과 같다.

① 전환: 곰 한 마리와 범 한 마리가 같은 굴에서 살았는데, 늘 신웅(神雄, 환웅)에게 사람 되기를 빌었다.
② 연결: 어느 날 신(神, 환웅)이 신령한 쑥 한 심지[炷]와 마늘 스무 개를 주면서 이것을 동굴에서 먹고 백날 동안 햇빛을 보지 말라고 해서 곰과 호랑이는 동굴에서 살게 된다.
③ 상자: 호랑이는 동굴[土]의 삶을 참지 못하고 도망갔으나, 곰은 어두운 동굴에서 100일 동안 햇빛을 보지 않고, 쑥과 마늘을 먹고 연명하며 통과의례 과정을 거치는 동안 삼칠일 만에 여자가 된다.

④ 자원: 여자가 된 웅녀는 단수 밑에서 아이 배기를 축원했더니 하늘의 사람 환웅이 이를 듣고 그와 결혼해서 단군왕검이 탄생했다.

단군신화에 등장하는 곰의 경우 사람이 되기를 신웅에게 간절히 빌고 있는 대목이 눈에 띈다. 이에 감명한 환웅이 쑥 한 심지와 마늘 스무 개의 고난의 키를 곰에게 넘겨주면서 사람이 되기 위한 하늘과의 소통, 즉 '연결'됨을 시사하고 있다. 이는 간절한 소망의 염원, 그리고 이를 이루는 데 절대적인 신과 연결되고 있음을 보여주는 대목이라 할 수 있다.

이처럼 서사적 관점에서 영웅은 커다란 목표의식을 가지고 그 일을 실행하려고 하지만, 항상 난관에 부딪히게 된다. 이러한 과정의 시작을 스타니슬라브스키는 '만약에 …이라면' 하는 매직 이프' 상황의 가정에서 시작한다고 했다. 즉 영웅이 목표를 이루기 위해서는 많은 난관에 봉착하게 되지만, 결국 진정한 친구의 도움을 받아서 난관을 극복하고 목표를 이루게 된다. 이는 무엇인가를 시작할 때는 마술처럼 이루어지는 목표점이 분명해야 함을 알려주고 있다. 또한 '매직 이프'는 어떤 종류의 일도 다 일어날 수 있다는 가정이 포함되어 있으며, 다양한 사람과의 만남과 그 과정에서 목표가 매직 이프처럼 이루어질 수 있다는 전제를 내포하고 있다. 영웅 서사를 포함한 모든 문학작품의 창작은 매직 이프에서 시작된다고 볼 수 있다. 그래서 이 용어는 콘텐츠 창작의 아이디어를 실현할 최초의 과정이며, 창작의 출발이라고도 할 수 있다.

균형의 심층 메타포에서 심리적 균형 문제는 좀 더 많은 문제를 수반하게 된다. 옛 속담에 "종로에서 뺨 맞고 한강에서 눈 흘긴다"라는 말이 있는데, 이는 욕을 당한 자리에서는 아무 말도 못 하고 뒤에 가서 불평함을 비유적으로 이르는 말로서, 요즘 사회적으로도 많은 문제를 일으키고 있다고 볼 수 있다. 누군가에게 억울하게 매를 맞았다면 이에 대한 억울함을 풀거나, 맞은 것에 대한 분풀이를 누군가에게 해야 속이 풀리는 심리적인 속성은 심층 메타포의 '균형'에 기인한다고 할 수 있다. 이처럼 "사촌이 땅을 사면 배가 아프다"는 심리적인 문제는 개인적인 문제뿐만 아니라 사회적인 문제를 일으키기도 하지만, 한편으로는 새롭게 성장할 수 있는 계기를 마련하게 된다. 이러한 관점에서 무엇보다 가장 큰 허탈감을 주는 것은 동기로 회사에 같이 입사했는데, 다른 동기가 먼저 승진하거나 더 많은 연봉을 받게 될 경우 심리적인 불균형이 심화된다.

이러한 심리적인 불균형은 인체의 불균형을 초래하게 되고, 결국 사회적으로도 문제를 일으키게 된다고 볼 수 있다. 이러한 심리적인 문제는 광고의 콘셉트에서도 많은 부분 적용되고 있다. 즉, 광고에서는 균형의 문제가 깨어지는 전제 속에서 어떻게 소비자의 욕망을 두드리게 되는지를 잘 보여주고 있기 때문이다. 광고에서는 '균형'의 문제가 전제 되기도 하지만, 스토리텔링의 서론 부분이 되기도 한다. 특히 제품의 특성에 따라 각각의 심층 무의식의 키워드가 특별히 강조되어 적용되는 경우도 많다.

신화나 설화 속에 나타난 주인공과 적대자의 균형적 관점의 경우, 주인공은 매우 매력적인 존재임에도 고난이나 차별을 당하게 된다. 반대로 적대자의 경우는 주인공을 핍박하고 불의한데도 상승하고 성공과 출세를 누리는 듯해 보인다. 이러한 주인공과 적대자 또는 경쟁자의 불균형은 신화 같은 이야기 외에 역사 속에서도 많이 등장한다.

옛날이야기 속에서는 형제간 또는 자매간의 이야기에 '균형'의 심층 메타포가 숨어 있는 사례가 많다. 대표적인 경우가 『흥부전』, 『콩쥐팥쥐전』이라고 할 수 있다. 『흥부전』의 경우는 욕심이 많은 놀부가 흥부보다 많은 재산을 물려받았음에도 착한 흥부를 돌보지 않고 되레 핍박한다. 이러한 불균형의 심화는 스토리의 몰입을 이끌게 되며, 주인공이 거쳐야 하는 통과의례로 다가서게 한다. 결국 흥부의 착한 마음은 제비의 다리를 고쳐주고 박을 켜는 결정적 행위의 과정이라는 통과의례를 통해 변화를 갖게 되고, 새로운 균형을 이루게 된다.

『콩쥐팥쥐전』도 마찬가지다. 착한 콩쥐가 계모와 의붓언니 팥쥐의 구박을 받는데, 구박은 이야기의 서론에서 지속적으로 이어지고, 이러한 패턴은 독자의 마음속에 콩쥐를 응원하려는 균형 감성을 갖게 한다.

이러한 콩쥐의 핍박은 연못에 빠져 죽임을 당하는 대목에서 클라이맥스를 형성하게 된다. 역시 물의 통과의례라고 할 수 있다. 콩쥐는 물의 통과의례를 거쳐 신이한 존재의 도움을 받게 된다. 이를 통해 고난을 극복하고 변신을 거듭한 후 결국 살아나 계모와 팥쥐를 응징하는 내용으로, 독자들의 심리적 불균형을 해소하고 콩쥐는 제자리를 찾아서 균형을 이루는 이야기라 할 수 있다.

이처럼 균형은 오디언스의 마음 깊이 잠재되어 있는데, 스토리가 전개되면서 균형이 무너질 경우 오디언스는 이러한 균형을 맞추기 위한 심리적 노력을 하게 된다. 이러한 노력이 스토리에 몰입하게 되는 원인을 제공한다. 이처럼 스토리 전개의 심층 모티프라 할 수 있는 '균형'은 스토리텔링의 베이직 심층 메타포라고 할 수 있다. 즉 스토리 전개의 기본 메타포는 '균형'이며, 여기에는 여행의 불균형, 연결의 불균형(혈육의 불균형), 자원의 불균형(생김새의 불균형, 부의 불균형, 재능의 불균형), 통제의 불균형이 포함되고, 이는 다양한 이야기를 만들어내며 오디언스에게 균형의 문제를 불러일으킨다.

3   통과의례의 '상자'를 열어라: 특별한 공간에서 이루어지는 변화에 주목하라

이제 서사구조의 결론 도출에서 고난의 통과의례 단계를 경험한 영웅이 어떤 형태의 재탄생 과정으로 목표를 이루는지 살펴보고자 한다. 일반적으로 민속학적으로 연구된 통과의례의 구조는 지금까지 세 가지로 분석되어왔다. 첫째, 사회와 분리되는 분리의례, 둘째, 일상을 초월하는 전환의례, 셋째, 사회로 환원하는 통합의례로 나눌 수 있는데, 이러한 의례를 반 게넵은 '통과의례 도식 (schema of rites de passage)'이라 불렀다. 분리, 전환, 통합의 세 가지 하위범위가 모든 의례 유형에서나 민족에게서 동일하게 나타나며, 신화나 고전소설, 영웅의 성장 과정에서도 적용되고 있다. 결국 이 책의 결론 도출 서사구조에서는 기반적 스토리텔링의 균형 (balance)이 불균형을 이루면서 생겨나는 문제들을 서사적 단계를 통해 해결해나가게 된다.

서사의 선형적인 구조에서 상자, 즉 통과의례는 크게 세 가지로 나눌 수 있다. 먼저 판도라의 상자 같은 상자나 용기, 그릇을 의미하며, 둘째는 주인공이 문제해결을 위해 반드시 통과해야 하는 특별한 공간을 의미한다. 그리고 셋째는 주체자가 견뎌야 하는 고난의 공간이다.

첫째로 판도라 상자의 발견이다. 판도라 상자의 의미는 잘 알다시피, 판도라가 열지 말라는 뚜껑을 열었더니 그 속에서 온갖 재앙과 죄악이 뛰쳐나와 세상에 퍼지고, 상자 속에는 희망만이 남았다는 그리스 신화 속의 상자다. 판도라의 상자는 베일에 가려진 상자로서, 누군가에게 선물을 받거나 우연히 획득하게 되지만, 그 상자는 열어야만 가치를 알게 된다. 가치가 있는 매개체는 항상 베일에 싸이게 되고, 어딘가 깊숙한 곳에 숨겨져 있다. 마치 판도라의 상자처럼 은밀하다. 판도라의 상자는 받는 이에게 많은 궁금증을 갖게 하기 때문에 광고에 많이 적용되는 코드이기도 하다. 이러한 판도라의 상자를 깨거나 여는 사례는 우리나라의 고전 이야기에도 많이 등장한다. 우리나라에서는 상자 대신에 병이 많이 등장한다.

사례: 여우누이와 삼형제[나무(하얀 병), 불(빨간 병), 물(파란 병)]

옛날 어느 부자에게 세 아들이 있었는데, 그는 언제나 딸을 원했는데, 몇 년이 지나 딸을 얻게 되었다. 딸이 여섯 살이 되던 해부터 마구간에서 소와 말이 한 마리씩 죽어가기 시작했다. 궁금했던 부자는 장남에게 마구간을 지켜보라 일렀고 누이동생이 소 항문으로 손을 넣어 간을 먹는 것을 보게 되었다. 범인이 누이였음을 알렸으나 집에서 쫓겨나게 되었고 차남도 마찬가지였다. 셋째아들은 쫓겨나기 싫어 거짓을 고했다.

두 형제는 방랑하던 중 한 도사를 만나 산에서 학문을 배웠다. 몇 년 후 형제가 집에 돌아가려 하자 도사는 세 개의 약수가 든 병을 주면서 사용법을 일러주었다. 형제가 고향으로 돌아오니 집에는 잡초만 무성했다. 누이만이 살아있었는데 눈은 붉게 물들어있었다. 형제는 무서웠지만 물을 길어달라 부탁했고 도망치기 시작했다. 여우는 먹이가 도망치는 것을 보고 둔갑한 후 쫓아오기 시작했는데, 형이 하얀 병을 뒤로 던지자 주변이 온통 가시 돋친 숲이 되었고 빨간 병을 던지자 불바다가 되었으며 마지막 파란 병을 던지자 바다가 되었다. 여우는 끝내 허우적거리며 바다에 빠져 죽었다.

이 이야기에서 통과의례는 두 형제가 도사에게 받은 하얀 병과 빨간 병, 파란 병이다. 여우 때문에 집에서 쫓겨난 두 형제가 도사에게 학문을 배우며 얻은 세 가지였다. 이로 인해 여우를 제거하는 데 성공했다.

위와 같은 종류의 이야기는 우리가 어린 시절에 한 번쯤은 들어봤을법한 이야기다. 신비의 병을 깨뜨림으로써 생명을 건지거나 괴물을 물리치는 이야기는 다양하게 각색되어 전해지고 있다.

두 번째로 주인공이 문제해결을 위해 반드시 통과해야 하는 특별한 공간은 신화와 설화, 고전소설 등의 이야기에서 통과의례의 공간으로 많이 등장한다. 여기서 주인공은 불, 물, 나무, 쇠, 흙 등의 오행을 통해 강해지거나, 무언가 매개체를 통해 목표를 이루게 된다. 심청이처럼 물속에 들어가는 통과의례를 겪는 경우가 있다. 주몽의 경우 대소 왕자와 군사들에게 쫓겨 거대한 물이 가로막지만, 잉어와 자라 등의 물고기가 다리가 되어 탈출에 성공하는 통과의례 사례가 있다. 이처럼 주인공이 공격을 당하거나 목표를 이루기 위해 불이나 물 등을 통과해야 하는 경우가 여기에 속한다. 우리나라의 경우는 물이나 토굴, 나무 등의 통과의례 서사가 많이 등장한다고 볼 수 있다. 특히 물의 경우, ① 물을 건너다 또는 통과하다, ② 물세례를 받다, ③ 물에 들어가다, ④ 물 위를 걷다, ⑤ 물 또는 액체, 생명수를 마시다, ⑥ 물을 확보하다, ⑦ 물에 들어가 목욕하다 등을 통해 통과의례를 겪는 사례가 많이 등장하고 있다.

세 번째로는 영웅이나 주체자가 견뎌야 하는 고난의 공간이다. 대표적인 사례는 단군신화의 통과의례라고 할 수 있다. 곰이 신령한 쑥 한 심지와 마늘 스무 개로 동굴에서 100일을 견뎌내면, 여인이 되는 고난과 재탄생의 통과의례라 할 수 있다. 이는 목표를 이루기 위해서는 일정 기간 통과의례의 공간에서 견뎌내야 함을 의미한다. 이는 어두운 공간일 수도 있고, 깊은 바다의 심연일 수도 있으며, 시련을 통한 난관일 수도 있다. 때로는 이 고난의 공간에서 고통을 받으며, 새로운 무기를 얻게 된다.

불의 경우는 견디는 통과의례가 대부분이라고 할 수 있다. 신화나 전설 같은 이야기에서도 등장하지만, 실제적인 부족민의 성인식에서도 찾아볼 수 있다. 예를 들어 '불 위를 걷거나 견디는 행위'를 통해 통과의례를 진행하는 사례가 있으며, 심지어 '불을 먹는 행위'를 통해 통과의례를 진행하는 사례도 있다. 특히 탄생에서는 황금알에서 탄생한다든지, 하늘의 빛으로 임신해서 탄생하는 경우가 그러한 예인데, 이는 불의 통과의례라고 할 수 있다.

햇빛을 받고 잉태한다는 내용의 설화로는 『삼국유사』「기이편(紀異篇)」에 실려 있는 주몽(朱蒙)의 탄생 설화가 있는데, 아버지 하백(河伯)에게 쫓겨난 유화(柳花)가 금와왕(金蛙王)에 의해 방에 갇혔다가 그녀의 배를 비추는 햇빛을 받고 고구려 시조인 주몽을 낳았다는 내용이다. 이 신화는 그리스 신화의 영웅 페르세우스 이야기와 흡사하다. 아버지 아크리시우스 왕에 의해 방에 갇힌 다나에를 제우스가 보고 그 미모에 반해 햇빛으로 변하여 그녀의 방을 비춤으로써 페르세우스를 잉태하게 된다.

영웅 스토리의 서사구조에서 통과의례 과정은 주인공이 영웅으로 재탄생하기 위한 극도의 고난 단계라고 할 수 있다. 주인공이 통과의례 단계를 극복하면 영웅으로 재탄생하는 구조다. 그렇다면 영웅 스토리의 주인공들이 반드시 거쳐야 하는 통과의례는 어떠한 원리와 구조로 주인공을 재탄생시키는가? 일반적으로 영웅이 통과의례를 경험할 때, 주인공은 다양한 압박과 고난 속에서 바다나 물속의 세계를 경험하거나, 토굴이나 동굴 속에서 극도의 인내를 통해 승리의 실마리를 갖게 된다.

단군신화의 경우, 곰이었던 웅녀는 여자가 되기 위한 통과의례 과정인 토굴 시험을 거쳐 단군왕검의 어머니가 된다. 여기에서 웅녀가 여자가 되기 위한 통과의례 과정은 흙속의 동굴, 즉 토(土)라 할 수 있다. 또한 위의 사례처럼 신화나 고전소설의 경우, 주인공은 반드시 통과의례 과정을 경험하게 되며, 통과의례의 상자(container)는 위의 사례처럼 수(水)와 토(土)를 포함한 오행(五行)과 관련이 있어 보인다. 주인공은 이러한 서사구조를 경험하여 새로운 모습으로 재탄생하는 과정을 거친다.

신화나 전설, 옛날이야기 속의 연결은 두 가지 측면에서 살펴볼 수 있다. 먼저 출생과 혈통에 관련된 연결이고 두 번째가 고난 속에서 만난 친구 또는 돕는 이, 선지자와의 연결이라고 할 수 있다. 앞에서도 살펴봤듯이 첫 번째의 경우 출생이나 혈통과 관련된 연결은 베일에 싸였던 자신의 아버지를 찾기 위한 단계를 밟으며, 결국 자신이 자원임을 증명하는 여정으로 이야기는 마무리된다.

현대에 주목할 것은 두 번째의 연결을 필요로 한다는 점이라고 볼 수 있다. 이야기 속에서는 출생과 혈통의 비밀을 아는 이가 접근해서 돕거나 친구가 되어 목표를 이루는 경우가 대부분이지만, 우리의 삶은 그 누군가가 접근해와서 도와주지 않는다. 그러나 아직도 혈연과 지연이 중시되고 있으며, 옛날이야기에서부터 상징적으로 잠재해 있던 혈연, 지연의 힘은 무시할 수 없을 것으로 여겨진다. 즉 정치적으로도 혈연과 지연이 중요시되고, 취업에서도 학연, 지연, 혈연이 근절되지 못하는 까닭도 이러한 '연결'의 심층 메타포가 자리 잡고 있기 때문일 것으로 추측된다. 또한 기술이 너무 발전하다 보니 새로운 서비스에 대한 기대심리가 높아지고, 시간, 속도, 시스템의 단절에 대한 불안함을 무언가와의 '연결'을 통해 해소하려는 소비자의 심리가 나타나고 있다.

특히 현대의 4차 산업혁명 시대는 '초연결' 시대라고도 불린다. 이는 모든 기계, 기구가 연결되고 AI를 통해 사물인터넷이 운영되는 시대이기도 하지만, 소셜네트워킹, 블로그, 게임을 통한 공동체를 넘어서 가상과 현실을 넘나드는 메타버스의 초연결 시대가 되었다고 볼 수 있다(〈그림 1-14〉 참조). 이러한 연결은 가상현실

〈그림 1-14〉 메타버스(제페토)에서 활동 중인 저자의 아바타
출처: ZEPETO

과 실제 현실이 연결되는 세계, 즉 현실과 비현실이 공존하는 세계
이면서 엄청나게 큰 확장성을 지니는 세계라 할 수 있다. 그러므로
현 시대의 연결은 가족인맥, 동창인맥, 업계인맥, 지역인맥 등을 통
해서도 중요한 구실을 하게 되지만, 가상세계와 현실세계가 연결
되는 새로운 플랫폼으로서의 메타버스 속에서는 우리가 예측할 수
없는 완전히 새로운 연결이 우리를 기다리고 있을 것으로 생각된
다. 무엇보다 메타버스의 소통을 통한 만남에서는 실제적인 경제
활동이 가능하기 때문에 산업이나 학계, 사내, 일반 등 다양한 만남
을 통해 새로운 개념의 부를 창출할 수 있어서 더욱 주목된다고 할
수 있다.

[19] 목표실현을 위한 나의 인맥지도를 그려보자.

나의 인맥 중 혈연(친척) 가운데 가장 가까운 3명은 누구인가? 가까운 이유는
무엇인가?

나의 인맥 중 학연에서 가장 가까운 3명은 누구인가? 가까운 이유는 무엇인가?

나의 인맥 중 지연에서 가장 가까운 3명은 누구인가? 가까운 이유는 무엇인가?

06
심층 메타포의
통과의례 원리를
현대 미디어에서 찾다

1 통과의례의 변화 과정과 영웅의 공간에서 일어나는 서사적 단계를 인지하라

사람의 무의식도 나름대로의 분류체계를 가지고 있어서 수많은 정보를 체계적으로 저장하고 인출하기도 한다. 이러한 심층 무의식은 선조에게서 물려받고, 또 대를 이어서 물려받은 집단무의식 속에 생성된 것으로서, 사람의 '욕망'을 대변해주기도 한다.

욕망은 수많은 세월을 거쳐 신화나 설화 같은 '내러티브'의 구조 속에서 살아 숨 쉬고 있다. 이러한 욕망의 무의식이 숨겨져 있는 심층 메타포의 키워드와 이를 구성하는 스토리적인 구조를 이해한다면, 사람의 무의식을 깨우는 새로운 이야기도 만들어낼 수 있을 것으로 여겨진다. 심층 메타포를 기반으로 스토리의 구조를 적용하여 내가 원하는 것을 찾아보고, 스스로 문제점을 발견하여 새로운 나의 정체성을 찾아낸다면, 스토리코칭으로서의 새로운 가치를 인정받게 될 것이다.

고전의 스토리에서 발견할 수 있는 통과의례는 주인공이 변화되는 과정을 나타낸 것으로, 반 게넵이 주장한 전환, 통합, 분리를 기반으로 자신의 새로운 스토리를 각성하는 데 많은 도움을 주고 있다.

네덜란드의 인류학자이자 민속학자인 아놀드 반 게넵(Arnold van Gennep, 1985)은 '통과의례'라는 단어를 처음 사용했으며, '추이의례(推移儀禮)'라고도 했다. 즉 탄생, 성년(成年), 결혼, 출산, 죽음 등 인생의 고비마다 또는 어떤 장소에서 다른 장소로 이동할 때 등과 같이 사람의 사회적 지위나 속성이 변화할 때 집행되는 의례를 지칭했다. 반 게넵은 통과의례를 분리·전환·통합의례로 분류했는데, 첫째로 이전의 상태에서 사람을 떼어내는 분리·격리의 단계(죽음과 부활), 둘째로 새로운 입장으로 끌어들이는 통합의 단계(사회적 지위 획득 및 권력의 획득), 셋째로 그 중간의 경계[추이·조정(調整)]의 단계인 3단계로 구성된다.[7] 오출세(1995)는 고전소설의 구조는 시간적 계기에 따른 서술이라는 점에서 통과의례의 순환구조와 일치한다고 봤다. 이는 우리의 전통관례인 관·혼·상·제 의례와 밀접하게 관련 지어 생각했기 때문이다. 고전소설의 경우 통과의례의 각 단계(출생-혼인-죽음과 사후)가 매우 뚜렷하게 드러난다고 할 수 있다. 개인이 일생을 통해 반드시 거쳐야 하는 고비들은 출생, 성년, 결혼, 상례 등인데, 그 과정마다 일정한 시기에 당사자를 위한 의례가 베풀어지며, 이를 '통과의례'라고 했다.[8] 이러한 통과의례는 신화나 설화, 민담 등의 서사구조에 적용되곤 한다. 즉 신화, 전설 또는 고전소설이나 민담 속에서 주인공의 성

---

7 반 게넵, 『통과의례』, 전경수 역, 을유문화사, 1985, 6쪽.
8 오출세, 『한국서사문학과 통과의례』, 집문당, 1995, 34쪽.

장·장애 유발→분리·시련 과정→귀환(통합) 혼사 확인까지의 서사 전개가 이루어지는데, 이를 통과의례라고 지칭하곤 했다. 한민족의 의례생활이 문학작품에 반영된 일대기적 구성은 주인공의 출생→시련 또는 시련의 극복→부귀영화[立身出生·有子生女]→망졸(亡卒)의 전개 과정을 보여준다. 오출세는 한국 서사문학상의 주인공 일대기를 기승전결(起承轉結)의 논리구조와 통과의례에 내재된 '의례의 구조'가 갖는 특성으로 결합된다고 봤다. 즉, 한민족 사고의 표출인 고전소설(영웅류) 작품에서는 '탄생→죽음→재생'이라는 순환적 구성 형식을 취하기도 한다.[9]

또한 일반인의 통과의례에서 출생의례는 한 개인의 생이 시작되는 첫 번째 의례라고 지칭한다. 신화 및 고전소설에서 주인공의 출생에 관해서는 출생 과정에서 주인공이 장차 위대한 인물이 될 것이라든가, 천정가연(天定佳緣)을 맺을 것이라는 등 이후의 전개 과정이 복선으로 암시되며, 소설의 결말 구조와 유기적인 관계를 맺고 있다. 프롭(V. Propp)과 조동일은 서사문학의 공통점을 아래와 같이 제시했다.

① 고귀한 혈통을 지닌 인물이다.
② 잉태나 출생이 비정상적이었다.
③ 범인과는 다른 탁월한 능력을 타고났다.
④ 어려서 내다버려져 죽을 고비에 이르렀다.
⑤ 구출 양육자를 만나 죽을 고비에서 벗어났다.
⑥ 자라서 다시 위기에 부딪혔다(통과의례 과정).

---

9   오출세, 「韓國敍事文學에 나타난 通過儀禮 연구」, 동국대학교 석사학위논문, 1991.

⑦ 위기를 투쟁적으로 극복하고 승리자가 되었다.

위의 내용은 신화나 전설 및 고전소설에서 일반적으로 적용되고 있는 구조이기도 하다. 즉, 건국신화 주인공인 제왕들의 일대기는 출생을 위주로 한 통과의례적 요소를 담고 있다. 그 생애담은 주인공의 일대기를 제시하는 전기적 유형을 이루고 있다. 즉 고전소설은 주인공이 태어나서 죽을 때까지의 사건을 순서대로 서술하는 일대기적 형식을 갖추고 있으며, 그 서사구조에서는 통과의례가 존재한다. N. 프라이가 그의 신화이론에서 신의 세계를 '탄생→죽음→재생'이라는 이미지의 순환적 형식으로 규정하고 있는 것과도 맥락을 같이한다. 이러한 통과의례가 신화나 설화, 전설 속의 영웅 이야기에서는 주인공이 진정한 영웅이 되기 위해 재탄생하는 모습을 보여준다.

영웅 스토리의 서사구조에서 통과의례 과정은 주인공이 영웅으로 재탄생하기 위한 극도의 고난 단계라고 할 수 있다. 주인공이 통과의례 단계를 극복하면, 영웅으로 재탄생하는 구조다.

그런데 이 책에서는 영웅 스토리의 주인공들이 반드시 거쳐야 할 통과의례의 구조가 어떠한 원리와 구조로 주인공을 재탄생시키는지 관심을 갖고 있으며, 이를 적용하는 데 더욱 많은 관심이 있다. 일반적으로 주인공인 영웅이 통과의례를 경험할 때, 다양한 압박과 고난 속에서 바다나 물속의 세계를 경험하거나, 토굴이나 동굴 속에서 극도의 인내를 통해 승리의 실마리를 갖게 된다. 우리의 주인공은 이러한 서사구조를 경험하여 새로운 모습으로 재탄생하는 과정을 거친다. 바다나 물속의 극한 고난의 세계를 통해 새롭게 재탄생하는 대표적인 사례가 한국의 『심청전』이라 할 수 있다.

스토리코칭

『심청전』(〈표 1-4〉 참조)의 경우, 심청이 왕후가 되고 아버지의 눈을 뜨게 하기 위해 통과의례 과정인 물[水]의 시험을 거쳐 왕후로 재탄생하게 된다. 여기에서 심청이 여자가 되기 위한 통과의례 과정은 물의 상자, 수(水)라 할 수 있다.

오행 및 오령 사상은 한국의 신화나 설화, 전설 및 고전소설에서 스토리 전개의 통과의례 과정으로서 그 흔적을 찾아볼 수 있다. 주인공은 오행 중 하나의 공간 요소를 통해 고난을 극복하고 진정한 영웅으로 도약하는데, 사례를 살펴보면 다음과 같다. 영화나 애니메이션, 게임에서의 '물'은 주인공이 영웅으로 재탄생하는 통과의례로 작용한다. 마치 성경에서 예수가 세례요한에게서 물세례를 받고 성령으로 거듭난 것처럼, 영화나 애니메이션에 등장하는 주인공들에게 '물'은 진정한 영웅으로 재탄생하게 하는 통과의례로 작용한다(〈그림 1-15〉 참조).

또한 오행을 소재로 한 통과의례 사례는 현대 미디어콘텐츠의 다양한 스토리텔링 사례에서도 흔히 찾아볼 수 있다. 오행의 통

〈그림 1-15〉 물의 통과의례를 경험하는 피노키오
출처: 피노키오 TV 원작(1940)

과의례 스토리텔링 구조를 사용하고 있는 사례는 다음과 같다.

〈표 1-10〉~〈표 1-14〉의 사례처럼 영웅 스토리를 기반으로 한 영화나 애니메이션에 등장하는 주인공들은 바다, 나무, 금이나 쇠, 흙이나 동굴 등 오행의 통과의례를 거쳐 진정한 영웅의 모습으로 재탄생한다. 이러한 통과의례 과정은 게임에 와서는 더욱 세분화되어 나타난다. 예를 들어 「월드 오브 워크래프트」의 경우, 영웅이 성장하고 많은 아이템을 획득하기 위해 '전쟁과 획득'이라는 통

〈표 1-10〉 물[水]의 통과의례

영화명	캐릭터	통과의례	내용
피노키오 (애니)	피노키오	바다[水]	거짓말과 유혹에 약한 피노키오가 할아버지의 진실한 사랑을 깨닫고, 물[水]속으로 들어가 고래의 배 속에서 할아버지를 구하고 진짜 소년이 된다.
센과 치히로의 행방불명 (애니)	센 (치히로)	목욕탕 물 [水]	센이 목욕탕 물[水]에서 오물의 신을 씻기는 과정에서 커다란 못을 발견하고 이를 치료하여 승천하게 한다. 이를 통해 영웅의 삶이 새롭게 시작된다.
트로이 (영화)	아킬레스	강가[水]	아킬레스는 어머니와 함께한 어린 시절 강가[水]의 목욕을 통해 온몸이 단련되고, 최고의 투사가 된다.
트루먼쇼 (영화)	트루먼	바다[水]	물에 대한 공포증이 있었던 트루먼은 카메라의 눈을 피해 바다[水]로 가게 되지만, 방송 제작자는 그를 돌아오게 하려고 방해한다. 트루먼은 물[水]의 고난을 이겨내고 진정한 자유를 찾아 바깥세상으로 나간다.
라이프 오브 파이 (영화)	파이	바다[水]	파이는 가족끼리 이민을 떠나는 길에 폭풍우를 만나 죽을 위기에 처한다. 하지만 구명선에 올라탄 그는 거친 바다와 파도[水] 위에서 스스로를 다스리는 법을 터득하게 되고, 결국 구조되어 유일한 생존자가 된다.

〈표 1-11〉 흙[土]의 통과의례

영화명	캐릭터	통과의례	내용
글래디 에이터 (영화)	막시무스	사막[土]	로마의 장군 막시무스는 반역죄로 몰려 노예로 팔려가지만, 사막[土]의 통과의례를 겪고 글래디에이터로 다시 태어나 원수를 갚는다.
배트맨 (영화)	배트맨	동굴[土]	기업가인 배트맨은 초현대식 박쥐 동굴 지하[土]에서 하이테크 갑옷을 입고 새롭게 탄생하여 범죄와의 전쟁에서 승리하여 진정한 영웅이 된다.
아이언맨 (영화)	토니 스타크	동굴[土]	아이언맨 슈트 제조의 슈퍼스타였던 토니 스타크는 적의 공격을 받고 동굴[土]에 감금된다. 그러나 동굴 속에서 새롭게 슈트를 만들어 탈출에 성공하고, 적을 무찌르고 승리한다.
라이온킹 (애니)	심바	초원[土]	아버지를 죽음으로 몰아세웠다는 죄책감에 자신의 터전을 떠났던 심바는 드넓은 초원의 땅[土]에서 살아남는 법을 배워 악을 무찌르고, 황폐해진 고향 땅을 다시 비옥한 평화의 땅으로 바꾼다.
나니아 연대기 (영화)	사자 아슬란	나니아 땅 [土]	아슬란은 적들의 온갖 조롱을 받으면서도 나니아에 찾아온 남매와 백성을 위해 자신의 땅[土]에서 쫓겨난다. 모두가 아슬란이 죽었다고 생각했지만, 결국 부활하여 승리를 거두고 나니아를 지키게 된다.
반지의 제왕 (영화)	아르곤	땅[土]	인간 최고의 전사로 곤도르의 진정한 왕인 아르곤은 왕권을 포기한 채 프로도와 원정대를 도와 절대반지 제거에 혼신의 힘을 기울인다. 평범한 삶을 살았던 아르곤은 지하와 동굴[土]에서의 모험을 통해 단련되고, 왕으로 귀환한다.

〈표 1-12〉 불[火]의 통과의례

영화명	캐릭터	통과의례	내용
스타워즈 (영화)	아나킨 스카이워커 (다스 베이더)	불[火]	오비완과의 대결에서 몸이 잘리며, 불[火]에 타는 극도의 고통을 이겨내고, 다스베이더로 다시 태어나 악당의 우두머리가 된다.
반지의 제왕: 반지원정대 (영화)	반달프	불[火]	카잣둠의 다리 위에서 모르고스의 발로그와 결투를 벌이다가 둘 다 심연으로 떨어진다. 간달프는 후에 불[火]의 마법을 통해 부활하여 '백색의 간달프'가 된다.
설국열차 (영화)	커터스	불[火]	절대 권력자가 있는 맨 앞 엔진 칸에 도착한 커터스가 또 다른 새 인류의 시작을 위해 마지막 성냥 한 개비에 불[火]을 붙이고, 희망을 보게 된다.
이집트 왕자 (애니)	모세	불[火]	모세가 애굽을 떠나 방황하며 목자로 살다가 불에 타고 있지만 타지 않는 불[火]의 나무를 보며 하나님과 만나게 된다. 이후 그는 애굽 땅에서 고통 받는 백성을 해방시키게 된다.

과의례를 거쳐야 하는데, 여기에서도 불과 바다, 나무, 금고, 동굴 등 고난의 단계인 오행의 통과의례를 거쳐야 한다. 주인공의 통과 의례는 몸이 탈 정도의 뜨거운 불을 통과하거나, 물속으로 들어가 는 시련을 통해 새롭게 태어나거나, 숲이나 나무 속에서 해결의 실 마리를 발견하거나, 금 또는 쇠를 획득하여 무기를 삼아 승리하거 나, 흙이나 감옥, 동굴 속의 시련을 극복하고 승리하는 과정이라 할 수 있다(〈표 1-15〉 참조).

〈표 1-10〉~〈표 1-15〉와 같이 오행이 적용된 통과의례는 주 인공이 영웅이 되기 위해 반드시 거쳐야 하는 관문이나 상자라고 할 수 있다. 지금도 이러한 통과의례 과정은 여전히 존재한다. 내

〈표 1-13〉 나무[木]의 통과의례

영화명	캐릭터	통과의례	내용
아바타 (영화)	제이크	나무[木]	자원 채굴을 위해 영혼의 나무를 급습해야 하는 지구인에 맞서 나비족이 된 제이크는 영혼의 나무[木]를 지키기 위해 맞서 싸운다.
미녀와 야수 (애니)	야수 왕자	숲속[木]	야수로 변신한 왕자가 사는 곳은 숲속[木]에 위치한 성이다. 공포와 위험이 가득해 보이지만, 왕자가 결국 야수의 모습에서 왕자의 모습으로 변신하게 하는 공간이다.
잭과 콩나무 (영화)	잭	콩나무 [木]	홀어머니 밑에서 철없이 살아가던 잭이 마법의 콩나무[木]를 통해 새로운 공간을 접하게 된다. 여기서 발생하는 여러 모험으로 인해 성숙한 삶의 성장 과정을 겪게 된다.
원령공주 (애니)	산 (원령공주)	자연나무 [木]	자연을 해치려는 인간으로부터 자연과 나무를 지키려는 원령공주는 자연[木]이 주는 힘과 숲[木]의 사신인 사슴신을 통해 숲과 나무를 지키게 된다.

〈표 1-14〉 쇠[金]의 통과의례

영화명	캐릭터	통과의례	내용
주먹왕 랄프 (애니)	랄프	메달[金]	게임과 이야기가 접목되어있는 애니메이션의 주인공 악당 랄프는 착한 일을 하면 주는 메달[金]을 구하러 다른 게임 속으로 들어가게 된다.
아이언맨 (영화)	토니	아이언 수트 [金]	주인공 토니는 원형의 팔라듐에 중독되지 않고, 평화를 수호하기 위해 아이언수트[金]를 새롭게 개발하면서, 자아의 성장을 이루고 승리하게 된다.
토르: 천둥의 신 (영화)	토르	해머[金]	천둥의 신 토르는 전쟁을 일으킨 죄로 신의 자격을 박탈당하고 지구로 쫓겨나지만, 힘의 원천인 해머[金]를 되찾고, 자신에게 위해를 가한 적을 물리쳐 진정한 영웅이 된다.

영화명	캐릭터	통과의례	내용
레미 제라블 (영화)	장발장	은촛대 [金]	장발장은 자신을 도와준 주교의 은촛대와 그릇[金]들을 훔친 죄로 붙잡히지만, 주교는 그가 훔친 것이 아니라 자신이 선물한 것이라고 말한다. 이에 장발장은 은촛대와 그릇을 생각하며 잘못을 크게 뉘우치고, 새로운 삶을 살아가게 된다.

〈표 1-15〉 오행이 적용된 통과의례 스토리텔링

오행	주인공의 통과의례	대표 캐릭터
불 [火]	1. 몸이 탈 정도의 뜨거운 불을 통과하여 영웅이 됨. 2. 불을 살려서 미래를 밝힘.	아나킨, 스카이워커 (다스베이더), 반달프, 커터스, 모세
물 [水]	1. 바다나 큰물 속으로 들어가는 시련을 통해 새로 태어남. 2. 물의 세례나 씻김을 통해 새로 태어남.	피노키오, 센(치히로), 아킬레스, 트루먼, 파이
나무 [木]	1. 숲이나 나무를 지켜서 미래에 대한 소망을 얻음. 2. 나무나 숲을 통해 해결의 실마리를 발견함.	제이크, 야수 왕자, 잭, 산(원령공주)
쇠 [金]	1. 금, 쇠를 획득하여 무기를 삼아서 승리함. 2. 금, 쇠, 열쇠, 무기 등의 상징물을 획득하여 승리함.	랄프, 토니, 토르, 장발장
흙 [土]	1. 흙이나 감옥, 동굴 속의 시련을 극복하고 승리함. 2. 광야나 초원, 사막의 시련을 통해 성장함.	막시무스, 배트맨, 토니 스타크, 심바, 아슬란(사자), 아르곤

가 겪고 있는 지금의 어려운 시간과 공간은 하나의 통과의례로 받아들여도 무방할 듯하다. 만일 내 안에 진정한 매직 이프가 설정되어 있다면, 지금의 통과의례는 하나의 의례일 뿐이라고 생각해도 좋다. 왜냐하면, 나는 이 공간과 시간의 주인공이기 때문이다. 내가 주인공이라는 사실을 잊지 않는다면, 반드시 통과의례를 넘어서

스토리코칭

결국 목표점으로 갈 수 있기 때문이다. 그러므로 내가 목표점을 향해 가는 것을 인지하고 있고, 지금이 가장 어두운 공간이라고 느껴졌을 때, 그 목표점은 얼마 남지 않았음을 의미한다. 지금의 고통이 솔루션에 가장 가깝게 다가서고 있지만, 멀게만 느껴지기 때문이다. 마치 고전의 주인공들처럼.

2   조셉 캠벨의 영웅의 여정에서 실마리를 찾다

신화나 설화를 비롯한 옛날이야기에 등장하는 영웅의 공통적인 특징은 생각의 전환을 통해 영웅의 행로를 갖는다는 점이다. 이는 우리의 삶을 반영하는 각종 드라마나 영화, 미디어 스토리텔링에서도 잘 드러난다. 특히 조셉 캠벨의 『천의 얼굴을 가진 영웅』에서 영웅의 여정(Hero's Journey)은 영웅이 거쳐야 하는 서사의 통과의례를 잘 드러내고 있으며, 이는 심층 무의식의 서사 과정과 더불어 우리의 삶에도 적용할 수 있을 것으로 판단된다. 신화의 서사구조는 다음의 12단계 또는 17단계를 중심으로 영웅이 거쳐야 할 통과의례라고 할 수 있다. 이를 보기 쉽게 다이어그램으로 살펴보면 다음 그림과 같다(〈그림 1-16〉 참조).

영웅의 여정은 이분적인 순환구조를 가지며, '평범한 세계'에서 '미지의 세계'로 나아가서 돌아오는 과정이라고 할 수 있다. 즉 출발(departure), 입문(initiation), 귀환(return)의 세 파트라고 할 수 있다. 여기에서도 심층 무의식의 단계는 적용된다.

① 모험의 소명(the call to adventure): 균형(balance)의 문제 발생

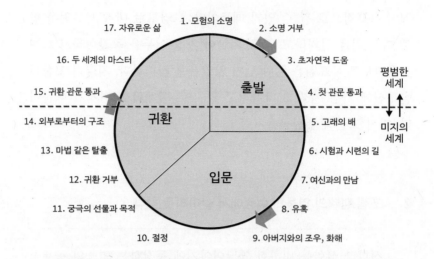

〈그림 1-16〉 조셉 캠벨 『천의 얼굴을 가진 영웅』에서 찾을 수 있는 영웅의 여정

모험을 시작하기 전 단계다. 아직 영웅이 아닌 상태의 평범한 사람일 뿐이다. 그러나 그에게는 무한한 능력이 숨겨져 있다.

② **소명 거부(refusal of the call): 균형(balance)을 추구함**

누군가에게 모험의 소명을 받게 되지만, 주저하고 거부한다.

③ **초자연적 도움(supernatural aid): 조력자와 연결(connection)됨**

영웅은 누군가 조력자를 만난다. 의지의 대상일 수 있고, 친구일 수도 있으며, 초자연적인 힘을 가진 대상자일 수 있다.

④ **첫 관문 통과(crossing the first threshold): 1차 관문(container)**

영웅은 모험의 경계선인 미지의 세상에서 첫 관문의 시련을 통과한다.

⑤ **고래의 배(belly of whale): 2차 관문(container)**

영웅이 기존의 세상을 떠나 모험의 세계로 내딛는 단계다. 즉, 자기성찰을 통해 영웅으로서 다시 태어나는 단계다. 이는 고래의 배란,

또는 세계의 자궁 같은 이미지를 상징한다고 볼 수 있다. 즉, 전환을 위한 실제적인 첫 단계라고 할 수 있다.

⑥ 시험과 시련의 길(the road of trials): 전환(transformation)

연이은 시험과 단계적 시련을 겪는다. 실패를 겪으면서 강해지는 단계다.

⑦ 여신과의 만남(the meeting with the goddess): 여신과 연결(connection)됨

여신을 만나게 되는 단계다. 여신으로부터 매개체나 도구, 유리병 등을 얻게 된다.

⑧ 유혹(the woman as temptress): 전환(transformation)

영웅은 모험이나 여행 속에서 끊임없는 시험 또는 유혹을 받게 된다.

⑨ 아버지와의 조우, 화해(atonement with the father): 여신과 연결(connection)됨

아버지 또는 궁극의 대상과 조우하거나 화해한다.

⑩ 절정(apotheosis): 전환(transformation)

절정의 단계에서 깨달음을 얻는다.

⑪ 궁극의 선물과 목적(the ultimate boon)

모험의 최종목적을 이루며, 이에 대한 선물을 받는다.

⑫ 귀환 거부(refusal of return): 귀환 여행(journey)의 거부

소기의 목적을 이루지만 아직 평범한 세계로 돌아갈 수 없다. 귀환을 거부한다.

⑬ 마법 같은 탈출(magic flight): 탈출(container)

마법 같은 탈출을 하게 된다.

⑭ 외부로부터의 구조(rescue from without): 외부와 연결(connection)됨

외부의 대상으로부터 구원을 받게 된다.

⑮ **귀환 관문 통과(the crossing of the return threshold): 3차 관문 (container)**

돌아오는 문턱을 건넌다. 드디어 최종문제를 해결했음에도 영웅을 괴롭히는 관문이 등장할 수 있다.

⑯ **두 세계의 마스터(master of two worlds): 자원(resource)**

평범한 세계와 미지의 세계를 마스터한 영웅으로 등극한다.

⑰ **자유로운 삶(freedom to live): 여행(journey), 통제(control)**

자유를 얻게 되지만, 두 세계의 마스터로서 또 다른 여행을 기다린다.

조셉 캠벨의 '영웅의 여정'은 다양한 영화나 게임, 드라마 등에 적용할 수 있는데, 그 단계에 관해서는 다양하게 분석할 수 있지만, 이 책에서는 17단계로 구분했다. 또한 영웅의 여정 17단계에서는 심층 무의식의 키워드가 다양하게 적용될 수 있다. 크리스토퍼 보글러는 조셉 캠벨의 『천의 얼굴을 가진 영웅』을 기반으로 『신화, 영웅 그리고 시나리오 쓰기』라는 책에서 영웅신화를 12단계로 축소했는데, 이를 요약하면 〈표 1-16〉 같다. 결국 영웅은 일상의 세계에서 모험의 소명을 받고, 평범한 개인이 비범한 영웅으로 성장하는 단계라고 할 수 있다.

우리의 여정을 12단계에 맞추어 적용할 경우, 영웅의 인생을 하나의 도표로 요약해서 볼 수 있으며, 이러한 과정에서는 심층 메타포의 주요 키워드가 적용될 수 있음을 발견할 수 있다. 특히 나의 어두운 동굴, 그 공간이 무엇인지를 생각해보자. 나는 어떠한 목표

〈표 1-16〉 조셉 캠벨의 영웅의 12단계(heroic monomyth)

구분	조셉 캠벨의 영웅의 12단계	크리스토퍼 보글러의 영웅신화의 12단계
1막	일상 세계	보통의 평범한 세계
	모험에 대한 소명	모험에 대한 소명
	소명의 거부	부름에 대한 거절
	정신적 스승과의 만남	선각자와의 만남
	첫 관문의 통과	새로운 세계로 진입
2막	시험, 협력자, 적대자	시험, 동맹, 적
	동굴 가장 깊은 곳으로의 접근	동굴로 접근하기
	시련	시련
	보상(검을 손에 쥐게 됨)	보답
3막	일상 세계로의 귀환의 길	돌아가는 길
	부활	부활
	영약을 가지고 귀환	불로불사의 귀환

점이 있는지, 나는 지금 통과의례를 향해 가고 있는지 생각해보자.

[20] 나의 여정을 영웅의 여정에 적용해보자.

조셉 캠벨의 영웅의 여정 12단계와 같이 나의 여정을 12개의 단계로
적용해보자. 나는 지금 어떤 단계에 와 있는가?

나는 지금 어떤 동굴에 머물고 있는가? 이 동굴에서 탈출하기 위해 무엇이
필요한가?

일반적으로 영웅은 감성적 욕망을 지니고 있고, 그 욕망들을 충족하고자 부단히 노력한다. 또한 영웅은 자신과 함께하는 친구들을 각별하게 생각하며, 자신의 욕구를 만족시키기 위한 여정을 떠난다. 그 여정에서 멘토는 영웅의 욕망을 만족시켜주고, 공유할 수 있는 여행 경험을 창조하는 마법의 선물을 제공할 수 있도록 도와준다. 결국 인생이 여행인 것처럼, 영웅은 자신만의 독특한 12단계 여행을 떠나게 된다. 「왕좌의 게임」에 등장하는 영웅들의 12단계를 살펴보면 더욱 재미있는 나의 스토리를 만들 때 다양하게 참고할 수 있다.

「왕좌의 게임」은 다양한 인문의 관점에서 이야기가 진행되는데, 그중에서도 얼음의 왕국 스타크 가문의 존 스노우와 남쪽의 정통적인 왕가의 불의 여왕인 대너리스 타르가르옌이 그 중심에 서 있다. 프롤로그는 밤의 경비대 순찰자 윌의 시점으로 진행되지만, 회가 거듭될수록 얼음 왕국의 서자 존 스노우의 활약 그리고 용과 불을 다스리는 대너리스 타르가르옌의 활약이 중심을 이룬다. 이 책에서는 「왕좌의 게임」 캐릭터 중에서 왕 또는 영웅의 페르소나라 할 수 있는 존 스노우와 왕의 혈통을 물려받은 여왕의 페르소나인 대너리스, 그리고 부단히 노력하는 영웅의 페르소나인 아리아를 영웅의 여정 12단계를 적용해서 균형과 전환, 연결, 상자(통과의례), 전환과 자원의 획득이라는 측면에서 살펴보고자 한다. 「왕좌의 게임」의 왕이나 영웅의 유형은 나의 페르소나를 깨달아가는 데도 많은 도움을 줄 것이다.

(1) 왕의 페르소나: 존 스노우

먼저 왕의 페르소나를 지닌 존 스노우를 살펴본다. 왕의 페르소나는 신화에서 흔히 찾아볼 수 있는 얼굴이며, 현대에서는 독재자의 모습에서 찾아볼 수 있는 긍정과 부정의 얼굴을 함께 담고 있다. 왕의 페르소나에서 공통적으로 찾아볼 수 있는 특성은 싸움과 전략에 능숙하다는 것이다. 싸움에만 능숙할 경우는 투사에 속할 수 있지만, 여기에 더해서 전략이 우수하다는 것은 싸울 때의 시간적·공간적 선택과 활용이 남다르며, 또한 싸우기 위한 전략적 쉼, 즉 리트릿의 활용도 매우 뛰어나다고 할 수 있다. 그러나 이러한 왕의 페르소나 모습은 오만과 자만의 얼굴도 함께 그려질 수 있다는 단점이 있다.

균형과 전환(transformation)의 선상에서 볼 때, 1단계의 매직 이프와 목표점으로는 7왕국의 왕이다. 사생아 또는 서자가 아닌 진정한 아들이라면, 영웅 또는 왕이 될 수 있다는 가정에서 시작된다. 2단계는 모티프와 균형의 문제다. 영주인 에다드 스타크의 사생아 또는 서자로 알려져 있으며, 롭 스타크의 이복형제이자 산사 스타크, 아리아 스타크의 이복 오빠로 알려져 있지만, 사실은 에다드 스타크의 사생아가 아니라 에다드 스타크의 여동생과 타르가르옌 가문의 왕자 사이에서 태어난 정통 왕가의 아들이다. 그러나 아버지를 제외한 모든 형제와 가족들은 그가 서자(사생아)라고 생각했고, 그도 자신이 사생아라는 사실을 믿고 있었으며, 그에 맞게 행동한다. 간혹 비관하며 자신이 사생아인 것을 언제나 의식한다. 적통 아들이 아닌 서자라는 사실이 그를 괴롭혔고, 마음속의 불균형은 항상 자리 잡고 있다. 3단계는 고난의 시작이다. 존 스노우는 비록 가문의 이름을 가지고 있지는 않았어도 북부에서 가장 크고 오

〈그림 1-17〉 왕과 영웅의 페르소나 존 스노우
출처: 미국 드라마 「왕좌의 게임」 홍보자료 및 나무위키 등장인물

랜 전통을 자랑하는 스타크 가문의 성에서 귀족처럼 자랐다. 그러면서 아버지인 에다드 스타크의 동생 벤젠 스타크가 오랫동안 나이트워치(밤의 경비대)에서 '퍼스트 레인저'로 일하는 모습을 보아왔으며, 결국 나이트워치가 되는 길을 선택하게 된다. 존 스노우는 다른 형제들과 달리 서자임을 인정하고, 밤의 경비대인 나이트워치로 임명받아서 장벽을 지키며, 겨울의 고난으로 들어간다. 생각의 전환을 통해 새로운 기회와 시련이 그에게 다가오고, 곧 겨울이 오면 장벽 너머에서 침입할지도 모를 좀비 같은 괴물들과의 대치 상황 속에서 훈련을 받으며, 새로운 사람과의 만남을 통해 정치적 입지가 강해지기 시작한다.

심층 메타포 연결(connection)의 측면으로 볼 때, 4단계는 친구와의 연결이 주목된다. 존 스노우는 나이트워치에서 존경하는 벤젠 스타크를 만나게 되면서, 전략과 전술 면에서 새로운 능력을 인정받게 된다. 무엇보다 밤의 경비대에 대한 괴로운 진실을 말해주는 티리온의 조언을 따르며, 인성적으로도 성장하게 된다. 이러한 인성으로 나중에 스타니스 바라테온의 신뢰와 함께 새로운 영웅으로 떠오르게 된다. 즉 스타니스 바라테온이 계획하던 무모한 드레드포트 공략을 전면 수정해서 북부 영주들의 반감을 살 야인 병력 대신에 산악 민족을 포섭하여 병력을 늘리고, 강철 군도인들로부터 북부 영주들을 해방시켜 다른 북부 영주들의 환심을 사게 되면서 새로운 영웅으로서 자리매김하게 된다. 이 과정에서 존은 다른 이복형제들처럼 스타크 가문 특유의 마법적인 힘을 발휘하게 되는데, 인간이 친해질 수 없는 야수 다이어 울프 고스트와 교감하고 심지어 빙의도 하면서 죽었다가 살아나는 기적을 체험하게 된다. 그는 밤의 경비대에서 최고의 순찰자 중 하나인 반쪽손 코린, 스스로 장벽 너머의 왕이 된 만스 레이더, 7왕국에서도 다섯 손가락 안에 드는 명장 스타니스 바라테온 등을 만나면서 새로운 영웅으로서의 면모를 갖추게 된다.

5단계는 새로운 시대 및 장소다. 존 스노우는 에다드 스타크의 성에서 영주의 자녀들과 함께 다양한 검투술과 교육을 받았으며, 이후 300마일의 지평선을 따라 세워진 장벽인 나이트워치의 성에서 새로운 밤의 경비대원으로 살아가게 된다. 나이트워치의 성은 세븐킹덤과 와이들링들의 영역을 구분하는 경계 역할을 하고 있다. 그 장벽을 따라 수비 요새를 관장하고, 장벽 위쪽의 존재들이 장벽 아래의 영토로 넘어오지 못하게 하는 8천 년 역사의 수비대가 바로 나이트워치이며, 8천 년의 역사와 전통이 있는 장소다. 나이트워치는 세븐킹덤의 북쪽 최전방 수비대이기도 하다. 최전방을 수비하고 있다는 이유로 나이트워치는 어느 영주에게도, 혹은 어느 왕에게도 속하지 않지만 '원칙적으로는' 모든 영주와 왕에게 지원받을 권리가 있다. 그들 모두 살고 있는 영토를 와이들링과 기타 이상한 생물들이 침입하지 못하도록 지켜주는 대의가 있다. 그 공간은 그가 검투술을 훈련한 장소이며, 새로운 영웅으로서의 통과의례 공간이기도 하다.

6단계는 나를 방해하는 적대자와 방해물이라 할 수 있다. 상자(container)의 심층 메타포 관점에서 볼 때, 나이트워치로서 그의 가장 큰 적대자는 불사의 괴생명체인 '화이트워커'와 그의 부하들이다. 나이트워치의 성에서 8천 년이 넘도록 괴생물체를 방어하지만, 소문만 무성하고 제대로 괴생물체를 본 이는 거의 없다.

화이트워커는 푸른 눈동자에 하얀 피부가 특징이며, '백귀'라고도 부른다. 얼음을 다루는 능력과 마법이 뛰어나지만, 불에는 약한 단점이 있다. 얼음으로 된 칼을 가지고 있으며, 맞닿으면 모든 것을 얼어붙게 한다. 또한 흑요석이나 발라리안 강철검으로 화이트워커를 죽일 수 있다. 이들은 7왕국을 수호하는 데 가장 큰 적대자임에 틀림없지만, 7왕국의 갈등을 조장한 진정한 악의 근원은 라니스터 가문의 장녀이자 철왕좌의 주인 로버트의 아내이면서, 결국 왕좌에 오른 세르세이다. 존 스노우의 연인인 대너리스 타르가리엔은 깊은 동맹과 사랑의 관계에 놓여있지만, 영웅과 왕의 길을 가는 존 스노우를 방해하는 존재이기도 하며, 결국 왕의 자리를 내려놓고 쓸쓸히 퇴장하는 암울한 영웅이 된다.

7단계는 통과의례와 내가 이루어야 할 초목표에 접근하는 것이다. 그의 통과의례는 300마일의 지평선을 따라 세워진 나이트워치 성의 장벽의 공간과 함께 추운 얼음 속의 삶을 견뎌야 한다. 여기서 영웅으로서의 삶을 걷게 되며, 대너리스를 만나게 된다. 대너

〈그림 1-18〉얼음세계의 괴생물체 화이트워커
출처: 미국 드라마 「왕좌의 게임」 홍보자료 및 나무위키 등장인물

리스에게 불의 용 3마리가 등장하는데, 이 불의 용을 다스리는 것도 하나의 통과의례라고 할 수 있다. 결국 얼음과 불이 그의 통과의례라고 할 수 있다.

8단계는 시련과 또 다른 난관에 부딪히게 되는 것이다. 가장 큰 시련은 나이트워치로서 괴생물체 화이트워커와 그 부하들과의 대결이다. 모르몬트 사령관은 화이트워커의 존재를 알리고 병력 및 물자를 충원하기 위해 화이트워커의 자른 손을 보내지만, 킹스랜딩의 그 누구도 그의 말을 믿어주지 않는다. 단지 이러한 난관을 라니스터의 세르세이는 왕국의 통일에 이용하려고 한다. 나이트워치는 이러한 열악한 상황에도 불구하고 왕국의 모두를 지키기 위해 위대한 전투를 벌이고 승리를 쟁취한다. 왕의 자리를 연인인 대너리스에게 물려주지만, 대너리스가 라니스터의 백성과 세르세이 여왕에게 독기 어린 복수를 하면서 결국 존 스노우는 대너리스를 죽음으로 내몰게 된다.

9단계는 목표를 이루기 위한 매개체와 무기라 할 수 있다. 존

스토리코칭

스노우는 사실 에다드 스타크 영주의 여동생과 타르가르옌 가문의 왕자 사이에서 태어난 정통 왕가의 아들로서, 특유의 마법적인 힘을 가지고 있다. 인간이 친해질 수 없는 야수 다이어 울프 고스트와 교감하고 빙의도 한다. 또한 마법을 흔하게 부릴 수 있는 야인들과도 잘 어울리며, 반쪽손 코린의 레인저들에게도 인정받은 스킨체인저라고 할 수 있다. 이는 사생아로 알려져 있지만 정통 왕가의 가문에서 태어난 왕자로서 물려받은 초인적인 능력이며, 이러한 능력으로 나중에 연인인 대너리스의 용과도 교감하게 된다. 존 스노우는 화이트워커를 죽이기 위해 발라리안 강철검을 손에 넣게 되고, 그것을 이용해 화이트워커와 그의 부하들을 벤다.

심층 메타포의 전환과 자원(resource) 측면으로 볼 때, 10단계는 초목표를 이루고 승리한다. 존 스노우는 자신이 사랑하는 타르가르옌 가문의 대너리스에게 왕권을 양보하는 대신에 연합군을 형성하여 대너리스의 용들과 함께 불사의 화이트워커와 그의 부하들을 섬멸한다. 이러한 과정에서 화이트워커의 침입을 자신의 권력에 이용하고, 대너리스의 친구를 죽음에 이르게 한다. 결국 존 스노우와 대너리스의 연합군과 라니스터 가문의 세르세이와 군사들이 격돌하게 되지만, 대너리스의 용과 군사들에게는 상대가 되지 못한다. 더욱이 대너리스는 자신의 분노를 이기지 못하여 그 많은 킹스랜드의 백성까지 화염에 휩싸이게 하고, 항복한 군인들도 무자비하게 학살하게 되면서, 전쟁의 승리는 이상한 방향으로 전개된다. 더욱이 존 스노우를 비롯한 내부에서도 처절한 폐허와 죽음을 바라보며 허탈해한다.

11단계는 새로운 자아로의 부활이다. 결국 존 스노우는 자신의 연인이자 여왕인 대너리스의 지속적인 살육과 계획에 반기를 들고, 계속되는 살육의 만행을 막기 위해 대너리스를 죽음에 이르게 한다. 존 스노우는 타르가르옌 가문의 혈육이었기 때문에 용조차 막을 수 없었으며, 결국 왕과 영웅의 자리를 내려놓고 다시 얼음의 땅으로 돌아간다.

12단계는 새로운 소명과 여행으로의 분리다. 존 스노우는 다시 얼음의 땅인 나이트워치 성으로 돌아가서 예전의 용사들과 함께 새로운 얼음 세계를 지키게 된다. 존이 장벽에 도착했을 때, 토르문드를 비롯한 와이들링들과 고스트와 그의 옛 동료를 만나 새로운 얼음의 땅에서 새로운 여행이 시작된다.

(2) 여왕의 페르소나: 대너리스

두 번째로는 여왕의 페르소나를 지닌 대너리스다. 심층 메타포 균형과 전환의 측면에서 볼 때, 1단계의 매직 이프와 목표점은 자신의 왕가에서 물려받은 정통 왕의 혈통을 기반으로 다시금 왕가를 세우고, 여왕으로 귀환하여 통일된 왕국을 다스리는 것이다. 2단계는 모티프와 균형의 문제다. 아에리스 2세와 왕비 라엘라 타르가르옌 사이에 태어난 이름있는 정통 왕가의 공주이지만, 이제는 몰락한 왕가의 공주. 어머니는 대너리스를 낳다가 산고로 죽고 만다. 태어나던 날 큰 폭풍이 일어났다고 해서 '폭풍의 아이(Stormborn)'로 불린다. 이후 오빠 비세리스와 함께 자유도시 브라보스로 망명하지만, 이리저리 도피하며 간신히 연명하면서 분노와 슬픔으로 가득 찬 생활을 한다. 3단계는 고난의 시작이다. 그녀의 고난은 오빠의 야망을 채우기 위한 도구로, 공주가 아닌 하녀같은 나날을 보내면서 고난이 시작된다.

심층 메타포 연결(connection)의 관점에서 볼 때, 4단계는

〈그림 1-19〉 여왕의 페르소나, 용의 어머니 대너리스
출처: 미국 드라마 「왕좌의 게임」 홍보자료 및 나무위키 등장인물

친구와의 연결이다. 대너리스가 진정한 여왕으로 탄생하기까지는 여러 번의 만남이 있었으며, 이 만남을 대너리스는 전략적으로 활용한다. 먼저 칼 드로고와의 혼인을 들 수 있다. 단 한 번도 패배해 본 적 없다는 칼 드로고와 혼인하면서 그를 진정한 남편으로 사랑하게 되었고, 이를 계기로 도트락인을 자기 편으로 끌어올 수 있었다. 그녀의 활동은 도트락인 칼 드로고와 혼인하고 살면서 본격적으로 시작되지만, 칼 드로고가 원인 모를 병으로 죽고 불타는 장막에서 3마리의 드래곤과 함께 살아남으면서 새로운 칼리시의 경험을 하게 된다. 이때부터 정통 왕가 혈통으로서의 면모를 보이며, 용감하고 강한 성격을 지니게 된다. 미산데이는 대너리스가 무결병(언설리드)들을 구입할 때 아스타포르의 노예상 크라즈니스 모 나클로즈(Kraznys mo Nakloz)의 통역으로 처음 등장했으며, 거래가 성립하자 덤으로 대너리스에게 양도된다. 당시 대너리스는 발

리리아어에 능통하여 통역이 필요 없었지만, 모종의 음모를 위해 웨스테로스 공용어만 할 줄 아는 척하고 있었다. 미산데이는 통역이 아니라 서기(Scribe)로 활약했으며, 정치적인 식견도 뛰어나서 대너리스의 지휘와 판단에 많은 영향을 주었다.

이리(Irri) 역시 주요 연결자다. 원래 칼 드로고의 라이벌 부족에 속해있었으나, 그 부족이 패하면서 칼 드로고 부족의 노예가 되었다. 그녀는 도트라키로서, 대너리스의 도트락어 통역을 담당했으며, 시녀가 되어 그녀를 보좌했다. 이리는 대너리스에게 양성애자로서의 새로운 쾌락을 가르쳐주었으며, 이를 기반으로 칼 드로고에게 성을 통해 소통하고 사랑하는 방법을 가르치게 된다. 칼 드로고와 동등한 부부 관계로 발전하게 된 것은 이리의 공이기도 하다. 조라 모르몬트는 대너리스를 진정한 여왕으로 만드는 데 정신적 지주이자 친구라고 할 수 있다. 대너리스를 진정으로 사랑한 남자 중의 남자로서, 그녀가 곤경에 빠져서 나락에까지 추락했을 때도 늘 곁에서 지켜주었으며, 칼 드로고가 죽고 나서 여러 가지 위협을 받을 때도 그녀의 편에서 그녀를 지켜준 진정한 여왕의 기사다. 무결병 회색벌레는 실제로 전쟁을 이끄는 강한 연결자다. 무결병은 거세한 최강의 부대로서, 회색벌레는 노예보병대(무결병)를 이끄는 지휘관이다. 대너리스가 부를 획득한 후에 무결병들을 구입한 후 언설리드 스스로 지휘관을 뽑으라고 하자 압도적인 지지로 선출된 인물이며, 대너리스의 핵심 지지세력인 무결병 전체의 대표자다. 대너리스가 그들에게 자유를 주고 스스로의 이름을 가지는 것을 허락하자, 자신의 옛 이름이 대너리스를 만나게 해주었다며 회색벌레의 이름을 그대로 사용했다. 회색벌레는 대너리스의 최측근 부대 지휘관으로서, 이를 통해 대너리스는 엄청난 힘과 전투력을 가지게 된다.

5단계는 새로운 시대 및 장소다. 대너리스는 오빠 비세리스와 함께 떠돌아다니는 신세로 전락한다. 오빠 비세리스에 의해 도트락인의 수장 칼 드로고에게 팔려가듯 혼인하게 된다. 칼 드로고와 결혼할 당시에 오랫동안 부화되지 않은 드래곤 알 3개를 선물받고, 광야를 떠돌면서 왕위를 되찾기 위한 노력을 한다. 그녀는 도트락인을 따라서 광야를 휩쓸면서 도트락인의 칼리시로서 살게 된다.

심층 메타포인 상자(container)로서의 측면으로는 6단계인 나를 방해하는 적대자와 방해물이 여기에 속한다. 대너리스는 남편 드로고와 소통하게 되고, 덕분에 대너리스는 화목한 가정을 가꾸며 그사이에서 사랑하는 아이도 임신하게 된다. 대너리스는 든든한 지원군이 되어주는 남편과 함께 다시 왕좌를 되찾을 거라는 꿈을 갖게 되지만, 오빠 비세리스는 대너리스를 핍박하다가 분노한 드로고에 의해 죽게 된다. 이후 대너리스가 위기에서 구해준 주술사로 인해 남편 드로고를 잃게 되고, 유산으로 사랑하는 아이마저 잃게 된다. 대너리스는 자신이 사랑하는 사람들을 모두 앗아간 주술사를 남편의 화장터에서 화형시키고, 자신도 도트락인과 관련 부족들이 지켜보는 가운데 불속에 몸을 맡기게 된다.

7단계는 통과의례와 내가 이루어야 할 초목표에 접근하는 것이다. 대너리스의 통과의례는 불속에서 살아남는 것이다. 대너리스는 활활 타오르는 불속에서 부화에 성공한 드래곤 3마리와 함께 상처 하나 없이 유유히 불길을 빠져나오면서, 새로운 정통 왕가의 여왕으로서 시선을 한몸에 받으며 도트락인의 충성을 받게 된다. 대너리스는 부화한 3마리의 용과 도트락인, 무결점 병사들과 함께

〈그림 1-20〉 불의 잿더미에서 살아난 용의 어머니 대너리스
출처: 미국 드라마 「왕좌의 게임」 홍보자료 및 나무위키 등장인물

전 세계를 누비며 자신의 왕국을 건설하는 데 한 걸음씩 다가서게
된다. 또한 저항하는 세력에게는 더욱 강한 모습으로 상대하고, 약
자에게는 넓은 포용력으로 설득해서 진정한 여왕의 면모를 갖게
되고, 많은 사람에게 지지와 선망을 얻게 된다.

8단계는 시련과 또 다른 난관이다. 대너리스는 '미사'와 '용의
어머니'라는 두 가지 정체성으로 고민한다. 미사는 약자들을 보호
하고 평화와 안정을 추구하려는 면모이며, 용의 어머니는 전쟁, 정
복, '불과 피'로 대표되는 타르가르옌의 정체성을 대변하는 면모다.
'미사'로서 미린을 통치하기 위해 대너리스는 노예상들과 협상하
고 히즈다르와 결혼하고 비세리온과 라에갈을 가둬놓는 등 최대한
의 타협을 하지만, 세르세이 라니스터 여왕의 배신으로 인한 분노
로 킹스 랜딩의 무고한 시민과 군인들을 불태우는 만행을 저지르
게 된다.

9단계는 목표를 이루기 위한 매개체와 무기다. 타르가르옌 왕

　　　　　스토리코칭

가의 후손이며, 용들의 어머니라 일컬어지는 대너리스는 무패의 도트락 군사와 무결병을 거느리고, 용들의 불을 매개로 도시와 사람들을 잔인하게 태워버린다. 자식이나 다름없었던 용 두 마리를 잃은 후에 세르세이가 배신하고 자매와도 같았던 미산데이가 죽임을 당하자, 그 분노가 불길처럼 일어나서 결국 킹스 랜딩의 세르세이와 군인뿐만 아니라 무고한 시민까지 살육하고 불태우게 된다.

심층 메타포 전환과 자원(resource) 측면에서 10단계는 초목표를 이루고 승리하는 것이다. 대너리스는 킹스 랜딩의 세르세이 라니스터와 군사들을 무찌르고 승리를 쟁취하게 되지만, 7왕국의 통일 여왕으로서의 면모는 위협을 받게 된다. 특히 자신이 사랑하는 존 스노우의 등장으로 인해 정통성을 위협받게 되며, 결국 대너리스는 '미사'로서의 왕이 아닌 드래곤의 어머니로서 포악과 분노를 멈추지 못해서 새로운 소명을 받지 못하고 연인이자 북부의 왕이었던 존 스노우에게 죽임을 당한다.

(3) 전사의 페르소나: 아리아

세 번째는 전사의 페르소나인 아리아를 들 수 있다. 먼저 심층 메타포 균형과 전환(transformation) 측면에서 1단계의 매직 이프와 목표는 '어린 소녀가 무적의 기사가 될 수 있다면(전사로서의 삶)'이라 할 수 있다. 즉 아버지와 어머니, 자신의 가족을 처참하게 살해한 원수를 처단하는 소명을 타고났다고 할 수 있다. 2단계는 모티프와 균형의 문제다. 캐틀린의 아이들 중 유일하게 스타크 가문 특유의 검은 머리를 가지고 태어난 차녀는 남자아이처럼 마음껏 뛰어다니고 싸우길 좋아하며 활쏘기와 말타기에 능숙하다. 여자아이로 태어났지만, 언니와는 다르게 사냥과 검, 활에 관심이 많

〈그림 1-21〉 훈련받고 성장하는 아리아

출처: 미국 드라마 「왕좌의 게임」 홍보자료 및 나무위키 등장인물

아서 검 쓰는 방법과 활을 연습하여 힘을 갖기를 원한다. 존 스노우는 자신을 잘 따르고 외모도 닮은 아리아에게 검술을 가르쳐주며, 브라보스 검을 선물한다. 아리아는 검의 이름을 '니들(바늘)'이라고 부르며 보물처럼 여긴다. 그러다가 아버지의 죽음을 목격하고, 복수를 위한 기사의 길을 걷게 된다. 3단계는 고난의 시작이다. 그녀는 영주인 아버지 에다드 스타크가 모함을 받아서 살해당하게 되면서, 복수의 칼을 갈며 고난의 여행을 시작한다. 아리아는 여행중에 왕의 친족이지만 대장장이 겐드리에게 호감을 갖고, 다시 만나기까지 그를 그리워한다. 아리아는 여행 중에 우연히 자켄을 돕게 되는데, 이로 인해 자켄의 도움을 받으며 자유의 도시 브라보스에 도착하기까지 고난을 겪으며 복수의 칼을 갈게 된다.

　심층 메타포 연결(connection)의 측면으로 볼 때, 4단계는 친구와의 연결이다. 아리아는 자유의 도시 브라보스에 도착하게 되고, 브라보스에서 얼굴 없는 자들의 본부라 할 수 있는 흑백의 집에 들어가 '자켄'을 만나면서 새로운 소망을 갖게 된다. 아리아는 그녀의 살생부에 적힌 킹스가드인 메린 트란트를 죽이면서 그 벌로 눈이 멀게 되는데, 이는 아리아의 무술뿐만 아니라 다른 감각을 발전시키는 데 많은 도움을 받게 되고, 아리아를 위장시켜주는 데도 도움을 받게 된다. 5단계는 새로운 시대 및 장소다. 브라보스에 위치한 '흑백의 집'은 아리아가 반드시 통과해야 할 공간이라 할 수 있다. 그녀는 얼굴 없는 자가 되기 위해 자신의 모든 소유, 과거의 이름 등을 전부 버리고 새로운 사람으로 탈바꿈하게 된다. 그러나 존 스노우가 준 검은 몰래 숨겨둔다. 아리아는 흑백의 집에서 새로운 전사로서의 훈련과 정체성을 부여받는다. 눈먼 아리아는 길가에서 동냥하다가 웨이프(부랑자)를 만나게 되는데, 그녀는 아리아에게 막대기를 쥐어주고 싸움을 건다. 이렇게 웨이프는 매일매일 거지가 된 아리아를 찾아와서 싸움을 걸고, 아리아는 계속해서 맞기만 한다. 그러던 중 다시 자켄을 만나 흑백의 집으로 돌아가게 된다.

심층 메타포 상자(container)의 측면으로 볼 때, 6단계는 나를 방해하는 적대자와 방해물이다. 아리아를 방해하는 진정한 적은 그 자신에게 있었으며, 그녀가 통제하지 못하는 '분노'였다고 볼 수 있다. 이러한 분노를 조절하게 만드는 흑백의 집은 아리아의 훈련 공간이자 통과의례의 공간이라 할 수 있다. 계속적으로 웨이프와 대전하면서 전투 훈련뿐만 아니라 독약에 대해서도 배우게 되며, 눈이 안 보이는 상황에서 후각을 통해 독을 구분하는 법, 얼굴 위장 등을 배우고, 결국은 웨이프의 공격을 막아내는 능력을 배우게 된다. 여기사 자켄은 우물물을 마시게 함으로써 다시 시력을 회복하게 하고, 눈을 뜬 아리아는 웨이프와의 결투에서 이기게

〈그림 1-22〉 전사가 된 아리아

출처: 미국 드라마 「왕좌의 게임」 홍보자료 및 나무위키 등장인물

된다. 아리아는 새로운 정체성을 찾아내고, 새로운 여행을 떠나게 된다.

7단계는 통과의례와 내가 이루어야 할 초목표에 접근하는 것이다. 아리아는 흑백의 집에서 새로운 전사로서의 통과의례를 거치게 되며, 흑백의 집에서 전수받은 독 제조와 얼굴 위장을 통해 결혼식 만찬을 준비한다. 아리아의 두 번째 통과의례는 피의 결혼식이라 할 만하다. 그녀는 그곳에서 오빠 롭 스타크와 어머니 캐틀린 스타크를 죽인 철천지원수 왈더 프레이의 목을 베고, 자기 올케의 원수와 어머니의 원수를 죽이고 그 시체를 고기파이에 넣어 왈더에게 먹이면서 확실한 복수를 한다. 그리고 왈더의 얼굴 가죽을 이용해 그로 변장한 채 피의 결혼식에 가담한 나머지 프레이 가문의 자식들도 단체로 독살해 사실상 프레이 가문을 멸문시킨다. 피의 결혼식장은 아리아의 복수를 위해 넘어야 할 통과의례라고 할 수 있다.

8단계는 시련과 또 다른 난관이다. 아리아는 혹독한 암살자 수행 과정을 거치는 동안 본모습을 드러내지 않으면서 오랫동안 적의 성향과 주변 환경을 정찰하는 침착성, 목적 달성을 위해 치밀하게 계획을 세우고 실행하는 전략적인 능력, 복수의 순간에도 감정에 휘둘리지 않는 냉정함을 갖추게 된다. 9단계는 목표를 이루기 위한 매개체와 무기다. 아리아는 아버지로부터 작은 표침 검을 받게 되고, 이후 존으로부터 브라보스 검을 선물로 받는데, 이 검에 '니들(바늘)'이라는 이름을 붙이고 보물처럼 여기게 된다. 결국 아리아는 니들로 리틀 핑거스를 죽이고, 최후의 복수를 하는 데 성공한다.

심층 메타포 전환과 자원(resource)의 측면으로 볼 때, 10단계는 초목표를 이루고 승리하는 과정이다. 아리아는 리틀 핑거스를 죽인 뒤 언니 산사를 북왕국의 여왕으로 등극시키고, 남동생 브랜 스타크를 7왕국의 왕으로 세우는 데 결정적인 역할을 한다. 그리고 마지막 12단계는 새로운 소명과 여행이다. 그녀는 겐드리를 사랑하지만, 새로운 여행을 떠난다.

[21] 나의 페르소나를 찾아보자.

「왕좌의 게임」을 통해 본 나의 페르소나를 이야기해보자. 나는 왕의 모습을
연모하는지, 아니면 영웅의 모습 또는 전사의 모습을 연모하는지 생각해본다.
내가 겪고 있는 상황을 「왕좌의 게임」에 적용해보자. 영웅 서사의 불균형과 미션,
통과의례와 생각의 전환에 대해 서술하라.

1단계: 일상 세계

2단계: 모험에의 소명

3단계: 소명 거부

4단계: 정신적 스승과의 만남

5단계: 첫 관문의 통과

6단계: 시험, 협력자, 적대자

7단계: 동굴 가장 깊은 곳으로의 진입

8단계: 시련

9단계: 보상

10단계: 귀환의 길

11단계: 부활

12단계: 영약을 가지고 귀환

4 미디어 스토리텔링에서 균형과 연결의 문제를 나의 정체성 찾기에 적용한다

우리는 삶을 살면서 다리 하나가 아프거나, 팔 하나가 아프거나, 한쪽 눈에 이상을 느끼는 등 신체적인 균형이 깨어지는 것을 경험하곤 한다. 이러한 신체 생물학적인 균형의 문제는 어린 시절부터 노년에 이르기까지 우리의 삶에 지속적으로 일어나곤 한다. 이는 단순히 신체의 아픔을 넘어, 신체의 균형감을 통해 육체적·정신적 건강이 따라오기 때문이라고 할 수 있다. 그뿐만 아니라 진학과 승진, 사회 활동에서도 사회학적으로 균형이 무너지면 위험을 맞이하게 되고, 이를 회복하기 위해 시도하고 노력하는 것은 우리 주변에서도 흔히 볼 수 있는 현상이다. 특히 심리적인 균형의 문제에 직면할 경우, 자존감에 큰 상처를 입게 된다.

잘트먼 교수에 따르면, 균형은 신체적 균형, 감정적 균형, 사회적 균형, 도덕적 균형으로 나눌 수 있으며, 이러한 균형은 인간 심층에 무의식적으로 존재하여 하나의 욕망으로 성장하게 된다. 이러한 불균형 문제는 소설이나 영화 등에서 어렵지 않게 찾을 수 있다. 먼저 「레미제라블」의 경우를 살펴본다.

(1) 영화 「레미제라블」의 신체적·정서적 불균형

「레미제라블」의 경우도 균형의 문제가 오디언스의 감성에 상처를 입히면서 발단을 전개한다. 장발장은 빵을 훔친 죗값으로 거대한 배를 육지에 안착시키는 가혹한 노동을 하며 20년 동안 형벌의 고통을 받게 된다. 실제적인 신체적·감정적·사회적 불균형이 시작되는 것이다. 그리고 전환(생각의 전환) 과정에서 장발장은 출

〈그림 1-23〉 영화 「레미제라블」
출처: 영화 「레미제라블」 홈페이지 홍보자료 및 나무위키

소 후에 거친 산 위의 십자가가 뚜렷이 보이는 무덤가에서 독백한
다. "마침내 자유로구나. 이상한 느낌이야. 낭비해버린 지난날을 절
대 잊지 말자. 저들이 내게 한 짓을 잊지 않을 거야. 죄인은 저들이
야. 저들 모두가. 새로운 날이 시작됐네. 이 새로운 세상은 내게 무
얼 해줄까?"라며 두려움에 가득 찬 신음을 토해낸다. 이 과정에서
고난이 다가온다. 즉, 사회적·정서적 불균형이 심화되는 것이다.
장발장이 산맥을 넘어 마을에 이르자 신분증을 검사받게 되고, 일
자리를 얻지 못한 채 아이들과 사람들에게 비난을 받고 매를 맞게
된다. 고난 속에서 장발장은 '연결'이라는 선물을 받게 된다. 지친
장발장은 어딘지 모를 큰 문 앞에서 쓰러져 잠을 자는데, 그곳이
우연하게도 가톨릭교회였으며, 곧 주교를 만나게 된다. 주교는 "들
어오게, 지친 자여! 밤바람이 차갑네. 우리네 삶은 험난하지만, 가

진 걸 함께 나누면 되지. 활기를 찾게 해줄 포도주와 기운을 내게 해줄 빵도 있네. 고통과 부당함은 모두 잊고서"라고 말한다. 장발장은 대접을 잘 받고 침실에서 잠을 자고 일어나지만, 그곳의 은식기들을 훔쳐서 달아난다. 그러나 이내 경관에게 들키게 되고, 다시 붙잡혀서 주교에게 넘겨진다. 그러나 주교는 "서둘러 떠나느라 은촛대를 잊었더군" 하며 은촛대를 함께 챙기면서 자신이 선물로 준 것이라고 말한다. 이후 세월이 흘러서 장발장이 시장이 된 후에 가난한 사람들을 도우면서 서사는 전개된다. 그는 자신의 실수로 쫓겨난 여공의 딸을 자신의 양딸로 삼는 한편, 자신의 신분이 노출되는 위험을 감수하면서까지 위험에 빠진 사람들을 구원해준다. 그리고 진정한 사랑을 만난 딸의 결혼을 축복한다.

이처럼 「레미제라블」 이야기에서도 균형의 문제는 서론에서부터 시작된다. 배고파서 빵 한 쪽을 훔친 죗값으로 19년 동안 고된 노역을 하고 있는 장발장에게 오디언스들은 너무나도 잔혹한 형벌의 전개라고 생각하며 형평성의 문제를 생각하게 될 것이다. 이는 이야기 자체의 균형 문제와 더불어 오디언스가 느끼는 균형 문제를 장발장이 어떻게 풀어갈 것인가를 보여주고 있다고 할 수 있다. 결국 장발장은 굶주려서 교회 앞에 쓰러지게 되는데, 여기서 주교를 만나면서(연결) 새로운 전환점을 맞게 된다. 이처럼 많은 이야기 속에서도 주인공이 무슨 일을 할 때는 반드시 전환점을 맞는 경우를 직면하게 되는데, 여기에 누군가와의 '연결'은 공통적인 핵심이라고 할 수 있다. 이 연결이 신체적·정서적 불균형을 조금씩 해소해주며, 결국은 자신을 자원으로 만든다고 볼 수 있다.

(2) 영화 「북극의 후예 이누크」의 정서적 불균형과 연결

영화 「북극의 후예 이누크」의 이야기도 연결의 중요성을 이야기하고 있다. 말썽쟁이 이누크와 사냥꾼 선생의 연결은 말썽쟁이가 새로운 사냥꾼으로 변화(전환)되는 중요한 역할을 하게 된다고 볼 수 있다. 아버지를 여읜 이누크는 학교에서 적응하지 못하고, 결국 북극의 한 시설에 위탁된다. 그곳에서 선생님의 도움을 받으며 문제아들과 함께 살아가게 된다. 어느 날 원장님의 도움으로 그곳의 전문적인 사냥꾼과 함께 캠핑하며 사냥을 배우게 되지만, 삶과 죽음이 교차하는 위험한 북극에서조차 다시금 말썽을 일으키게 된다. 사냥을 준비하며 숨 고르기를 하던 사냥꾼은 그곳에서 이누크에게 다음과 같은 이야기를 한다.

"이누크 따라와라. 저기를 봐라! 저기에는 뭐가 보이지? / 아무것도요! / 저쪽에는? / 산이요! / 이 아래는? / 얼음이요!"

"저 산에는 카리브가 많고, 저기 저쪽에는 물개가 많을 거다. 그리고 이 아래는 몇 주는 먹고살 물고기가 있어! 하지만 우리 없이 너 혼자는 살 수 없어. 우리하고 같이 갈 거면 늑장 부리지 마! 그런 태도로는 여기서 못 살아남아! 네가 개들에게 주인인 걸 확실히 보여주어야 해!"

그리고 그 옛날 아버지가 사용하던 채찍을 어루만지는데, 여기서 변화와 행동이 시작되고 있음을 알린다. 즉, 불균형의 순간을 깨닫는 시점과 누군가를 만나 생각을 전환하는 시점에서 실제적인 이야기는 시작된다고 볼 수 있다. 이는 고전이나 신화에 나오는 서사적인 과정에서 고난의 연속 중에 이를 극복하는 과정과도 일맥상통한다.

여기서 변화와 연결의 심층 무의식이 적용된 서사 과정은 우

〈그림 1-24〉 영화 「북극의 후예 이누크」
출처: 영화 「북극의 후예 이누쿠」 홈페이지 홍보자료 및 나무위키

리나라의 대표적인 신화인 단군신화나 고주몽 신화, 그리고 대표적인 영웅신화인 『홍길동전』, 『심청전』 등의 구조에서 잘 적용되는 서사 과정이라고 할 수 있다. 그런데 이러한 심층 메타포의 서사 과정은 역할에 따라 그 순서가 바뀌기도 하며, 결국 심층 메타포의 욕망을 어떻게 이루는가에 따라 그 순서가 달라진다고 할 수 있다.

우리는 앞에서 「왕좌의 게임」이나 고전에 나타난 서사 규칙을 통해 문제해결과 더불어 스스로 자원이 될 방법을 배우게 된다. 이 책에서는 영화 「이집트의 왕자 2: 요셉 이야기」를 적용하여 문제해결을 위한 네 가지 서사 규칙을 제안하고자 한다.

① 서사의 불균형과 사고의 전환
② 고난의 연속과 불균형의 심화 속에서 이루어지는 연결

③ 통과의례, 상자를 열거나 탈출

④ 불균형의 해소, 내가 자원임을 발견, 또 다른 소명

성경 속의 요셉 이야기를 살펴보면, 심층 메타포의 이야기를 기반으로 한 서사의 전개가 가능하다.

- 서사의 불균형과 사고의 전환

다른 이야기들과 달리 요셉의 이야기는 균형의 문제가 다르게 나타난다. 아버지가 늘그막에 낳은 요셉을 다른 아들들보다 너무 총애해서 문제가 발생한 것이다. 그렇지 않아도 형들의 미움을 받는 요셉이 "형들의 곡식이 일어나서 자신의 곡식에 절하는 꿈, 해와 달과 열한 별이 절하는 꿈"을 이야기하며 더 큰 질투를 유발하게 된다. 여기서 본격적인 연결 문제가 대두되는데, 아버지와 요셉의 연결이 다른 아들들 위에 있어서 문제가 발생하긴 하지만, 거기에는 본질적인 연결 문제가 숨겨져 있다. 요셉은 하나님의 계시를 받는, 하늘과 연결된 아들이기 때문이다.

- 통과의례, 상자를 열거나 탈출

형들의 질투는 결국 요셉을 빈 구덩이에 빠뜨리고, 이스마엘 사람에게 요셉을 팔아넘긴다. 요셉은 이스마엘 사람에 의해 애굽 왕 바로의 신하 보디발에게 팔려간다. 이 어두운 공간은 보디발과의 또 다른 연결을 위한 공간이라 할 수 있다.

- 고난의 연속과 불균형의 심화 속에서 이루어지는 연결

요셉을 만난 이후부터 집안이 좋아지는 것을 본 보디발은 요

섭에게 집안 일을 모두 맡기게 된다. 요셉과 보디발의 만남은 축복으로 이어졌지만, 요셉을 연모한 보디발 아내의 또 다른 연결은 결국 요셉을 깊은 감옥에 빠뜨리게 된다.

- 통과의례, 상자를 열거나 탈출

요셉은 왕의 죄수를 가두는 감옥에 들어가게 되는데, 여기서도 요셉은 감옥 사람들에게 인정을 받아서 모든 죄수와 감옥 실무를 맡게 된다. 이곳에서 요셉은 바로의 술 담당 시종과 떡 담당 시종을 만나게 되며, 이들의 꿈을 해석하게 된다. 결국 해몽을 한 것이 계기가 되어 요셉은 바로에게 불려간다.

- 불균형의 해소

바로는 아름답고 살찐 암소 일곱 마리를 파리하고 흉악한 암소 일곱 마리가 잡아먹는 꿈을 꾸었다. 잠을 깼다가 다시 꿈을 꾸었는데, 좋은 일곱 이삭을 약한 일곱 이삭이 먹어치우는 꿈을 꾸었다. 이를 애굽의 점쟁이와 박사들이 해석하지 못하자, 요셉에게 꿈에 대해 이야기하니 두 꿈은 동일한 꿈이며, 일곱 해 동안 풍년이 들지만 일곱 해 동안 흉년이 들어 앞의 풍년을 다 먹어치울 만큼 심하게 흉년이 들 것이라고 설명하면서 풍년 동안에 흉년 준비를 하라고 바로에게 말한다. 이에 감동한 바로는 요셉에게 총리라는 전권을 주고, 이를 대비하라고 지시한다.

- 내가 자원임을 발견, 또 다른 소명

바로는 요셉에게 '사브낫바네아'라는 이름을 붙여주고, 제사장의 딸인 아스낫과 결혼하게 하고, 총리의 삶을 살게 한다. 이는 요셉이 하늘과 연결된 사람임을 확인하는 참된 자원(resource)임을 증명하게 된다. 이후에 지속적인 연결 과정이 되풀이되며, 전환의 연속을 갖게 되는 것이 욕망을 매개로 한 심층 메타포의 서사 과정이라 할 수 있다.

요셉의 사례에서 보듯이 통과의례의 공간은 감옥이었지만, 일반적인 감옥하고는 다른 국가와 관련된 중요한 정치 사범들과의 만남, 그리고 그들과 관련된 일들이 그곳에서 일어날 수 있었을 것으로 추정된다. 아마도 요셉은 그곳의 사람들과 관계를 맺으면서 그곳의 정치, 경제, 사회와 관련한 일들을 배우게 되고, 또한 문제해결을 통해 신뢰를 쌓은 것이 분명하다. 이렇게 어두운 감옥의 공간을 잘 견디고, 그곳에서 보여준 문제해결 능력과 신뢰는 왕으로 하여금 요셉에게 새로운 정치적인 일들을 맡길 수 있는 기초 토양이 되지 않았나 생각된다.

영화 「이집트의 왕자 2: 요셉 이야기」에서 볼 수 있는 연결 문제는 한국의 신화와 고전에서도 찾아볼 수 있다. 특히 자매간, 형제간의 불평등한 연결로 인해 문제가 발생하는 경우는 『콩쥐팥쥐전』, 『홍길동전』, 『흥부전』 등 다양하다. 즉, 한 핏줄에서 나온 형제자매이면서도 균형 문제가 발생하면서 고난과 새로운 연결을 통해 통과의례를 거쳐 승리하는 영웅의 모습이 그것이라 할 수 있다. 즉 우리에게 문제해결에 대한 많은 시사점과 과정을 보여준다. 이는 실제적인 문제에 직면했을 때, 우리가 어떤 과정을 거쳐 솔루션을 갖고 올 수 있는지를 보여준다.

[22] 나를 되돌아보게 하는 영화가 있었는가?

나를 되돌아보게 하는 영화 제목은?

주인공은 영화에서 발견되는 불균형을 어떻게 헤쳐나가고 있는가?

나의 상황에 적용해본다면?

나는 지금 누구를 만나고 있는가?

07
목표실현을 위한
심층 메타포의 서사 과정을
광고에서 배우다

1   당신의 신체적·사회적 균형은 문제없는가?

스토리 전개의 심층 모티프라 할 수 있는 '균형'은 앞에서도 살펴보았듯이 여행의 불균형, 연결의 불균형(혈육의 불균형), 자원의 불균형(생김새의 불균형, 부의 불균형, 재능의 불균형), 통제의 불균형이 포함되고 문제를 불러일으킨다.

이처럼 불균형에서 균형으로 이어지는 메타포의 적용은 광고에서도 심리적이면서 정서적 불균형을 해소하는 데 많은 역할을 한다. 그러므로 신체적 불균형으로 고민하는 소비자에게 금융, 카드, 운동, 다이어트, 화장 등을 권장하는 광고 스토리를 통해 고민을 해결해줄 수 있다. 특히 화장품과 스킨로션, 각질 제거제 등의 광고는 현재의 거칠고 각질이 난 피부에서 깨끗하고 뽀송뽀송한 피부로 전환하고픈 욕망을 '균형'이라는 메시지를 통해 설득하는 경우가 더욱 많아지는 추세다. 특히 광고는 '피부 지옥'이라는 콘셉트를 통해 '피부 천국'으로 전환할 수 있는 피부의 균형을 강조하고 있다(〈그림 1-25〉 참조).

〈그림 1-25〉 숨어있는 각질을 제거해서 피부 지옥에서 피부 천국으로 인도하는 광고
출처: 피부지옥 홈페이지 및 TV 광고 홍보자료

　　'균형'의 심층 메타포는 사실 도덕적 균형을 잃은 기업에 대해서는 불매와 함께 새로운 제품을 찾게 만들었던 광고 역사에 길이 남을 하이트맥주의 광고 사례가 대표적이다. 1980년대 두산의 페놀 유출 사건으로 인해 소비자는 자연의 균형에 심각한 훼손을 느끼게 되었고, 이로 인해 정신적·도덕적 불균형 상황을 겪게 되었다. 소비자가 페놀 사건을 일으킨 두산의 OB맥주를 불매하고, '천연암반수'를 내세운 새로운 제품인 하이트를 선택한 것은 광고의 역사에도 길이 남을 만한 사례라 할 수 있다. 이는 도덕적·사회적·자연적 균형이 무너졌던 소비자의 마음에 천연암반수라는 자연

<그림 1-26> 도덕적 균형을 적용한 '하이트' 광고

출처: 하이트맥주 광고 홍보자료

의 물을 등장시키면서 다시금 도덕적 균형을 꾀했고, 결국 소비자에게 정신적 균형을 이루게 한 것이라고 볼 수 있다(<그림 1-26> 참조).

우리카드 광고에서는 일과 사랑의 균형이라는 측면에서, 요즘 젊은이들의 균형 잡힌 사랑을 보여주고 있다. 이 광고에서 바쁜 직장 생활 속에서 펼쳐지는 '우리' 양의 사랑은 결국 남성에게 휘둘리는 사랑이 아니고, 열정적인 일의 성공 속에서 사랑이 찾아온다는 새로운 논리로 사랑과 일의 균형을 이야기하고 있다. 물론 성공한 비즈니스 우먼의 지갑 속에는 우리카드가 그 균형을 맞추고 있다는 것이다(<그림 1-27> 참조).

이처럼 현대사회에서는 '균형'을 콘셉트로 한 광고가 다양하게 시도되고 있다. 삼성카드에서도 균형을 강조하여 '밸런스 클락' 광고를 선보이며, 일과 삶에서 균형이 이루어져야 함을 강조하고 있다. 즉 집중근무를 저해하는 주변 환경이 초과근무의 원인 중의 하나라는 메시지를 보여주며, 정작 일할 수 있는 시간이 별로 없음

<그림 1-27> 일과 삶, 일과 사랑의 균형을 보여준 우리카드 광고
출처: 우리카드 광고 홈페이지 및 TV 광고 홍보자료

을 밝히고 있다. 이때 집중근무를 도와주는 밸런스 클락을 소개한
다. 평상시에는 탁상시계이지만, 집중근무가 필요한 상황에서는 그
순간 사이렌 모드로 변신하여 집중근무 중임을 알린다. 그 변화는
놀랍고, 덕분에 퇴근 시간이 빨라진다. 물론 일상의 삶의 시간도 길
어진다는 것이다. 이처럼 근무와 일상생활의 균형을 지키기 위해

〈그림 1-28〉 밸런스 클락을 내세운 삼성카드 광고

출처: 삼성카드 광고 홈페이지 및 TV 광고 홍보자료

서는 밸런스 클락이 필요하고, 그 일상생활에서는 삼성카드가 균형을 유지해준다는 메시지다(〈그림 1-28〉 참조).

[23] 나의 불균형은 어디서 시작되고 있는가?

신체적·도덕적·사회적 문제가 당신에게도 일어나고 있다. 당신의 불균형은
어디서부터 시작되고 있는가?

일과 삶의 균형이 깨지고 있는 이유는 무엇인가?

당신의 불균형이 균형으로 가기 위해서는 어떻게 해야 하는가?

2 무협지에서 볼 수 있는 영웅의 특별한 통과의례가 내가 겪는 통과의례 과정이다

어린 시절에 접한 무협지나 홍콩의 영웅 이야기를 보면, 동굴의 통과의례가 자주 등장하곤 한다. 이야기는 주인공의 어린 시절에서부터 시작된다. 어린 주인공이 부모님의 사랑을 독차지하고 무림의 당파에서도 많은 귀여움을 받고 자라나지만, 결국 아버지가 항상 경계하던 모 무림파의 수장이 쳐들어와서 부모를 죽이고, 어린 주인공은 가까스로 도망을 가서 죽음을 면하게 된다. 이후 이리저리 헤매다가 숲이나 동굴 등에서 기인을 만나 무술을 배우게 되거나, 또는 바람이나 동물의 이끌림으로 걸어가다가 깊은 동굴에 빠지게 된다. 처음에는 동굴 안이 보이지 않지만, 시간이 지나면서 어둠의 잔해 속에서 해골들이 보이고, 더 깊숙이 들어가니 아버지가 어린 시절에 이야기하던 무술 비책을 발견하게 된다. 주인공은 이 비책을 며칠이 지났는지도 모른 채 읽으면서 연마하게 되고, 결국 그 무공을 통해 밖으로 나오게 된다. 주인공은 그동안 동굴에서 익힌 무술을 백분 발휘해서 원수를 무찌르고 한 맺힌 부모님의 원수를 갚고 영웅이 되는 이야기다. 이는 무협지에서 보여주는 일반적인 서사규칙이다. 주인공은 통과의례의 동굴에서 무던히도 견디고, 그 어두운 공간에서 비책을 읽으면서 무술 연마를 해야만 복수할 수 있음을 알려주고 있다.

앞에서 살펴보았던 요셉의 통과의례 공간은 감옥이었지만, 그곳은 일반적인 감옥하고는 다른 국가와 관련된 중요한 정치 사범들과의 만남, 그리고 그들과 관련된 일들이 일어나거나, 또는 정보를 알 수 있는 비밀 공간이다.

그러므로 우리는 통과의례의 신비로운 공간에 대해 살펴보고, 적용할 수 있어야 한다. 판도라의 상자가 그렇듯이 영웅이 경험하게 될 통과의례는 무한한 힘과 능력을 제공해주는 신비의 공간이라고 할 수 있다. 그런데 이 공간이 우리의 고전에서는 잘 드러나지 않은 채 주인공이 영웅이 되기 위한 관문, 즉 통과의례 장소로서의 역할을 하는 경우가 많다.

　　다음의 청소기 광고(〈그림 1-29〉 참조)에서 이러한 특별한 공간을 주제로 한 사례가 많이 등장하고 있어서 눈길을 끌고 있다. 이는 우리의 심층 무의식 중에 '상자'의 은유 개념이 깊이 들어앉아 있으며, 이를 통해 신비한 비밀을 알고자 하는 소비자의 욕망이 관여되어 있기 때문일 것으로 보인다. 대표적인 사례가 'LG 코드제로 A9'인데, 영화 「킹스맨」을 패러디해서 'LG 코드제로 A9'이 비밀의 방 깊숙한 상자 안에 숨겨져 있음을 보여주고 있다. 여기서 "미스터, 강력하고 한 방에 정리 가능한 걸로"라고 하자 비밀의 방에서 "현존 최강의 클래스를 보여드리겠습니다"라며, "이 시대의 최강자. LG 코드제로 A9"을 소개하고 있다. 이처럼 무협 시대에는 비밀의 문서나 무기가 동굴 깊은 곳에 있었던 것과 마찬가지로 지금도 비밀의 무기는 깊숙한 방의 상자 안에 감추어져 있다.

　　배스킨라빈스 광고(〈그림 1-30〉 참조)의 경우도 심층 메타포인 '상자'를 활용하고 있다. 조선의 왕에게 도착한 택배 상자는 우리가 잘 알다시피, 배스킨라빈스의 아이스크림 상자다. '행복하게 해주는 상자'라는 콘셉트로 진행된 광고의 심층 은유에는 비밀스러운 '상자'에 행복이 담겨 있음을 보여주고 있다.

　　이처럼 심층 메타포인 상자(container)의 경우 옛날에는 영웅이 되기 위한 물이나 동굴 등 큰 상자가 많이 사용되었다면, 최

〈그림 1-29〉 큰 상자로서의 공간, 특별한 매개체가 있는 공간을 나타낸 광고
출처: LG 코드제로 A9 광고 홈페이지 및 TV 광고 홍보자료

근의 스토리텔링은 판도라 상자와 같이 그 비밀은 열어야만 알 수 있으며, 그 비밀을 통해 가장 강력한 무기를 획득하거나 새로운 감성을 맛볼 수 있는 형태로 적용되고 있다.

〈그림 1-30〉 '행복하게 해주는 상자' 배스킨라빈스

출처: 베스킨라빈스 광고 홈페이지 및 TV 광고 홍보자료

[24] 나는 판도라 상자를 열 준비가 되었는가? 나의 통과의례는 무엇일까?

나는 어떠한 통과의례 상자에 들어가야 하는가?

그 공간에 들어갈 준비가 되어 있는가?

어떻게 그 길을 가야 할지 구체적으로 액션플랜을 기록해보자.

모든 스토리는 발단(exposition)→전개(rising action)→절정(climax)→해결(falling action, final suspension and resolution)과 결말(conclusion) 등의 단계로 이루어진다고 볼 때, 우리는 이를 기·승·전·결로 요약할 수 있다. 여기서 첫 번째 생각의 전환은 발단에서 시작되며, 절정에 이르러서는 화학적 변환까지 이루어지는 단계를 거치게 된다. '전환'은 우리의 신체, 생각, 행동, 감정, 관계 등을 평가할 때 매우 중요한 기준으로 활용된다. 우리가 세상을 이해하는 마음의 틀이자 행동을 이끄는 매우 강력한 무의식 코드라고 할 수 있다.

일반적인 서사의 구조로는 균형 문제가 발생하면서 주체자가 생각의 전환을 꾀하게 된다. 이로 인해 누군가와 연결되면서 판도라의 상자를 열기도 하고, 커다란 상자의 터널을 통과하면서 새로운 나를 발견하게 된다. 즉 스스로 자원임을 느끼거나 새로운 자원을 획득하는 결론을 맞게 되고, 새로운 여행을 떠나게 된다. 물론 많은 광고가 콘셉트에 따라 전개 방식이 다르지만, 무엇인가 전환을 꾀하는 스토리텔링을 표방하는 광고의 경우는 많은 부분이 적용될 수 있다.

여기에서 전환의 경우는 크게 두 가지로 살펴볼 수 있다. 먼저 생각의 전환이다. 이는 심리적 또는 사회적 균형이 깨지면서 문제에 직면하게 되고, 이러한 문제에 대해 회피하지 않고 생각의 전환을 통해 문제를 해결하는 측면이 그것이다. 또 하나 전환의 경우는 대부분의 광고에서 보여주듯이 그 형태가 원하는 모습으로 전환되거나 사회적·심리적 위치가 상승하는 것을 말한다. 〈그림 1-31〉의

〈그림 1-31〉 생각의 전환을 나타낸 나이키 광고
출처: 나이키 광고 홈페이지 및 TV 광고 홍보자료

광고는 대부분 운동선수들이 겪고 있는 어두운 그림자의 모습이 담겨 있다. 그러나 억압의 순간에 생각의 전환을 시도하고, 그것이 행동의 변화로 이루어지는 장면이라 할 수 있다.

　　미국의 철학자이자 심리학자인 윌리엄 제임스는 "생각이 바뀌면 행동이 바뀌고, 행동이 바뀌면 습관이 바뀌고, 습관이 바뀌면 인격이 바뀌고, 인격이 바뀌면 운명까지도 바뀐다"고 했다. '전환'의 키워드는 이를 잘 반영하고 있다. 어떠한 목표를 세우고 진행하기 위해서는 먼저 생각이 바뀌어야 하고, 이를 실행에 옮길 수 있어야 한다.

'전환'이란 한 상태에서 다른 상태로 바뀌는 것을 의미한다. 전환에는 생각의 전환, 감정의 전환, 관계의 전환, 신체적 전환, 지위의 전환 등 다양한 전환이 있다. 전환 전후에 이루어지는 극적인 변화의 모습들은 이야기꾼들이 가장 좋아하는 소재이기도 하다.[10] 그뿐만 아니라 광고에서도 전환(변화)은 변신을 원하는 소비자에게 가장 극적인 요소이기도 하다. 전환(transformation)은 많은 신화의 스토리에서 볼 수 있는 전형적인 심층 메타포라 할 수 있다.

　신화 이야기의 대표적인 사례로는 단군신화를 들 수 있다. 즉, 어두운 동굴 안에서 신령한 쑥 한 심지와 마늘 스무 개를 먹고 여자로 재탄생하여 환웅과 혼인하여 단군을 낳게 된다는 이야기는 전환의 공식을 잘 설명해줄 뿐만 아니라 전환하기 위한 절차와 고난의 과정을 잘 드러내주고 있다. 이러한 전환의 모티프는 우리나라의 단군신화를 비롯해서 동서양의 신화에서 찾아볼 수 있으며, 「신데렐라」, 「미녀와 야수」, 「개구리 왕자」 등 일반적으로 우리가 좋아하는 신데렐라 콤플렉스 계열의 재미있는 이야기가 전환의 심층 메타포에 포함된다고 할 수 있다. 여기서 모든 이야기의 근본은 전환의 조건이 매우 힘들고 어렵다는 것이며, 곧 다가올 통과의례를 준비해야 한다는 것이다. 단군신화의 웅녀는 사람이 되기 위해 동굴 속에서 100일 동안 쑥과 마늘을 먹어야 했다. 『콩쥐팥쥐전』에서 콩쥐는 많은 시련을 극복하고, 결국 물이라는 통과의례를 거쳐야만 사또와 행복한 결말을 맞게 된다. 이처럼 변화하고픈 심리적 욕구를 잘 어루만져줄 수 있는 콘셉트를 제공해야 한다.

10　　제럴드 잘트먼·리제이 잘트먼, 『마케팅메타포리아』, 이진원 역, 21세기북스, 2010; 정성희, 『무의식마케팅』, 시니어커뮤니케이션, 2010.

권태기의 연인이 다른 연인의 모습을 통해 압박을 받고, 여성에게 '아리따움'을 선물해서 신체적 전환을 꾀하여 관계적 전환을 이루는 스토리를 보게 된다. 이처럼 대부분의 화장품 광고의 경우는 전환(변화)의 욕구를 최대한 반영해서 신체적인 전환뿐만 아니라 정신적·관계적 전환을 유도한다. 변화하고픈 욕망은 많은 제품을 통해 드러난다. 신분의 전환을 위해 새로운 집을 사고 싶은 욕망과 새로운 자동차를 구매하고픈 욕망이 생기는 것은 당연하다. 이러한 욕망을 감성 있는 스토리텔링으로 이끌어낼 수 있다면, 고객의 마음은 자연스럽게 열릴 것이다.

[25] 생각의 전환을 하게 된 이유는 무엇인가? 과연 행동으로 이어질 수 있을까?

뭔가 불균형을 느낄 수 있다. 이제 생각으로 전환해야 할 때다. 무엇이 생각을 전환하게 만들었는가?

과연 생각의 전환을 어떻게 행동으로 이어지게 할까?

지금까지 신화의 영웅들과 광고 사례들에서 살펴봤듯이 우리네 인생도 불균형의 자각에서 시작된다고 볼 수 있다. 신화에서는 혈통의 베일에 가려져 많은 고난을 겪게 된다. 마찬가지로 우리의 인생 속에서도 나의 모습은 왠지 불균형한 사건 속에서 자각하게 된다. 나의 불균형은 사회적 불균형, 신체적 불균형, 정서적 불균형이 포함된다.

어쨌든 이러한 불균형을 자각하면서 친구 또는 공동체 등 도울 자를 만나게 되는데, 이는 내 안에 뭔가를 해결해야 할 미션 또는 과제가 있음을 발견하게 된다. 그 미션은 내 안의 그림자(통과의례)와 같이 다가오는데, 이는 사람일 수도 있고, 어떠한 공간(상자)일 수도 있으며, 시험일 수도 있다. 그래서 우리에게 다가오는 어두운 그림자는 새로운 기회를 제공해준다고들 이야기한다. 이 시험을 잘 이기거나 넘어서야 우리는 정서적·신체적·사회적으로 겪었던 불균형을 해소하고, 전환을 맞게 된다고 할 수 있다. 이러한 전환은 우리의 정서를 균형 있게 만든다고 할 수 있다.

우리는 초·중·고등, 대학 시절, 그리고 사회생활에 이르기까지 하나의 패턴을 돌게 되는데, 여기서 같은 듯 다른 패턴으로 우리의 삶이 진행된다. 즉 인생의 발단, 전개, 위기, 절정, 결말의 패턴에서 우리는 전환될 수도 있고, 또 전환되지 않은 모습으로 그렇게 또 다른 인생의 패턴을 걷게 된다. 결국 인생은 유한한 존재로서, 언젠가는 그 패턴의 끝자락에서 죽음을 맞게 된다.

이러한 사이클의 패턴을 어떤 이는 서사적인 패턴처럼 규칙적으로 진행하는 경우도 있지만, 어떤 경우는 이러한 패턴이 몇 번

〈그림 1-32〉 균형을 전제로 한 자각과 변화의 내용을 담은 삼양라면 광고
출처: 삼양라면 광고 홈페이지 및 TV 광고 홍보자료

반복되며 새로운 패턴을 맞이하는 사람들이 있다. 이 패턴의 절정에서 우리는 다시금 맞이하게 되는 전환, 통합, 분리의 패턴을 통해 새로운 꿈을 꾸게 된다고 할 수 있다. 나의 인생에 불균형을 느끼는 각성에서 시작된 새로운 시도는 결국 전환을 넘어서 내게 속해 있는 다양한 관계를 통합하거나, 또는 새롭게 분리되어 이전의 나와는 완전히 다른 영웅의 모습으로 새로운 사회의 패턴을 걷게 될 수 있다. 이러한 측면에서 삼양라면 광고는 진정한 전환을 위해 자각하는 내용을 담고 있으며, 이를 통해 새롭게 변화하고자 하는 장면을 담고 있다(〈그림 1-32〉 참조). 즉, 하나의 플롯을 설정해서 자각과 더불어 변화의 목소리를 내고 있다고 할 수 있다.

소설에서 플롯의 구조는 일정한 서사적 구조 속에서 개별적인 이야기를 하고 있지만, 결국은 큰 틀의 이야기 구조에 녹아들어가서 전체적인 이야기의 재미와 몰입을 더하는 데 기여하곤 한다. 그래서 이야기 속에는 몇 개의 플롯이 들어가 있다고 볼 수 있다.

우리의 인생 서사 속에는 수많은 플롯이 있으며, 이 플롯의 공간 속에서 균형을 찾고, 또 자각하고, 새롭게 변화하고자 노력하곤 한다. 우리의 인생 속에서 몇 개의 플롯이 있었는지 생각해볼 수 있으며, 지금의 플롯 과정은 대체로 어디에 속하는지를 생각해봐야 한다. 지금의 인생에서 만일 50대를 지나고 있는 과정이라면, 지금 조직에서 분리해야 하는 시점인지, 아니면 전환해야 하는 시점인지, 또한 대통합을 이루어야 하는 시점인지를 판단해야 할 것이다.

데이비드 B.는 "결국 코칭은 어떤 것을 고치는 것이 아니다"라고 했으며, "그것은 성숙을 위한 사람들의 노력을 목격하고 돕는 것이며, 그래서 그들이 개인적, 대인관계적 또는 직업적으로 직면한 일에 대해 기꺼이 더 잘할 수 있게 하는 것이다"라고 했다. 이는 사람들이 현재 있는 곳에서 시작하고, 그들이 가진 것으로 작업하며, 새로운 자신의 플롯과 이야기를 만들고 이를 적용해나갈 수 있어야 한다는 의미라고 할 수 있다.

[26] 불균형의 자각에서 깨어날 때다. 생각의 전환을 해야 할 때다.

불균형의 자각에서 깨어날 때 생각의 전환이 일어난다. 나답지 않은 행동은
무엇인가?

나다운 행동은 무엇인가?

지금과 다르게 관점의 전환을 한다면?

08
내 안의 별난 인격,
페르소나와 그림자의
상징 알아보기

1 나의 페르소나 얼굴을 찾아서 스토리코칭에 적용하기

페르소나를 찾는 과정은 다른 사람에게 보여주고 싶은 인상을 만들고, 내적으로는 개인의 진정한 얼굴을 은폐하는 가면을 개발하는 과정이라고 할 수 있다. 이는 상대방에 따라 보여지는 나의 가면을 어떻게 운용할 것인지를 개발하는 과정이라고도 할 수 있다. 우리는 다양한 환경 속에서 다양한 얼굴을 하고 있으며, 변화하는 환경 속에서 마치 카멜레온 같은 얼굴로 변화되곤 한다.

여성의 페르소나는 전쟁 속에서 살아남기 위해, 자녀를 지키기 위해 원수 같은 적을 사랑하는 얼굴로 변화할 수 있다는 얘기는 많은 영화나 드라마 같은 스토리텔링을 통해 접할 수 있다. 우리는 사실 누구나 왕과 영웅의 페르소나를 흠모하고, 그렇게 살기를 바라곤 한다. 이는 선조들로부터 물려받은 자연스러운 모습일 수 있다. 때로는 왕의 얼굴로, 때로는 영웅의 모습으로, 때로는 뭔가를 돕고 싶은 친구의 모습으로, 때로는 악을 악으로 갚고 싶은 그림자의 모습으로 그렇게 환경에 적용하면서 그 인격도 변화된다고 할 수 있다.

여기에서 페르소나의 얼굴은 나의 이미지를 신뢰성 있게 만들어가는 과정을 이해하고 연습하는 것이라고 할 수 있다. 여기에는 자신의 이미지를 연상할 수 있는 상징, 사람들이 자신을 최고라고 생각할 수 있게 하는 것 등이 포함된다.

(1) 왕의 페르소나

왕의 페르소나는 많은 사람들에게 가장 뚜렷하게 나타나는 얼굴이지만, 거부감을 줄 수 있는 페르소나라고 할 수 있다. 이는 역사적으로도 폭력적인 왕이나 군주, 군사적 독재자들에게 많이 찾아볼 수 있는 얼굴이기 때문이다. 그러므로 왕의 페르소나의 단점을 극복할 수 있는 사례를 살펴보는 것도 중요하다. 나폴레옹이나 알렉산더 대왕의 경우 몸집이 왜소했다고 기록되고 있지만, 이들은 왜소한 몸으로도 하급 장교에서 출발해서 황제의 칭호를 받을 수 있었다. 이처럼 왕의 페르소나는 잘못하면 오만하고 폭력적이며 배척을 받을 수 있지만, 이러한 페르소나는 집단무의식의 상징으로서 모두가 원하는 얼굴이기도 하다. 「왕좌의 게임」에서 여주인공으로 등장하는 대너리스 여왕의 경우도 가족인 오빠 밑에서 노예처럼 살아야 했고, 모진 고생과 학대를 기반으로 친구 및 돕는 자를 통해 자신의 왕국을 이루는 대표적인 왕의 페르소나라고 할 수 있다. 왕의 페르소나의 경우 다음의 사항들에 유의해야 할 것이다.

- 자신이 최고라는 생각이 거만함으로 나타날 수 있다.
- 자신의 리더십에 맹신을 갖고 있다.

- 자신만의 독자적인 스타일을 강점이라고 생각한다.
- 자신의 약점을 무조건 숨기고, 장점만을 내세운다.
- 자신의 생각이나 영역 침범에 대한 적대감을 드러낸다.

(2) 영웅 페르소나

영웅 페르소나는 많은 사람 중의 군계일학이라 할 정도로 매우 빼어난 사람의 페르소나라고 할 수 있다. 다른 사람들에게서 쉽게 발견할 수 없는 용기와 재능, 힘과 지혜로 보통 사람들이 해내지 못하는 것을 해내는 페르소나라고 할 수 있다. 그래서 사람들이 추앙하며, 따르는 사람들이 점점 많아진다. 영웅은 난세에 세상을 바꾸는 의미로 사용되며, 국가나 민족의 위기에 크게 기여하는 인물로 추앙받는다. 그러나 영웅은 사람들의 추앙이나 인기를 빌미로 권력을 탐하거나 왕이 되려는 욕심을 갖는 단점이 있다. 그런데 현대에는 영웅의 의미가 변화하기 시작했으며, 폭력적인 현장에서 사람을 구하거나 불난 빌딩 또는 홍수 현장 등에서 사람을 구조해 내는 사람들을 영웅이라고 칭하기도 한다. 영웅 페르소나의 경우 다음의 사항들에 유의해야 할 것이다.

- 스스로에게 너무 많은 자부심이 있어서 자신의 주장 외에는 받아들이지 않는다.
- 인기에 편승하여 자신의 위치를 망각하기 쉽다.
- 쉽게 공격적인 경향이 나타나기도 한다.
- 전략적으로 쉬거나 물러설 줄 모르는 경향이 있다.
- 일반 사람들에게 완벽하게 비치기를 기대한다.

(3) 기타 전문가, 친구, 적대자 또는 그림자 페르소나

전문가 페르소나는 영웅 페르소나만큼 화려하지는 않지만, 어떠한 분야에 탁월한 페르소나라 할 수 있다. 전문가의 얼굴은 문제를 해결해주는 페르소나로서 신뢰와 믿음을 주는 얼굴이며, 현대 사회에서는 많은 영향력을 끼치는 얼굴이기도 하다. 전문가 페르소나의 경우 다음의 사항들에 유의해야 할 것이다.

- 전문인으로서의 자부심은 또 다른 적을 만들 수 있으니, 항상 겸손해야 한다.
- 전문가들은 동종업계에 많은 경쟁자들이 있으므로 지속적인 노력이 필요하다.
- 새롭게 진입하는 동종 전문가를 인정하는 아량이 필요하다.
- 외골수로 빠지는 것을 경계해야 한다.

또한 친구 페르소나는 왕이나 영웅, 전문가들의 옆에서 항상 도움을 주는 신뢰성 있는 얼굴이라고 할 수 있다. 과거나 현재나 왕 또는 영웅의 옆에는 돕는 친구가 존재하며, 이는 상황에 따라 나의 페르소나로 나타나기도 한다.

그림자 페르소나는 내 안의 어두운 인격이라고 할 수 있다. 아주 절망적인 상황이나 처절한 전쟁 또는 경쟁적인 상황에서 내 안의 어두운 인격이 살아나 나의 자아를 움직이곤 한다.

(4) 코칭에서의 페르소나

코칭에서의 페르소나는 무엇보다 고객의 정체성을 파악할 때, 지향하는 얼굴을 발견하는 과정이라고 할 수 있다. 즉 고객의 약점이나 문제점을 지적하기보다는 강점을 발견할 수 있도록 도와주고, 이를 스스로 개발해야 한다.

또한 특히 고객의 장점에 대해서는 더욱 세밀한 관찰이 필요하고, 이를 통해 성장할 수 있는 새로운 형태의 스토리텔링을 할 수 있도록 도와야 하며, 새로운 정체성을 만들 수 있어야 한다. 결국 페르소나는 내가 표현하고자 하는 욕구이며, 세상 사람들에게 자신을 어떻게 보이고 싶은지에 대한 욕망 중의 하나라고 할 수 있다.

그렇지만 이러한 욕망의 내부에는 그림자의 모습도 함께 존재하고 있다. 그림자의 모습은 어두운 이면이며, 콤플렉스의 모습이기도 하고, 열등한 모습이라고도 할 수 있다. 그러므로 이 그림자를 한편으로는 위로하고, 또 한편으로는 극복할 수 있도록 돕는 것이 코칭의 역할이라고 할 수 있다. 우리의 개별적이고도 집단적인 그림자의 얼굴은 내재되어 있으며, 우리의 의식에 나타나지 않는 경우가 많다. 즉, 의식했어도 억제하거나 눌려 있는 것이 그림자라고 할 수 있다. 그러나 이 그림자의 모습도 나를 이루는 형상이라고 할 수 있으므로 그림자의 얼굴을 간파하는 것도 중요하다고 볼 수 있다.

페르소나는 마케팅 용어로도 많이 사용되었다. 즉, '페르소나 마케팅'으로 회자되곤 한다. 이는 심리학 용어인 '페르소나(persona)'와 '마케팅(marketing)'을 합친 말로, 고객에게 전달할 기업의 대외적 이미지를 설정해 자사의 제품이나 서비스를 확실하게 각인시키는 마케팅 전략을 의미한다. 페르소나 마케팅이란 소비자에게 각인될 만한 대외적 이미지를 만들어 기업 브랜드를 홍보하는 전략이다. 이처럼 페르소나는 원래 연극배우가 쓰는 가면을 가리키는 말이었으나, 심리학 용어로 확장되면서 한 개인이 본래의 성격과 관계없이 밖으로 보이고 싶어 하는, 즉 '타인에게 비치는 외적 성격'을 뜻하게 되었다. 이와 같이 페르소나는 고객의 정체성을 찾게 하는 중요한 용어라고 할 수 있다. 한편, 마케팅 분야에서는 기업이 표적 고객에게 전달하고 싶은 이미지를 설정하고 그에 맞는 홍보 전략을 세우는 것을 의미하는데, 효과적인 페르소나 마케팅은 기업의 가치를 올리는 동시에 일관된 이미지를 구축해 소비자의 신뢰를 얻을 수 있다.

이처럼 코칭에서도 나의 페르소나 얼굴을 찾을 수 있도록 도와주고, 이를 통해 나의 정체성을 찾고, 또 나의 그림자가 무엇인지를 알게 되면, 내가 나아가야 할 방향을 찾을 수 있을 것으로 기대된다.

[27] 내가 지향하는 페르소나는 무엇인가?

나는 어떤 페르소나가 가장 잘 어울리는가?

내가 갖고 있는 가면의 얼굴은 누구와 닮았는가?

내가 활동하고 있는 조직의 공간에서 나를 떠올려본다면?

　　우리는 생존하기 위해 고군분투한 선조들의 무수히 많은 페르소나 얼굴을 물려받았다. 그중에서 신화나 설화, 전설 등에서 찾아볼 수 있는 페르소나는 왕이나 영웅 또는 전사의 얼굴이 가장 강력하게 다가오곤 한다. 이처럼 우리의 욕망은 신화나 전설에서 이야기를 통한 다양한 상징의 모습으로 나타나고 있으며, 이는 우리의 상상이나 꿈을 통해 나타나곤 한다. 결국 우리의 영웅들은 수많은 전쟁과 역경 속에서 승리한 모습이며, 이는 영웅들의 감출 수 없는 욕망에서 비롯되었다고 할 수 있다. 이러한 욕망은 우리의 잠재의식 속에 고스란히 숨겨져 있으며, 이는 무언가의 상징과 꿈을 통해 자아의 세계로 표출되기도 한다. 그렇다면 우리가 물려받은 욕망과 그에 따른 페르소나 얼굴은 어떠한 형상인지를 살펴볼 수 있으며, 스토리텔링을 통해 목표를 이루는 과정은 또 하나의 페르소나를 찾는 여정이라고 할 수 있다.

　　페르소나는 선조로부터 물려받은 다양한 얼굴, 즉 가면 같은 얼굴로 유전되며, 과거 전쟁이나 생존의 위협을 받을 때, 물려받은 페르소나 얼굴을 통해 급박한 위기를 모면하거나 자손을 지키는 데 매우 유용하게 활용되었다. 이는 현대를 살아가는 데 있어서 페르소나 얼굴이 단지 이중인격적인 모습이 아닌, 또 다른 나의 모습으로 위기를 극복하는 데 있어서 선조들이 물려준 매우 소중한 가치라고도 할 수 있다.

　　그런데 앞에서 논의된 바 있는 '통과의례'는 내가 두려워하는 자연의 모습이며, 영웅이 반드시 통과해야 할 어두운 그림자라고도 할 수 있다. 영웅과 괴물의 이야기는 결국 욕망으로서의 원

〈그림 1-33〉 일상적인 얼굴과 어두운 그림자를 상징하는 괴물의 이미지[11]
출처: 변민주 교수의 '콘텐츠디자인' 수업 프로젝트

형 이야기라 할 수 있다(〈그림 1-33〉 참조). 즉, 진정한 영웅이 되기 위해 통과해야 할 의례는 항상 두려움으로 내재되어 있을 수 있다. 사실 진정한 통과의례의 의미는 인간이 태어나서 죽을 때까지 겪어야 하는 의례로서 중요한 예식이 포함될 만큼 값지고 영광스러운 의례이기도 하다. 그런데 이를 통과하지 못할 경우에는 진취적 자아의 성취에서 심적인 부담과 방해자로서의 어두운 그림자를 내적 또는 외적으로 겪게 된다. 이러한 괴물의 그림자를 이겨낼 수 있는 내적인 준비가 필요할 수 있다.

그래서 그림자는 카를 융이 주창한 대로 집단무의식 속의 열등한 인격이며 어두운 자아라고 할 수 있다.[12] 이러한 어두운 자아는 나를 방해하는 또 하나의 괴물 모습으로 상징화되고 있으며, '마귀' 또는 '괴물'의 모습으로 존재하기도 한다. 즉, 영웅과 괴물의

---

11   중앙대학교, "Content Design Course", Storytelling Project, 2010.

12   이부영, 『그림자: 우리 마음속의 어두운 반려자』(분석심리학의 탐구 1), 한길사, 1999, 41쪽.

이야기는 결국 욕망으로서의 원형 이야기라 할 수 있다.

그림자의 형상은 영웅의 통과의례를 방해하는 어두운 존재로서 적대자와 동일시되고 있으며, 때로는 괴물이나 동물, 그리고 자연의 대상물이기도 하다. 이는 영웅이 목적을 이루기 위해 반드시 죽이거나 넘어야 할 대상이자 상징이라고 할 수 있다. 여기에 영웅 신화가 사람들의 무의식에 적용되면, 영웅은 결국 내면의 싸움에서 그림자와 싸울 수밖에 없으며, 그림자의 실체를 밝히는 것이 매우 중요하게 작용한다. 이는 스토리를 기반으로 한 코칭을 할 때 매우 참고할 만한 이론이며, 특히 통과의례의 스토리 전략을 세울 때 매우 유용한 논리라고 생각된다.

본래 통과의례는 사람이 태어나서부터 죽을 때까지 거치게 되는 탄생, 성년, 결혼, 장사(葬事) 등의 의례를 겪는 과정에서 이에 배치되거나 방해하는 그림자를 확인할 수 있다. 즉, 통과의례 영역에서 찾아볼 수 있는 어두운 그림자의 상징은 탄생, 결혼, 죽음 등의 과정에서 나타나는 두려움 또는 어두움이라 할 수 있다. 또한 서사적인 시간의 단계로 볼 때는 무엇인가를 이루기 전의 두렵고 힘들며 탈출하기 어려운 어두운 상태를 만들기도 한다. 그러나 결국은 통과의례를 통해서만이 목표를 이룰 수 있다는 것을 잊어서는 안 된다. 그러므로 코치의 역할은 통과의례는 고통이면서도 축복의 시공간이라는 것을 이해시켜야 하며, 이 불안한 고통을 충분히 이해하고, 이를 전환하고자 하는 의지를 심어주어야 한다. 여기서 코칭을 진행할 때, 시간적이면서도 서사적인 축을 사용할 수 있으며, 각 단계를 설정해서 통과의례의 스토리를 적용할 수 있다. 즉, 통과의례의 가장 기본이 되는 전환·통합·분리를 통해 나의 새로운 스토리를 설정해나갈 수 있다. 이는 다음과 같은 순서로 통과의례의 스토리 전략을 세울 수 있다.

① 지금의 나의 상태
② 과거와 현재의 나의 모습
③ 전환하고픈 욕망과 실행의 요건
④ 통합하고픈 요소와 나의 준비
⑤ 이후의 분리를 통한 새로운 출발
⑥ 전환과 통합, 분리를 통해 본 새로운 전략 제시

무엇보다 통과의례를 기반으로 한 스토리 전략은 진정한 전환을 원하고 있는지가 투영되어야 하며, 이를 시간적 순서로 미션 과정과 의례를 설정할 수 있어야 한다. 전환하고자 하는 마음이 있어야만 통합이나 분리 단계가 가능하며, 이를 위해서는 자신의 상황에 대한 정확한 이해가 필요하다. 즉 자신이 있는 공간과 시간, 그리고 정체성, 역할과 직분, 지위, 최소한의 명예 같은 가치 등을 면밀히 살펴볼 수 있어야 한다. 데이비드 B.는 코치의 중요한 질문에 대해 다음과 같이 언급했다.

- 내가 떠나야 할 곳은 어디인가?
- 내려놓아야 할 때는 언제인가?
- 내 안에서 새로 생기길 원하는 것을 위해 어떤 것이 있어야 하거나 없어져야 하는가?
- 사람들이 익숙한 자기 조직 패턴에서 독립하고 있는가?
- 또한 "나는 이렇고 저렇지는 않아"와 같은 확고한 구분에서 벗어날 때, 자신의 아이덴티티를 적절하게 설명할 수 있는가?

[28] 나의 페르소나와 그림자를 구별하자.

나의 실제 생활에서 가장 행복한 순간은 언제인가?

나의 실제 생활에서 가장 현타(현실 자각 타임)가 오는 순간은 언제인가?

나의 그림자는 어떻게 드러나는가?

3   나의 감추어진 또 하나의 인격, 그림자 상징의 정체에 접근하기

그림자는 집단무의식에 신화 같은 상징으로 존재하지만, '마귀', '사탄', '귀신' 등과 같은 공포감을 주는 그림자의 상으로 존재하기도 한다. 융은 그림자에 대해 1차적으로 개인적 무의식의 내용으로서 무의식의 의식화에서 비교적 쉽게 경험될 수 있는 것이라는 설명과 함께, 그러나 원형으로서의 그림자는 꿰뚫어보기가 어렵다는 말을 함으로써 그림자의 개념이 개인적 무의식뿐 아니라 집단적 무의식에도 적용됨을 명시했다.[13]

이는 인간의 '그림자'가 집단무의식의 상으로서 존재하다가 개인의 무의식에 투영되기도 하며, 개인의 무의식에 의인화된 상징으로 존재하게 되면 자아에 많은 영향을 끼칠 것으로 판단된다(〈그림 1-34〉 참조). 그러므로 그림자로서의 악이나 상징으로서의 이미지는 집단무의식에서 개인무의식을 거쳐 자연스럽게 왜곡되거나 변형되어 드러나게 된다고 할 수 있다.

즉, 선조 때부터 인간 집단이 전쟁을 겪으면서 살육으로 인한 공포 심리가 두려움의 상을 만들었을 가능성이 있다. 전쟁과 살육은 영웅의 상을 만들기도 하지만, 두렵고도 악한 그림자의 상을 만들어냈을 것으로 추측된다. 그래서 전쟁으로 인한 폭력과 무기, 강철 같은 동물들의 횡포는 두려움의 모습으로 상징화되기 시작했다.

---

13   이부영, 『그림자: 우리 마음속의 어두운 반려자』(분석심리학의 탐구 1), 한길사, 1999, 73쪽..

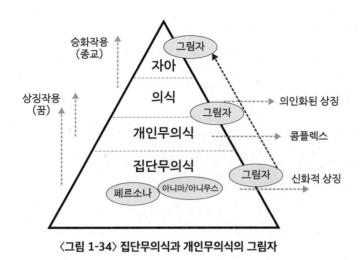

〈그림 1-34〉 집단무의식과 개인무의식의 그림자

　다시 말해 영웅의 신화와 악마의 신화는 상반되어 나타나지만, 이는 인간의 무의식 속에서 나란히 배열되어 있었을 가능성이 크다. 그러므로 전쟁의 공포와 두려움에서 구원해줄 영웅의 신화는 인간의 집단무의식 속에서 오래도록 간직되어 있으며, 이는 신화나 설화를 통해 스토리텔링으로 구전되기도 했을 가능성이 있다.

　또한 패배자들의 집단에서는 영웅이 괴물로 보이고, 이러한 괴물은 학살과 약탈, 그리고 사람과 동물 사이를 지나가는 흉악한 악마나 괴물, 또는 요물의 원형상으로 존재했을 것으로 보인다. 이러한 괴물과 악마가 인간의 집단무의식 속에서 상징적으로 존재했을 것으로 판단된다. 또한 그림자라고 생각하는 많은 이미지 중에서 가장 자주 등장하고 가장 보편적인 것은 동물에 대한 이미지로서, 자주 접하는 동물이 때로는 무서운 악의 그림자로 돌변해서 나타났을 것으로 판단된다. 외국의 경우, 일반적으로 아이들이 있는 집에는 테디 베어라든가 장화 신은 고양이, 미키마우스, 바바르 등

<〈그림 1-35〉 스파이더맨의 또 다른 페르소나 또는 그림자>
출처: 영화「스파이더맨3」포스터 및 광고 홍보자료

의 캐릭터를 쉽게 접할 수 있는데, 이들은 기쁨과 두려움이 공존하는 양면성을 지니기도 한다. 아동도서 제목의 절반이 동물이 차지하고 있는 점도 아이들의 내면에 동물의 이미지가 각인되어 때로는 그림자의 모습으로도 나타난다고 볼 수 있다.[14]

카를 융이 주장한 집단무의식으로서의 그림자는 앞에서도 전제했듯이 '마귀', '괴물' 같은 상징으로 존재하며, 우리의 통과의례를 방해하는 요인으로 존재한다. 그러므로 우리 안에 존재하는 어두운 그림자의 상은 우리가 접할 수 있는 다양한 형태로 내재되어 있다. 즉 동물이나 사람의 형상, 발자국 같은 흔적의 형상, 괴물의 형상, 어두운 그림자 형상, 자연과 오행의 형상, 복합적인 사람의 형상 등 다양하게 나타난다.

---

14   Gilbert Durant, Jin Hyung-joon, 「The Anthropological Structure of Imagination」, Literature Village, p. 89, 2013.

일반적으로 집단무의식의 상은 '마귀', '괴물' 같은 상징으로 존재하며, 우리의 통과의례를 방해하는 요인으로도 존재한다. 즉, 집단무의식의 어두운 그림자의 상을 통해 개인의 콤플렉스를 유발하는 괴물이라고도 할 수 있다.

여기서 우리는 그림자의 의미가 통과의례 같은 어두운 터널이기도 하지만, 우리 자신의 콤플렉스로 작용하고 있다는 사실을 잊어서는 안 된다. 그러므로 그림자를 기반으로 한 스토리코칭은 나 자신의 콤플렉스에서 벗어날 수 있는 치유의 코칭도 병행할 수 있어야 한다.

집단무의식을 통해 드러난 그림자라는 상징의 정체는 전쟁을 통해 경험한 적대자와 살인자, 괴물의 모습과도 같다. 이러한 적대자와 살인자, 괴물의 모습은 신화나 설화, 민담 등에서 전해 내려오지만, 집단무의식의 꿈이나 무의식 속의 세계에 존재하곤 한다. 특히 적대자의 형상은 사람의 모습뿐만 아니라 자연의 형상, 괴물의 형상 등도 해당한다고 볼 수 있는데, 이는 단지 상징의 현상일 뿐 우리가 두려워해야 할 대상은 아니다. 데이비드 B.는 『내러티브 코칭』에서 "그림자가 어떻게, 왜 형성되었고, 이러한 우리 자신의 숨겨진 측면을 이용해 어떻게 사람들이 자기 강점을 강화해서 더 높은 발달 수준에서 작동할 수 있게 도울 수 있는지를 소개하는 것"이라고 했다. 그림자는 상대방에게 보여주고 싶은 다양한 가면 얼굴의 역작용으로 올라오는 하나의 인격이라고도 할 수 있으며, 이는 갈등과 억압을 해결하는 또 하나의 열쇠로도 작용할 수 있다.

또한 데이비드 B.는 "우리의 개별적이고 집단적인 그림자는

〈그림 1-36〉 그림자 상징으로서의 콘셉트 디자인

출처: 전승규, 『율려(Original Works by Yul-ryeo)』, New People, p. 38, 2005.

결코 우리의 의식적 삶에 들어오지 못했던, 의식은 했어도 억제하거나 다시 눌렀던, 또는 개인과 집단 두 세계의 경계에 머물렀지만, 우리를 인간으로 만드는 모든 요소를 포함한다. 코치에게 그림자는 한 개인의 성장에 결정적 에너지인 금광이라고 할 수 있다"며, 그림자를 다음과 같이 소개했다.

- 자기발달의 자연스러운 결과물
- 충분한 안전과 애정을 확보하려는 전략
- 그 자체가 좋은 것도 나쁜 것도 아닌 선천적 인간 에너지
- 자기 상에 맞지 않는 특성을 묻어두는 지점

- 활용되지 않은 성숙의 필수 에너지 저장소
- 타인에 대한 투사에서 가장 쉽게 관찰됨
- 재탄생하려는 자기를 계속 죽이라는 초대
- 각 개인의 고유한 성숙 경로에 대한 인내

이처럼 그림자는 내 안의 또 다른 인격이지만, 어두움으로 표현되고 있는 것은 콤플렉스 같은 장애의 모습으로 내재되어 있기 때문일 것이다. 그러므로 스토리를 기반으로 한 코칭을 토대로 내 안의 쓴 뿌리를 발견하고, 치유하고, 새로운 자아의 성장을 유도할 수 있는 프로세스가 필요하다고 볼 수 있다. 이는 우리의 마음속에 내재되어 있는 상징이 꿈에서도 나타나는 것과 같이, 나의 숨겨진 스토리를 발견하고 말할 수 있을 때 어두운 터널을 통과할 수 있을 것으로 생각된다. 그러므로 꿈과 스토리는 밀접한 상관관계가 있다고 볼 수 있으며, 꿈을 꾸듯이 나의 숨은 스토리를 개발하는 작업은 매우 필요한 절차라고 할 수 있다.

그러나 그림자는 다른 한편으로 우리의 문제를 해결하고, 새로운 길을 모색하게 해주는 역할도 한다고 볼 수 있다.

그림자의 또 다른 모습은 지금의 내 모습이 아닌 내 안의 집단무의식 속에 가두어진 인격이라고 할 수 있다. 이러한 새로운 인격은 새로운 열정과 열망으로 가득 차 있다고 할 수 있다. 내 안의 그림자는 집단무의식을 통해 유전된 인격의 상징으로서, 나의 자아를 뛰어넘는 새로운 얼굴이라고 할 수 있다.

이는 페르소나처럼 다른 인격이나 가면이 아닌 선조들로부터 물려받은 엄청난 에너지의 상징이라고 할 수 있는데, 작품활동이나 격투기 또는 싸움, 전쟁 등 격한 활동을 통해 깨어난다고 한다. 예를 들어 한국의 청년들은 순박하고 근면하며 착한 특성을 가지고 있지만, 이들이 베트남 전쟁이나 또 다른 전쟁에 참여했을 때 엄청난 시련에 의해 그림자가 깨어나는 경우를 볼 수 있다. 이때 완전히 다른 인격으로 전쟁에 임했다는 것을 많은 증언을 통해 들을 수 있다.

때로는 부잣집의 순박한 여인이 클럽에 가서 완전히 이질적인 남성을 만난 후에 그 여성의 그림자가 깨어나 결국은 밤의 여왕으로 살게 되었다는 이야기도 들을 수 있다. 또한 농사꾼을 시인으로 만들기도 하며, 노동자가 예술을 만나게 되면서 새로운 예술의 세계로 빠져들게 되는 경우도 간간이 들을 수 있다. 우리의 내면에는 집단무의식적인 인격이 있는데, 이것이 어떤 충격으로 자아로 살아나게 된다고 할 수 있다. 이는 초등학교 때 나타날 수도 있지만, 중학교, 고등학교, 대학교, 때로는 중년이 되어 각성하는 경험을 하기도 한다. 이러한 각성은 우리 삶의 전환점을 마련해주기도 한다고 볼 수 있다.

즉 우리의 집단무의식 속에 존재하는 페르소나, 아니마/아니무스, 그리고 그림자의 경우는 어떠한 사건을 통해 각성하게 되는데, 이러한 그림자는 집단무의식 속에서도 존재하지만 개인무의식, 의식, 자아 안에서도 존재한다고 볼 수 있다. 그러므로 어쨌든 많은 시도가 필요할 것이라고 생각되며, 이러한 시도 속에서 우리는 새롭게 전환하게 되는 계기를 만들 수 있을 것으로 보인다. 때로는 회사 안에서의 업무 중에서 균형이 무너지는 계기를 통해 각성할 수도 있고, 때로는 나의 개인적인 인격을 통해 억눌려 있던 그림자가 깨어날 수도 있을 것이다. 그러므로 인생 속에서 전환이 이루어지는 순간 각성하고, 그 전환의 순간에 우리의 모습을 새롭게 그릴 수 있을 것으로 기대된다.

- 우울하거나 불안한 마음을 열거해보자.
- 공황장애 및 스트레스가 있는가? 어떤 때에 힘든 감성을 겪게 되는가?
- 수면장애 및 무서운 꿈: 최근에 꾼 무서운 꿈을 이야기해보자.
- 실제로 내적인 질병을 유발하는 공포는 무엇인지 이야기해보자.

**그림자를 기반으로 한 스토리 구상 단계(코칭에서 프로세스를 활용하
는 방법을 제안하며, 이를 기반으로 고객과 대화를 진행해보자)**

- 발단 단계: 고객은 자기의 정체성 중에서 가장 장점이 될 만한 이야기
  를 하고, 이를 기반으로 자신의 정체성에 대해 이야기할 수 있도록 초
  대한다.
- 전개 단계: 고객이 옛 강점을 멈추고 변화한 것을 발견할 수 있게
  한다.
- 위기 단계: 고객이 위기에 처한 이야기를 할 수 있도록 유도하고, 이를
  어떻게 극복했는지 능동적으로 이야기할 수 있도록 한다.
- 절정 단계: 고객의 전환을 유도하는 단계다. 고객이 어려워한 그림자
  의 정체를 알 수 있도록 유도한다. 이를 통해 콤플렉스에서 벗어날 수
  있도록 새로운 스토리를 구상하게 한다.
- 결말 단계: 강점과 함께 그림자를 통합해서 새로운 나의 정체성을 찾
  을 수 있도록 한다. 여기서 통과의례라 할 수 있는 완전한 전환과 그림
  자를 통한 새로운 정체성으로의 통합, 그리고 새롭게 시작할 수 있도
  록 그림자와의 분리를 선언할 수 있어야 한다.

[29] 나의 그림자는 콤플렉스일까?

그림자를 기반으로 한 스토리를 다음의 단계별로 짜보자.

발단	
전개	
위기	
절정	
결말	

고객이 깨닫지 못하는 자기 자신의 아이덴티티(정체성)에 어떻게 접근해서 자발적으로 말할 수 있도록 할 것인가는 '스토리텔링'의 자연스러운 소통을 통해 가능하다. 코칭의 관심은 행동의 변화라고 할 수 있지만, 그 변화를 이끌어낼 수 있는 것은 생각의 전환과 그 시점이라고 할 수 있다.

고객이 생각하는 자신의 모습을 스토리텔링을 통해 서사적인 형식으로 풀어나간다면, 이슈별로도 그 정체성을 정리해나갈 수 있다. 고객의 서사적 경험은 새로운 일을 만들고, 결정해나갈 수 있는 실마리를 제공해줄 수 있다.

여기서 우리가 주목해야 할 것은 전환의 시점이라고 할 수 있다. 균형이 흔들리고 난 후의 사건과 이를 통해 사고하고 행동하는 데 주시할 필요가 있다. 우리가 주목하고자 하는 것은 스토리를 통해 보여주는 사건을 하나의 플롯으로 끌어낼 수 있어야 한다. 또한 여기서 그 플롯의 테마를 적절하게 찾을 수 있는가도 매우 중요하다. 또한 이와 연결된 시기와 공간적인 연결고리, 그리고 전환 시점을 파악할 수 있어야 한다.

스토리코칭의 궁극적인 목적은 나에 대해 알아갈 수 있도록 도와주는 것이며, 자기 자신에 대해 서사적인 체계 속에서 발견하는 작업이라고 할 수 있다. 여기서 가장 중요한 것은 고객의 잠재성을 깨닫게 하고, 이를 어떻게 이어주는가 하는 것이다. 서사적인 관점에서 볼 때 과거의 나, 현재의 나, 그리고 미래에 기대할 수 있는 나를 가정할 수 있다. 다음의 질문들은 나에 대한 정체성을 깨닫게 하는 데 도움을 줄 수 있다.

(1) 과거

① 자신의 어린 시절 중 크리에이티브한 창작이나 행동 장면을 이야기
하라.

② 부모님께 칭찬받았던 일은?

③ 어린 시절 도전에서 실패했던 사건은?

④ 혼자 버려졌다고 생각했던 장면은?

⑤ 처음으로 무언가를 성취했다고 느낀 장면은?

⑥ 친구와 크게 싸웠던 일은 무엇 때문인가?

⑦ 내가 가장 좋아했던 놀이는?

⑧ 내게 힘을 주었던 사람은 누구인가?

⑨ 사람들 앞에서 창피했던 장면은?

⑩ 정말 갖고 싶었던 것은? 그리고 갖게 된 장면을 이야기해보자.

⑪ 내가 처음 도전했던 일은?

⑫ 과거에 싫어한 사람(또는 동물)은?

과거의 일들 중에서 매우 좋아서 기억에 남는 경우가 있다. 이
러한 기억은 나의 자아를 만드는 데 기여한다고 볼 수 있다. 그러
나 너무 싫은 기억은 개인의 무의식에 남아서 콤플렉스로 작용하
는 경우가 많다. 위의 질문들은 주로 감성을 중심으로 만들어졌으
며, 기쁨과 슬픔 등을 느꼈던 기억들을 중심으로 엮었다. 이는 과
거의 내가 현재의 나에게 많은 영향을 주기 때문이다. 결국 과거의
내 모습과 지금의 내 모습이 어떻게 이어지고 있는지를 살펴보고,
또한 현재 다른 사람이 보는 나의 모습을 추가한다면, 나에 대한
정체성을 어느 정도는 파악할 수 있으리라고 생각된다. 그리고 정
체성은 변화와 유지에 있어 일정한 패턴을 이루고 있다는 것도 알

스토리코칭

아야 할 것이다. 이를 서사적 스토리의 관점에서 살펴보면, 현재의 정체성을 감성의 접근으로 표현할 수 있을 것이다.

(2) 현재

① 최근의 크리에이티브한 창작이나 행동 장면을 이야기하라.

② 상사나 동료 또는 선생님께 칭찬받았던 일은?

③ 최근 도전에서 실패했던 사건은?

④ 혼자 버려졌다고 생각했던 장면은?

⑤ 최근에 처음으로 무언가를 성취했다고 느낀 장면은?

⑥ 최근 동료 또는 친구와 크게 싸웠던 일은 무엇 때문인가?

⑦ 가장 좋아하는 놀이나 취미 또는 습관은?

⑧ 내게 힘을 주는 사람은 누구인가?

⑨ 최근에 사람들 앞에서 창피했던 장면은?

⑩ 지금 정말 갖고 싶은 것은? 그리고 갖게 된 장면을 이야기해보자.

⑪ 최근에 처음 도전했던 일은 무엇인가?

⑫ 지금 너무 싫은 사람(또는 동물)은?

과거의 나 또는 현재의 나는 미래의 나를 만들기 때문에 이는 나의 스토리에 근거해야 하며, 그 스토리에는 나의 감성이 많이 녹아 있다고 볼 수 있다. 우리는 살아있는 한 지금도 성장하고 있으며, 미래로 향하고 있다. 몇 년 전에 도전했던 프로젝트나 일이 실패로 끝날 경우 우리는 많은 감정을 갖게 되는데, 그 일이 왜 실패했는지를 생각하게 되고, 또 그 일들로 인해 나의 생각이 변화되며, 이를 기반으로 새롭게 체험할 수 있는 일들도 생길 것이다. '실패'라는 체험이 한때는 나를 무기력한 감정으로 떠밀지도 모르지만,

그 순간을 지나서 새로운 체험과 만남, 그리고 전환된 시간들은 우리의 미래에 많은 역동적 체험을 안길 수 있을 것이다.

여기서 우리는 앞에서 제시했던 분리·통합·전환의 키워드를 통해 우리의 미래를 이어볼 수 있으며, 새로운 서사를 써 내려갈 수 있을 것이다. 개인적인 사례를 들자면, 저자가 (주)디자인네트에서 근무했을 당시에는 인쇄매체 또는 잡지매체가 내리막길을 걷는 상황이었다. 그런데다가 새로 온 상사는 팀장인 나와 일이 겹치거나, 나의 업무를 장악하는 일이 많아졌다. 결국은 분리해야 할지, 통합해야 할지, 새로운 전환을 해야 할지를 결정해야 할 시기가 된 것이다. 여기서 통합이나 전환은 그 조직에 몸을 담고 있을 경우 가능하지만, 분리는 완전히 떨어져 나가서 새로운 모색을 해야 하는 부담감이 있었다. 그러나 당시는 인쇄매체가 더 이상 자리매김하기 어려운 시점이었기 때문에 그 공간에서 새로운 전환이나 나의 세력을 규합해서 통합하기도 어려운 상황이었다.

당시 인쇄라는 미디어보다는 인터넷을 기반으로 한 다양한 멀티미디어와 콘텐츠의 시대가 점점 문을 열기 시작했고, 결국에는 콘텐츠디자인학 박사과정 문을 두드리기 위해 회사를 나와 진정한 분리를 시도했던 경험이 있다. 그러므로 분리는 단순히 떨어져 나가는 의미를 넘어서 새로운 모색의 의미를 담고 있다고 볼 수 있다. 그러므로 '분리'의 단계로 가기 전에는 모색과 준비가 선행되어야 할 것이다.

그동안의 생활 습관 또는 패턴을 깨뜨리기 위한 노력

- 전환의 시기가 왔다고 생각하는 순간, 그 사건이 내게 주는 충격을 기회로 이용해야 한다. 피하거나 물러서지 말고 그 순간의 장면에서 정

면 대응할 수 있는 용기가 필요하다. 먼저 전환의 순간을 묘사하고, 이를 극복할 수 있는 나의 이야기를 구체적으로 구술할 필요가 있다.

- 전환의 순간을 지속적으로 생각한다. 그리고 그 순간이 내게 주는 메시지에 귀를 기울인다. 그 메시지에 따라 기록하고, 기억하고, 묘사하고, 새로운 패턴을 만든다.
- 고통 없이 이룰 수는 없다. 그 고통이 그동안 우리가 공유한 통과의례이자 그림자라고 할 수 있다.

우리의 인생은 교육 공간이라 할 수 있는 유치원, 초등학교, 중학교, 고등학교, 대학교 등 나이와 등급에 따른 서사적인 단계를 거친다고 할 수 있지만, 개인에 따라서는 고등학교에 진학했다가 집안 사정이나 질병으로 인해 휴학할 수도 있으며, 대학에 다니다가 동아리에서 만난 선배를 따라 창업하게 되어 직업전선에 바로 뛰어드는 경우 등을 심심치 않게 보게 된다.

이처럼 우리의 인생 스토리텔링은 서사적이면서 선형적인 과정으로 보이지만, 사실은 우리에게 닥치는 사건과 만나는 사람에 따라 예측한 것하고는 다르게 흘러갈 수 있다. 마치 경주마나 경주차가 처음에는 그 시작점이 같을지라도 그 과정과 결과는 아무도 예측하지 못하는 것과 같다. 그러나 경주마나 경주차가 우승을 차지하고 난 후에 우승 비결을 조명하게 되면, 나름대로 이유가 있고 우승하기까지 비결과 과정이 있다는 것을 발견하게 된다. 인생도 마찬가지라고 할 수 있다.

처음에는 서사적인 과정처럼 시작한 나의 이야기가 어떠한 공간에서 펼쳐지고, 또 누구를 만나느냐에 따라 선택지는 달라지고, 그렇게 우리의 인생 항로는 파란만장하게 비선형의 구조에 직면하게 된다. 그러나 인생의 후반부에 이르러서는 마치 퍼즐을 보는 듯한 느낌으로 비선형의 구조와 선형의 구조로 이어지는 것을 발견할 수 있다.

이제 우리는 매직 이프를 통해 창조적인 아이디어가 담긴 나의 정체성을 찾기 위한 스토리 창작을 시작할 수 있다. 매직 이프는 우리의 생각을 전환시키고 실행하는 데 많은 도움이 될 것으로 여겨진다. 매직 이프는 모든 이야기의 근본으로 '만약에 …이라면'이라는 가정에서 출발한다.

매직 이프를 통해 이야기를 설정했을 때 참고 사항은 다음과 같다. 먼저 누군가 어떤 일을 하려고 노력하지만 그것을 성취하기는 매우 어려운 문제가 발단부에서 드러나게 되는데, 이것이 드라마의 발단에서 필요한 요건이라 할 수 있다. 즉 첫 번째로는 주인공에게 환경이 강한 억압이나 공격을 가할 것이며, 두 번째로는 그로 인해 주인공이 이야기 전체를 일관하는 강한 목적을 가진 행동을 개시하게 된다는 것이다.

먼저 발단(기)이라 할 수 있는 1단계부터 3단계는 심층 메타포의 기본유형인 균형(balance)의 문제가 드러나게 된다. 1단계는 매직 이프와 목표점이며, 꿈을 가진 일상의 나의 모습이다. 2단계는 모험의 소명을 받게 되지만, 나의 균형 문제를 인식하고 소명을 거부하게 된다. 그리고 3단계에서 고난의 길을 걷게 된다.

두 번째로 전개(승)는 연결(connection)의 심층 메타포에 적용된다. 여기서 내가 먼저 변화해야 하며, 변화된 내가 친구를 발견하고, 방해자와 또 다른 협력자를 발견하는 단계라 할 수 있다. 4단계부터 6단계는 전개 부분이라 할 수 있다. 4단계는 나를 돕는 진정한 친구(도울 자) 또는 정신적 스승을 만나게 된다. 5단계는 시대와 장소를 새롭게 인식하게 된다. 6단계에서 나를 방해하는 적대자와 방해물을 만나며, 여기서 시험에 맞닥뜨려 적대자와 또 다른 협력자를 만나게 된다.

다음 단계는 위기와 절정(전)이다. 이 단계는 통과의례의 공간, 즉 상자(container)를 통과해야 하는 과정이다. 이 단계에서 초목표를 향한 여행을 해야 하며, 시련과 난관의 벽에 부딪히기도 할 것이다. 7단계는 내가 이루어야 할 초목표에 접근하는 것이며, 동굴 가장 깊은 곳에 접근해야 한다. 8단계인 깊은 동굴에는 시련과 또 다른 난관이 기다리고 있다. 그리고 9단계에서 목표를 이루기 위한 매개체와 나만의 무기를 발견해야 한다. 나만의 무기는 무엇일까? 이제 그 무기를 들고 통과의례의 상자를 뚫고 나가자.

결말(결)은 다시금 회전하는 또 다른 자아를 만나는 단계라고 할 수 있으며, 내가 자원임을 발견하는 단계다. 10단계는 나와 관계된 모든 것을 연결하여 초목표를 이루는 단계다. 또한 11단계는 새로운 자아를 만나고, 다시금 일상으로 복귀하는 과정이라 할 수 있다. 마지막으로 12단계는 새로운 자아를 만나고, 새롭게 전환을 맞이한 상태에서 새로운 소명을 받게 된다. 우리네 인생은 이렇듯 다시 회전하게 되며, 또 다른 소명을 받게 된다. 이것을 표로 요약하면 다음과 같으며, 나의 스토리를 한 페이지에 간략하게 채워 넣고, 영웅의 서사에서부터 창작의 서사를 실행할 수 있다. 즉, 균형의 전환을 위한 여행을 준비할 수 있다.

〈표 1-17〉 일상의 실행과 적용

심층 무의식	서사의 12단계	적용
균형과 전환 (transformation)	1단계: 매직 이프와 목표점	만일 ~~
	2단계: 모티프와 균형의 문제	생각의 전환을 꾀하라. 신체적 균형, 감정적 균형, 사회적 균형, 도덕적 균형 중 어디가 무너지고 있는가?
	3단계: 고난의 시작	마음, 지인, 시스템, 직급, 공간 등 무엇이 힘들게 하는가?
연결 (connection)	4단계: 친구와 연결	나를 도울 자는 누구인가?
	5단계: 새로운 시대 및 장소	내가 주인공이다. 나의 시간과 장소를 설정하자.
	6단계: 나를 방해하는 적대자와 방해물	마음, 지인, 시스템, 직급, 공간 등 나를 괴롭히는 그림자는 누구인가?
상자 (container)	7단계: 통과의례와 내가 이루어야 할 초목표에 접근	지금 많이 힘든가? 그렇다면 통과의례에 접근하고 있는 것이다.
	8단계: 시련과 또 다른 난관에 부딪힘.	통과의례 속을 걷는다면 또 다른 시련과 난관이 기다리고 있다.
	9단계: 목표를 이루기 위한 매개체와 무기	매직 이프를 이룰 수 있는 나의 강력한 무기는 무엇인가? 유형과 무형으로 접근해보자.
전환과 자원 (resource)	10단계: 초목표를 이루고 승리함.	균형이 조금씩 맞추어져가는 것을 느끼고 있는가? 진정한 승리는 새로운 자아를 성찰하고 난 이후다.
	11단계: 새로운 자아로 부활	이제 새로운 나를 만난다.
	12단계: 새로운 소명과 여행	이제 새로운 나는 또 다른 소명을 받고, 또한 새롭게 무언가를 시작한다.

〈표 1-18〉 스토리코칭을 위한 실행

심층 무의식	서사의 12단계	실행
균형과 전환 (transformation)	1단계: 매직 이프와 목표점	만일 ~~
	2단계: 모티프와 균형의 문제	
	3단계: 고난의 시작	
연결 (connection)	4단계: 친구와 연결	
	5단계: 새로운 시대 및 장소	
	6단계: 나를 방해하는 적대자와 방해물	
상자 (container)	7단계: 통과의례와 내가 이루어야 할 초목표에 접근	
	8단계: 시련과 또 다른 난관에 부딪힘.	
	9단계: 목표를 이루기 위한 매개체와 무기	
전환과 자원 (resource)	10단계: 초목표를 이루고 승리함.	
	11단계: 새로운 자아로 부활	
	12단계: 새로운 소명과 여행	

스토리코칭과 스토리텔링

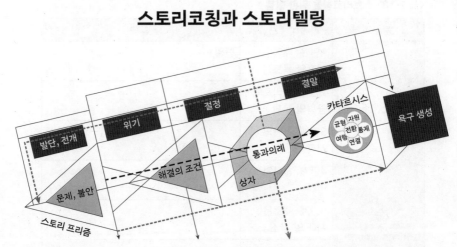

1단계 → 2단계 → 3단계 → 4단계 → 5단계 → 6단계 → 7단계 → 8단계 → 9단계 → 10단계 → 11단계 → 12단계

〈그림 1-37〉 스토리코칭의 스토리 프리즘

[30] 미래의 내 일이나 감정에 대해 서사적인 관점에서 이야기해보자.

1. 지금 나의 도전은 무엇이고, 그 도전이 성공한다면?

2. 도전에 성공하여 성취했다고 느낀 장면을 말한다면?

3. 동료와 친구에 대해 말해보라.

4. 앞으로 즐기기를 원하는 놀이나 취미는?

5. 내게 늘 힘을 주는 사람은 누구인가?

6. 정말 갖고 싶은 것은? 그리고 갖게 될 장면을 이야기해보라.

7. 앞으로도 너무 싫은 사람(또는 동물)이 있다면?

8. 자신의 어린 시절 중 크리에이티브한 창작이나 행동 장면을 이야기해보라.

9. 가장 좋아했던 놀이는?

10. 사람들 앞에서 창피했던 장면은?

II부

스토리코칭의 실제

나는 스토리가 만들어지는 것이라고 생각해본 적이 없다. 스토리는 발견하는 것이다. 마치 지표면 밖으로 끄집어내듯이 말이다.

- 스티븐 킹

〈성찰질문〉

① 당신이 세상을 보는 하나의 렌즈는 무엇인가?

② 고객의 감정을 움직이는 열쇠는 무엇인가?

③ 어떤 이야기가 나에게 의미가 있는가?

④ 언제 자신을 매력적이라 여기는가?

⑤ 지금 어떻게 자신의 서사를 바꾸고 싶은가?

01
스토리코칭의 탄생

1   스토리코칭의 오해와 진실

스토리로 소통할 때 반드시 기억해야 할 질문이 있다. 칩 히스(Chip Heath)와 댄 히스(Dan Heath)의 세계적인 베스트셀러 『스틱(Stick)』에서는 어떤 메시지를 사람의 뇌리에 딱 꽂히게 하려면 어떻게 해야 하는지 알려준다. 그들은 수만 가지 스티커 메시지들을 분석하여 그 메시지들이 공통적으로 갖고 있는 원초적 특징에 대해 단순성(simplicity), 의외성(unexpectedness), 구체성(concreteness), 신뢰성(credibility), 감성(emotion), 스토리(story)라는 여섯 가지 원칙으로 요약하여 설명한다. 메시지를 더욱 일상적이고 근원적인 존재, 삶에 가까운 형태로 만들어 보여주는 정신적인 시뮬레이션이 스토리다. 스토리의 청취자는 그 시뮬레이션 안에서 곧바로 행동할 준비를 갖춘다. 고무적인 스토리에는 세 개의 기본 플롯이 존재한다. 첫째, 다윗과 골리앗 이야기 같은 도전 플롯이다. 주인공은 불가능해 보이는 힘든 도전에 직면하지만, 마침내 모든 장애를 넘어 성공을 쟁취한다. 둘째, 성경에 나오는 착한 사마리아인 이야기 같은 연결 플롯이다. 셋째, 창의성 플롯이다. 즉, 정신적인 돌파구를 발견하여 오랫동안 풀리지 않던 수수께끼를 해결하거나 참신한 방식으로 문제를 공략하는 이야기다. 이른바 맥가이버 플롯이라고 할 수 있다. 그러나 스토리를 통해 단순한 핵심 메시지를 만들어 전달하는 것은 쉽지 않다. 따라서 스토리로 소통할 때 스스로 세 가지 질문을 던져보자.

- 내가 방금 전에 말한 것을 청중이 이해할까?
- 그들이 기억할 수 있을까?
- 스토리의 의미를 빠뜨리지 않고 다시 이야기할 수 있을까?

고객을 만날 때 스토리의 세 가지 문제점을 잘 상기하여 활용하면 좋다. 스토리코칭의 이러한 측면을 이해하면 작가가 스토리텔링 기술을 향상하기 위해 이 리소스를 활용하는 것에 대해 정보에 입각한 결정을 내리는 데 도움이 될 수 있다. 스토리코칭은 작가와 스토리텔러에게 강력한 도구가 될 수 있지만, 코칭의 내용과 창작 과정에 어떤 이점을 줄 수 있는지에 대한 몇 가지 오해가 있다. 스토리코칭에 대한 오해와 진실 10가지는 다음과 같다.

(1) 스토리코칭은 작가만을 위한 것이 아니다

스토리코칭을 고군분투하는 작가만을 위한 것으로 쉽게 오해한다. 많은 사람들은 스토리코칭이 글쓰기에 어려움을 겪는 사람들만을 위한 것이라고 간주한다. 실제로 모든 코칭 과정에서 주체적인 작가로서 자신의 일과 삶에 새로운 관점을 제공하고 스토리텔링 기술을 개선할 수 있는 코칭의 혜택을 누릴 수 있다.

(2) 스토리코칭은 단지 시나리오에만 해당하는 것이 아니다

스토리코칭은 단지 작가에게만 필요한 것이 아니다. 예술가 뿐만 아니라 일상을 살아가는 평범한 사람에게도 도움이 될 수 있다. 논픽션에서는 설득력 있는 주장을 구성하고, 독자를 참여시키고, 효과적으로 정보를 전달하는 것이 중요하며, 코치는 이러한 영역에서 큰 도움을 줄 수 있다. 이처럼 스토리코칭은 다양한 장르에서 가능하다.

(3) 스토리코칭은 개인에게만 초점을 맞추는 것이 아니다

스토리코칭은 당연히 개인에게 초점을 맞출 수 있다. 하지만 조직 및 팀 개발에도 활용할 수 있다. 팀 스토리를 통해 팀 페르소나를 개발하고 팀 다이내믹을 만든다면 팀 시너지가 일어난다. 개인의 발전을 무시할 수는 없지만, 단지 개인에게만 초점을 맞추면 조직의 발전을 이끌 수 없다.

(4) 스토리코칭은 좁은 의미에서 편집과 동일한 것이 아니다

편집과 동일하다. 편집은 언어를 다듬고 원고의 오류를 수정하는 데 중점을 두는 반면, 스토리코칭은 스토리의 기본 구조와 효율성을 개발하는 데 더 중점을 둔다. 둘 다 중요하지만 서로 다른 목적으로 사용된다. 고객의 경험과 감정을 이해하고, 이를 바탕으로 새로운 통찰과 행동계획을 만들어가는 과정이다.

(5) 스토리코칭은 단순히 대필하는 것이 아니다

스토리코칭을 처음 접한 사람들은 코치가 대신 써주는 것으로 오해하는 분들이 많다. 스스로 작가가 되어 개선하도록 돕는 것

이지 고쳐주는 것이 아니다. 물론 해결방안을 제안할 수 있지만, 선택은 결국 본인이 하는 것이다. 코치는 질문과 피드백을 제공하지만, 실제 글쓰기는 작가가 수행해야 한다.

(6) 스토리코칭은 단기간에 빠른 해결이 이루어지지 않는다

스토리코칭을 통해 즉각적인 결과를 기대하는 사람도 있다. 그러나 작문 기술을 개발하고 원고를 개선하는 것은 일반적으로 시간과 노력이 필요한 점진적인 과정이다. 스토리코칭은 고객의 변화를 위한 장기적인 과정으로 여러 회기에 걸쳐 진행되면서 고객의 변화를 촉진시킨다. 전문적인 코칭은 상당한 투자가 될 수 있지만 비슷한 혜택을 제공할 수 있는 그룹 워크숍, 온라인 강좌, 심지어 무료 리소스까지 모든 예산에 맞는 옵션이 있다.

(7) 스토리코칭은 출판의 성공을 보장하는 것이 아니다

스토리코치를 고용한다고 해서 책 출판이 보장되는 것은 아니다. 코칭을 통해 원고가 크게 향상될 수 있지만 시장 동향, 개인적 인맥 등 다른 요소도 출판에 중요한 역할을 한다.

(8) 스토리코칭은 작가의 독창성을 약화시키는 것이 아니다

작가의 독창성을 저해한다. 어떤 사람들은 코칭이 작가에게 너무 많은 영향을 미쳐 작가의 독특한 목소리를 약화시킬 수 있다고 믿는다. 하지만 훌륭한 스토리코치는 작가가 자신의 비전을 작품에 강요하기보다 자신만의 스타일과 목소리를 더욱 완벽하게 발전시킬 수 있도록 도와준다. 스토리코칭은 구조화된 대화 과정을 통해 고객의 변화를 이끌어내는 것이다.

(9) 스토리코칭은 타고나는 것이 아니다

말 잘하는 사람도 타고난 것이라는 것은 착각이다. 처음부터 말 잘하게 태어난 사람은 없다. 스토리텔링은 누구나 배우면 잘할 수 있음에도 유창하게 잘하는 사람들이 있다 보니 성향이 맞지 않다고 생각하는 경우다. 스토리텔링 기법을 배우고 코칭 마인드셋을 장착한다면 누구나 스토리코칭을 할 수 있다. 처음부터 스토리코치로 태어나는 사람은 없다.

(10) 스토리코칭이 무조건 스토리텔링을 대체하는 것은 아니다

스토리코칭은 매우 유익할 수 있지만, 전통적인 글쓰기 학습을 대체하지 않는다. 이는 다른 형태의 학습 및 개발을 보완하는 추가적인 형태다. 간혹 스토리텔링을 하는 사람들이 착각하는 것이 뭔가 하면 스토리텔링이 마치 만능열쇠처럼 경도되기 쉽다. 스토리텔링의 효과를 무시하는 것이 아니다. 스토리텔링만으로 모든 코칭을 할 수는 없다. 일반적 코칭을 하되, 스토리코칭을 하려면 적어도 스토리텔링 방법론에 경도되지 않았는가 다시 한번 성찰해봐야 한다. 기존의 소통전문가나 마케팅 브랜딩 전문가들이 '스토리텔링(storytelling)의 종말'을 예언하면서 직접 행하거나 실천하게 하는 '스토리두잉(storydoing)'이나 '스토리리빙(storyliving)' 등을 주창한 이유도 바로 스토리텔링의 패러독스를 감지했기 때문이다. 따라서 스토리코칭을 배우면 더욱더 좋다.

인생은 연극이다. 셰익스피어의 명대사 "온 세상은 무대이고 모든 여자와 남자는 배우다"에서 유래된 이 말은 각박한 우리네 삶을 한결 부드럽게 만들어준다. 우리의 삶이 이야기 자체다. 세상을 변화시키는 모든 행위는 이야기를 전제로 한다.

지금 우리 시대는 서사가 사라졌다. 이야기하는 능력을 잃어버렸다. 자신의 일상, 자신의 인생, 자신의 배움이 모두 이야기가 될 수 있다는 사실을 망각하고 있다. 대서사는 고사하고 아예 경청하는 능력이 사라졌다. 자신의 속내를 털어놓을 공간도 없어졌다. 남의 사연을 들을 여유도 잃어버렸다. 『호모 에로스』의 저자 고미숙 박사는 서사와 사랑을 재미있게 연결한다. "남의 이야기는 드라마와 영화를 통해 엿보고, 자기 이야기는 정신과 의사나 심리상담사를 찾아간다. 그러므로 사람을 위한다면 혹은 지금 운 좋게 사랑을 하고 있다면, 무엇보다 서사의 능력을 키우도록 하라. 다시 말하지만, 서사는 화술이 아니라 나의 삶과 외부가 맺는 관계성의 문제다"라고 말한다. 서사의 능력을 키우기 위해서는 두 가지 전략이 필요하다. 전자는 지금까지와는 아주 다른 삶의 영역을 개척하는 것, 후자는 자신의 평범한 일상에 생생한 힘과 활력을 불어넣는 것. 물론 이 두 가지는 서로 맞물려 있다. 자기비하와 헛된 망상에 빠져 헤매지 말고, 새로운 낯선 세계와 접속하라. 그러면 진부하기 짝이 없는 일상에 탄력이 붙게 된다. 외적 자극에 의한 촉발로 생겨나는 사랑이 결국 서사의 동력이다.

『피로사회』의 저자로 알려진 한병철 교수는 최근 『서사의 위기』라는 책에서 자기만의 이야기를 잃어버린 현시대를 고발한다.

그는 최근 소셜미디어(SNS)에 예속되고 과잉된 정보에 휩쓸리며 공허해진 현대인의 삶을 "서사의 위기"라고 진단한다. 나아가 "이제 스토리는 끊임없이 등장하고 사라지는 뉴스와 정보이며 삶의 방향이나 의미를 제시하지 못한다"고 말한다. 이와 달리 서사(narrative)는 나만의 맥락과 이야기, 삶 자체라고 규정한다. 그는 "스토리텔링의 세상에서는 모든 것이 소비로 환원"된다며 "다른 이야기, 다른 삶의 형식, 다른 지각과 현실에는 눈멀게 한다"고 역설한다. 나아가 현대인은 자기 삶마저 SNS에 게시하며 '스토리셀링(storyselling)' 한다. 아름다운 풍광을 보면 재빨리 스마트폰으로 사진을 찍어 SNS에 올리고는 타인의 '좋아요'를 기다린다. 내면의 감흥을 온전히 느끼기보다 자기를 정보화하는 데 더 익숙하다. 저자는 "디지털화된 후기 근대에 우리는 끊임없이 게시하고 '좋아요'를 부르고 공유하면서 벌거벗음, 공허해진 삶의 의미를 모른 척한다"며 "셀카는 텅 빈 자기의 복제"라고 지적한다. 그는 이러한 위기를 극복하려면 자신만의 이야기를 만드는 삶, 즉 서사의 회복을 강조한다. 과거의 상처를 떠올리며 자책하지 말고 과거를 용서하고 지금 나 자신을 받아들이고 나 자신을 좋아하는 것을 넘어서 사랑해야 한다. 결국 나(I)만 '스토리셀링' 하지 말고, 나(I)와 너(You), 그리고 우리(We)를 위한 '스토리코칭'을 해야 한다.

현대는 남들의 이야기를 좇느라 정작 자신만의 이야기를 잃어버린 시대로 남의 스토리에 중독되어 정작 자신의 이야기를 쓰지 않는 시대다. 오히려 가십거리 같은 스토리는 넘쳐난다. 거대한 서사는 사라지고 삶의 주체가 아닌, 이야기의 소비자로 전락하고 만다. 끊임없는 '구독', '좋아요', '댓글', '알림 설정' 등으로 공허해진 서사를 메꿀 수는 없다. 이 위기를 극복하려면 자신만의 이야기를 써야 한다. 단지 정보의 나열로 설명하지 말고 경험의 축적으로 삶의 주체로서 스토리코칭하라. 진실한 이야기만이 삶의 의미를 찾아줄 것이다. 스토리텔링의 역설을 탐구하면 스토리코칭의 힘에 대한 깊은 통찰력을 얻을 수 있다.

(1) 보편성(universality) vs. 특수성(specificity)

가장 보편적으로 공감되는 이야기는 가장 구체적이고 개인적인 세부 사항에서 나오는 경우가 많다. 역설적이게도 독특하고 개별적인 경험은 더 많은 청중과 더 깊이 연결되며, 이는 이야기가 특별할수록 그 매력이 잠재적으로 더 보편적일 수 있음을 시사한다.

(2) 진실(truth) vs. 허구(fiction)

진실한 스토리텔링은 전기, 회고록, 다큐멘터리 등 논픽션 장르에서 자주 사용된다. 역사적 기록을 알리거나, 교육하거나, 제공하는 것이 이야기의 신뢰성과 진정성을 유지한다. 소설은 등장인물, 설정, 사건의 창안이나 실제 사건의 장식을 포함하여 창작의 자유를 허용한다. 허구의 이야기는 순수한 사실이나 현실이 항상 포착할 수 없는 방식으로 인간의 상태, 감정, 경험에 대한 깊은 진실을 전달할 수 있다.

(3) 단순함(simplicity) vs. 복잡함(complexity)

훌륭한 이야기에는 폭넓은 청중이 접근하고 관심을 끌 수 있는 단순함이 있는 경우가 많다. 그러나 이러한 단순함 속에는 다양한 해석과 심오한 참여를 가능하게 하는 주제, 상징, 도덕적 난관

같은 복잡성의 깊이가 있다. 이러한 역설은 스토리를 따라가기 쉽게 만드는 동시에 독자가 탐색할 수 있는 의미 사이의 균형을 강조한다.

(4) 공감(empathy) vs. 거리(distance)

효과적인 스토리텔링을 위해서는 스토리텔러가 공감을 형성하고 청중을 캐릭터의 삶과 감정에 끌어들여야 한다. 그러나 관객이 이야기의 의미와 의미를 성찰할 수 있는 관찰자로 남을 수 있도록 유지해야 할 필요한 거리도 있다. 공감과 적절한 내러티브 거리의 균형을 맞추는 것은 스토리텔링의 섬세한 역설이다. 스토리텔러는 서사적 거리를 효과적으로 관리함으로써 설득력 있고 관련성이 있을 뿐만 아니라 생각을 자극하고 풍요롭게 만드는 스토리를 만들 수 있다.

이러한 역설을 이해하고 탐색하는 것은 설득력 있고 공명하는 내러티브를 만드는 것을 목표로 할 때 필수다. 각각의 역설은 스토리텔링의 복잡성을 볼 수 있는 렌즈를 제공하고, 모든 이야기의 중심에는 근본적인 모순이 있으며, 이를 수용하면 내러티브가 독자에게 미치는 영향을 풍성하게 할 수 있다는 점을 상기시켜 준다.

3 팩트로 명령하지 말고 스토리로 설득하라!

내가 좋아하는 이야기 방법은 단순하고 소박하며, 글로 쓰거나 입으로 말하거나 변함없는 이야기 방법이고, 재미있고 힘차고 짧고 긴장된 말투다. 자세하고 정리된 것보다 격렬하고 솔직한 것이 좋다.

- 몽테뉴

(1) 팩트폭력을 멈추고 스토리코칭을 하라!

전통적인 '스토리텔링'은 위계적이고 수직적인 개념으로 '명령'과 '지시'라는 방법을 사용했다. 기존에는 지시와 복종이라는 관계로 이루어졌지만, 다양성과 포용성이 중요해지면서 경청과 칭찬, 인정과 격려로 이끌어주는 '스토리코칭'이 중요해지고 있다.

팩트(fact)와 데이터(data)만 나열해서는 상대방의 생각을 바꿀 수 없다. 나쁜 리더일수록 팩트폭력을 행사할 뿐이다. 팩트와 데이터만 가지고 일방적으로 명령하는 리더가 바로 나쁜 리더의 전형이다. 세계적인 심리학자 브레네 브라운은 "어쩌면 스토리는 영혼이 있는 데이터일 것이다"라고 말한다. TED 강의 '취약성의 힘'에서는 취약성을 용기 있게 드러낸 후 어떻게 온전하게 나로 살아갈 것인가에 대해 이야기한다. 리더는 부족함을 인정하지 않고는 큰 용기를 끌어낼 수 없다. 리더는 스토리를 활용해서 팩트에 생명력을 불어넣는 존재다. 스토리는 데이터만으로는 결코 할 수 없는 당신과 고객을 연결하고 결속시킴으로써 그들에게 영감을 주도록 도와줄 것이다. 결국 스토리코칭은 데이터에 생명력을 불어넣으면서 고객의 욕구에 대해 질문하며 피드백으로 영감을 끌어내는 것이다.

상대방을 변화시키려면 팩트와 데이터를 가지고 이야기로 설득해야 한다. 특히 "우리가 이 일을 하면 앞으로 이런 일이 일어날 것이고, 지금은 이렇지만 내일은 이렇게 바뀔 것이다"라는 처음과 끝이 분명한 스토리 구도를 가지고 말할 때, 좋은 리더가 될 수 있

스토리코칭

다. 나쁜 리더는 보여지는 데이터만 가지고 일방적으로 명령하고 '팩트폭력'을 행사한다. '팩트폭력'은 사실의 충실한 전달만으로 상대방의 주장과 신념에 타격을 입히는 행위를 말한다. 팩트를 콕 집어서 현실을 직시하도록 뼈 때리는 행위를 하는 사람들이 늘고 있는 '팩트폭력 전성시대'다. 팩트의 라틴어 어원 팍툼(factum)에는 '만들다'라는 의미가 있는데, 이는 팩트가 그 자체로 객관성을 담는 것이 아니라 어떤 사회적 맥락 아래에서 구성된다는 것이다. 팩트의 구성에는 다양한 의미관계가 개입되며, 필연적으로 어떤 팩트를 다른 팩트보다 더 중시하는 가치 해석이 들어갈 수밖에 없다. 결국 무엇이 팩트냐 아니냐 따지는 것보다 그것이 어떻게 만들어진 팩트인지 묻는 것이 훨씬 중요하다는 것이다. 복잡한 의미구조를 모두 생략한 채 팩트를 강조하는 것, 곧 '팩트폭력주의'는 객관성의 힘을 빌려 정치적으로 권력을 갖고자 하는 욕망의 반영일 수 있다.

팩트의 홍수에는 진짜 팩트와 가짜 팩트가 한데 뒤엉켜 있다. 우리는 진짜와 가짜의 분간이 불가능한 세계에 살고 있다. 세계적인 베스트셀러 『팩트풀니스(Factfulness)』의 저자 한스 로슬링(Hans Rosling) 박사는 연구조사 결과를 공개하면서 "잘못된 지식이 머릿속에 들어찬 탓에 모두가 세계를 심각하게 오해하고 있다"고 지적했다. 사실 '팩트풀니스'라는 단어는 영어사전에 없다. 한스 로슬링과 그의 며느리 안나 로슬링이 새로운 단어를 만들어 사람들의 관심을 끈 것이다. 저자가 만든 단어인 '팩트풀니스'는 사실에 근거해 세계를 바라보고 이해하는 태도와 관점을 뜻한다. 굳이 한글로 직역하면 '사실 충실성'이다. 보건의료 통계학의 세계적인 석학이자 의사인 한스 로슬링은 가난, 질병, 전쟁이 없는 세상을 만들고 싶어 했다. 그래서 그는 사람들의 잘못된 인식을 바꾸기 위해 '느낌'을 '사실'로 인식하는 인간의 비합리적 본능을 밝히며, 막연한 두려움과 편견으로 가득한 세계관에서 벗어나 사실에 근거한 세계관을 갖도록 하기 위해 이 책을 저술했다. 안타깝게도 한스 로슬링이 집필 도중 2017년 2월 췌장암으로 세상을 떠나자 함께 작업하던 아들과 며느리가 마무리했다. 한스 로슬링은 이처럼 사실과 주장, 직관을 혼동하는 인간의 비합리적인 사고로 인해 사회 갈등이 심화되고 있다고 말한다. 그리고 이것은 결국 '현대인의 스트레스'의 원인이 된다고 서술한다. 세상은 우리가 상상하고 느끼는 것만큼 그렇게 나빠지지 않고 있는데도 그릇된 믿음이 부정적인 감정을 키운다는 것이다. 간극 본능, 부정 본능, 직선 본능, 공포 본능, 크기 본능, 일반화 본능, 운명 본능, 단일 관점 본능, 비난 본능, 다급함 본능. 이 10가지 이유로 우리가 세상을 크게 오해하고 있다고 말하며 그 오해를 통계에 기반해 하나씩 풀어나간다. 이 책은 언론 등에 휘둘리지 않고 정확한 정보를 얻는 것이 얼마나 중요한지 강조하면서 우리가 보편적으로 겪고 있는 부정적인 심리 해결책을 제시한다. 또한 어떤 사건에 대해 확대해석하거나 관점을 왜곡하지 않는 법을 제시하고 있다. 확증편향은 자신의 신념과 일치하는 정보는 받아들이고 일치하지 않는 정보는 무시하는 경향을 일컫는다. 이런 원인으로 인해 사회적 혼돈과 갈등은 점점 심해지고 있다. 요즘은 유행하는 말이 바로 '팩트 체크'가 되고 있다. '선의의 거짓말(White Lie)' 같은 말도 안 되는 것으로 치부될 수 있다. 좋은 코치는 인간 대 인간으로 말하고, 기승전결이 명확한 이야기로 상대방에게 질문하고 피드백하면서 이해할 수 있도록 도와준다.

(2) 보이지 않는 부분까지 신경 써라

미국 마운틴 뷰의 한가로운 어느 날, 아빠와 아들이 뜰에서 울타리를 만들고 있다. 능숙한 솜씨로 척척 울타리를 만들어가던 아빠는 잠시 쉬면서 아들의 모습을 바라본다. 아들은 못을 박으려 하고 있었다. 하지만 작은 손은 망치를 드는 것조차 버거워 보였다. 아빠는 좀 더 작은 망치를 아들에게 쥐여주었다. 그리고 아들과 함께 간격을 맞추어 꼼꼼하게 못을 박았다. 눈에 잘 보이지 않는 울타리의 귀퉁이를 마무리하며 아빠는 입을 열었다.

"스티브, 무엇을 만들든지 보이지 않는 부분까지 신경 써야 하는 거란다."

애플은 눈에 보이지 않는 기기의 내부까지도 깔끔하게 디자인하는 것으로 유명하다. 스티브 잡스는 그것을 아버지 폴 잡스에게 배웠다.

그렇다고 잡스가 아버지의 가르침에 맹목적이었던 것은 아니다. 폴 잡스는 자동차 엔지니어였고, 자신의 아들이 가업을 이어받기를 바랐지만 스티브는 따르지 않았다. 폴은 이렇게 말한다.

"기술을 전수하려 했지만 스티브는 손에 기름 묻히는 일을 별로 좋아하지 않더군요."

(3) 비슷한 사례로 유명한 구로자와 아키라 영화감독의 일화

일본의 영화감독 구로자와 아키라는 며칠 걸려서 영화를 찍을 때는 배우가 맥주를 이만큼 마셨다면서 맥주잔에 기록할 정도로 완벽을 추구하는 것으로 유명했다. 영화 「붉은 수염」을 촬영할 때는 낡은 장롱이 필요해서 소품담당자에게 장롱을 만들라고 지시했다.

그런데 촬영 일정이 빠듯해 독촉해도 장롱을 가져오지 않았다. 감독이 화가 나서 더 이상 기다릴 수 없을 때쯤에서야 소품담당자가 나타났다. 구로자와 감독은 촬영 현장에 운반된 장롱을 보고 놀랐다. 그것은 값싼 재질의 목재로 만들었지만, 진짜 장롱이었다. 서랍이 열리고 불편 없이 쓸 수 있는 장롱이었다. 무심코 장롱 서랍을 열어본 감독은 더욱 놀랐다. 서랍 안쪽까지 다 낡은 장롱이었다. 영화에서는 등장인물이 장롱을 열어 무언가를 넣어두거나 꺼내는 장면이 없는데도 말이다. 장롱은 단지 배경으로 필요할 뿐이었기 때문에 소품담당자 입장에서는 쓸데없는 일을 한 것이었다. 그런데 소품담당자가 이렇게 말했다.

"분명히 제가 쓸데없는 일을 했는지도 모릅니다. 하지만 배우가 베니어판으로 만든 장롱 앞에서 연기하는 것보다 진짜 장롱 앞에서 연기하면 마음가짐이 달라져서 연기에 대한 열의가 더욱 높아지게 됩니다."

이야기를 듣고 감독은 감동했다. 마음을 다해서 정성스럽게 해야 다른 사람에게 감동을 줄 수 있다.

(4) 리더라면 스토리로 설득하라!

스토리 관련 책 중에 베스트를 뽑자면 『시나리오 어떻게 쓸 것인가』를 추천하고 싶다. 이 책의 저자 로버트 맥키 미국 서던캘리포니아대학교(USC) 교수는 아홉 살 때부터 연극 무대에 섰고, 대학에서는 영화를 전공하면서 저명한 시나리오 전문가이기도 하다. 1984년부터 세계 곳곳에서 스토리 세미나를 열면서 '스토리 구루(guru)'로 불린다. 그의 수업을 들은 제자가 무려 5만 명으로 그들 중 꽤 많은 사람이 아카데미상을 거머쥐었다. 구글이나 GE

같은 세계적 기업이 그에게 컨설팅을 받는다. 맥키 교수는 스토리에서 리더십을 유난히 강조한다. 그러면서 리더십은 상대방을 어떻게 설득하고 변화시키느냐가 관건인데, 설득하고 변화시키는 가장 효과적인 방법이 바로 스토리라고 말한다.

하워드 가드너는 리더가 스스로의 삶에 체화되어야 한다고 강조한다. "리더들이 효과적으로 일하는 방법은 설득력 있는 화법과 스토리를 만드는 것입니다. 나아가 그런 설득력 있는 스토리를 리더 스스로의 삶에 체화(體化)해야 합니다. 간단한 예를 들어볼까요? 위계 구조가 엄격한 회사에 좀 더 수평적 문화를 도입하려는 경우를 생각해봅시다. 리더는 이런 생각을 직원들에게 전달한 뒤 몸으로 실천해야 합니다. 직원 식당에 가서 같이 줄을 서서 밥을 먹고, 별도의 엘리베이터와 주차 공간을 없애고, 자신만 특별히 더 받는 보너스를 없애야 합니다. 말로는 수평적 문화를 말하면서, 전용 엘리베이터에 전용기 등을 탄다면 신뢰받기 어렵습니다."

누군가와 일하다 보면 '스토리를 통한 설득'에서 자주 어려움에 직면한다. 어떻게 하면 상사나 고객을 쉽게 설득할 수 있을까? 상대방에게서 "yes"를 이끌어낼 수 있는 방법은 무엇일까? 그것은 바로 막히는 글쓰기가 아니라 통하는 글쓰기로 이끌어야 한다. 과연 어떤 스토리 기술들이 효과적일까? 왜 어떤 요구사항은 거절하고, 똑같은 요구사항인데도 다른 방식으로 부탁했을 때는 성공하는 것일까?

(5) 직접 뛰어들어서 경험으로 써라

베스트셀러 『설득의 심리학』(21세기북스)의 저자 로버트 치알디니 교수는 대학에서 벗어나 세일즈맨, 자선기금 조성자, 광고

업자 등 사람을 설득하는 능력에 생계가 달려 있는 설득전문가들의 세계로 직접 뛰어들었다. 고객의 "yes"라는 대답을 듣지 못하는 사람들은 낙오될 수밖에 없고, 반대로 설득전문가가 어떤 방식으로 고객의 "yes"를 끌어내는지를 알게 되었다. 직접 참여하여 관찰했던 경험을 묶은 것이 바로 베스트셀러 책이 되었다. 설득은 바로 경험에서 나온다는 사실을 깨달아야 한다.

(6) 결론부터 쓰고 부연설명을 하라

결론이 먼저 나올 때 설득력이 높다. 문서를 작성할 때 '결론부터 쓰라'는 의미다. 다시 말해 중요한 내용을 먼저 써야 강조할 수 있다. 심리학에서는 이를 '초두효과(primacy effect)'라고 한다. 먼저 보여준 정보가 나중에 제시된 정보보다 더 큰 영향력을 행사하는 것을 말한다.

예를 들면, 많은 보고서들이 추진개요, 추진내용, 추진효과 등을 순차적으로 제시할 것이다. 이때 같은 형식을 유지하더라도 구성별로 강조할 점을 가장 앞으로 빼내어 부각하라는 것이다. 결론을 미리 파악할 수 있도록 보고서를 작성하는 것이 가장 중요하다. 설명이 구체적이고 논증이 타당하고 합리적일 때 설득력이 강화될 수 있다. 즉, 독자를 효과적으로 설득하려면 글의 논리구조를 파악해둘 필요가 있다.

(7) 상대의 마음을 읽고 스토리코칭을 하라

대부분의 성공한 리더는 설득의 글쓰기를 한다. 이제 지식사회에서는 스토리를 통한 설득을 해야 한다. 그러다 보니 당위성이나 주장으로 설득하기 쉽다. 그렇다면 어떻게 설교하지 않고 부드럽게 전달할 수 있을까? 효과적인 전략은 스스로 내러티브의 핵심을 자각하도록 만드는 것이다. 추상적인 표현이나 격언 따위로 핵심을 반복하여 이해시키려 노력하기보다는 암시를 주는 것이 바람직하다. 내러티브를 사용하여 가치관을 전달하고 주입하는 것은 기본적으로 특정한 스토리를 의식적으로 전달하는 것을 의미하지만, 조직 내에 이미 존재하는 스토리를 찾아서 되풀이하는 것도 포함될 수 있다.

예를 들면 코스트코(Costco)의 공동 창립자 짐 시네걸은 '연어 스토리'로 코스트코의 가치관을 전달하고 그것이 기업 전반에 걸쳐 실천되는 방식을 보여준다. 훌륭한 스토리는 임무와 사명을 부르짖는 진부한 문구들보다 행동을 유발하는 데 훨씬 좋다.

"1996년 우리는 파운드당 5.99달러의 연어 필레로 매주 전국적으로 15만 달러에서 20만 달러의 매출을 올렸다. 그러다가 우리 회사의 바이어들이 연어 배의 지방질과 뒷지느러미, 쇄골까지 제거한 더욱 개선된 제품을 더 나은 가격에 구해왔고, 그 결과 우리는 소매가를 5.29달러로 낮출 수 있었다. 즉, 그들은 제품을 개선한 것은 물론 가격까지 낮춘 것이다. 그러나 그들은 거기서 끝내지 않았다. 바이어들은 다시 등뼈와 비늘을 제거한 연어를 더욱 낮은 가격으로 구입하기로 협상했다. 그들은 이 질 좋은 연어 가격을 파운드당 4.99달러까지 낮췄다. 낮은 가격에 힘입어 판매량이 급증하자, 코스트코는 캐나다와 칠레의 연어 양식장에 직접 대량 주문을 넣게 되었고, 이는 또다시 연어 가격을 파운드당 4.79달러로 낮추는 결과를 가져왔다."

'연어 스토리'는 기업 내부에서 자사의 경쟁우위를 높이기 위해 소통하는 매우 뛰어난 방법이다. 코스트코는 한없이 낮은 가격과 높은 품질을 추구하며, 연어 스토리를 회사 내 다른 바이어들을 교육하는 도구로 사용한다. 예를 들면 캐나다의 의류 바이어가 코스트코를 찾아오면 그들은 연어 스토리로 설득한다. 구체적인 언어와 특정 등장인물, 그리고 현실적인 배경을 가진 스토리는 사람들의 행동을 이끌어낼 수 있다. 구체적인 스토리는 리더들이 '지식의 저주'를 타파하고 조직 내 모든 이들의 전략을 이해하고 공유할 수 있도록 만드는 데 큰 도움이 된다.

사람의 심금을 울리는 것은 단순하고 소박한 스토리다. 마음을 움직이는 리더의 인생 스토리는 진실하다. 자신의 이미지를 유행에 맞게 다듬으려 하는 사람들의 거짓 인생 스토리와 확연히 구별된다. 사람을 기계로 대해서는 결코 진정한 리더가 될 수 없다. 상대의 마음을 설득하는 스토리코칭으로 승부해야 한다. '스토리코칭'이라고 해서 아주 새로운 것이 아니다. 바로 사람의 마음을 읽어서 어떻게 설득할 것인지 자그마한 것부터 배려하는 코칭적 접근을 말한다. 그래서 자연스럽게 스며들게 하는 것이다. 무엇보다 효과적인 '맥락 구조' 만들기가 중요하다. 단순히 머릿속에 넣지 말고 먼저 사람을 설득하기 위해서는 종이에 적어 명확하게 정리한 후 실전에 들어가야 한다. 너무 장황하게 말하거나 이야기가 주제와는 맞지 않는 방향으로 나아가지 않도록 주의해야 한다. '스토리코칭'을 통해 설득력을 강화시켜라.

4   스토리와 내러티브의 미묘한 차이는 무엇인가?

스토리를 진실되게 전달하기 위해서는 당신의 인생에서 중요한 의미를 갖는 선택들이 반영되어야 한다. 즉, 자신의 정체성을 거짓 없이 밝히는 것이다.

- 스티브 데닝

내러티브, 스토리, 플롯 등을 구별하지 않고 사용하는 경우가 있는데, 엄밀하게 변별해야 한다. 스토리(story)는 전달되는 사건이나 추론하는 모든 것을 의미하며, 말로 할 수도 있고 산문, 소설, 영화, 유튜브 등으로 표현할 수 있다. 플롯(plot)은 사건들을 특정한 구조로 체계화하는 구성을 의미하며, 사건을 인과관계 중심으로 구조화한다. 내러티브(narrative)는 이야기의 사건뿐만 아니라 해당 사건이 구조화되고 제시되는 방식을 포괄하는 더 넓은 개념으로 스토리, 플롯 등을 포함하는 가장 넓은 개념이다. 내러티브는

〈표 2-1〉 스토리, 플롯, 내러티브의 개념 비교

구분	스토리(story)	플롯(plot)	내러티브(narrative)
순서 기준	시간적 순서	인과적 순서	사건 설명
정의	배열이나 공개 방식에 관계없이 이벤트와 캐릭터의 원재료	청중에게 제시되는 스토리 요소의 구조와 순서 강조	이야기와 줄거리를 모두 포함하는 포괄적 개념으로, 전달 방식에 중점
특징	- 오랜 시간 전달 내용의 생명력과 유용성 유지 - 내러티브에서 어떻게 표현되는지에 관계없이 캐릭터, 설정 및 기타 요소와 함께 사건의 연대순 - 캐릭터에게 일어나는 일	- 내러티브에 제시된 사건의 배열 또는 순서로, 플래시백, 예표 및 기타 내러티브 기법 포함 - 이야기꾼이 이야기의 사건을 청중에게 제시하기로 선택하는 방식	- 관점, 구조, 전달 방법을 포함하여 이야기가 전달되는 방식 - 스토리(사건, 등장인물 등)와 플롯(스토리의 구성 방식)을 모두 포함

내레이터에 의해 스토리텔링에 가까운 의미로 이야기를 표현하는 방식으로 인과관계에 의해 구조화된 여러 절을 포함하며, 시작, 중간, 종결을 포함한다. 학자에 따라 다를 수 있으나, 가장 넓은 의미는 내러티브다.

스토리와 플롯의 차이를 설명할 때 다음 예문을 사용한다.

(A) 왕이 죽었다. 왕비도 따라 죽었다.
(B) 왕이 죽으니까 왕비도 슬퍼서 따라 죽었다.

(A)는 스토리이고, (B)는 플롯이라 한다. (A)는 그냥 두 개의 사실(fact)만 서술한 것이고, (B)는 두 개의 스토리가 유기적이다. 스토리는 일반적으로 어떤 사건들이 일어났는가를 시간 순서대로 나열한 것을 말하며, 플롯은 서사 작품 속에서 개별적인 사건의 나열을 말한다.

E포스터(E. M. Forster)는 『소설의 이론(Aspects of the Novel)』에서 플롯은 사건들 간의 필연적 연관 관계가 있기 때문에 스토리와 구분된다고 주장했다. 일반적으로 스토리는 시간 순서에 따르며, 플롯은 원인과 결과의 관계로 엮이는 경우가 많다. 스토리는 이야기의 사건과 등장인물을 의미하는 반면, 플롯은 어떻게 스토리 요소를 의도적으로 배열하는지를 탐구한다. 내러티브는 청중의 참여를 유도하는 데 사용되는 관점과 기술을 포함하여 이야기를 전달하는 행위와 기술에 중점을 둔다.

20세기 초 러시아 형식주의 비평 이론에서는 스토리를 '파불라(fabula)'와 '수제(syuzhet)'로 구분했다. 파불라는 주어진 시간과 공간 안에서 사건(accident)들을 연대기적(chronological)이고 인과적(cause & effect)으로 결합하는 것을 말한다. "실제로 있었던 일"의 전체를 말하며, 내러티브 이론에서는 '스토리(story)'를 가리킨다. 수제는 내러티브 텍스트(narrative text: 영화, 소설) 안에서 파불라가 배열되고 제시되는 부분을 말하며, 수용자(독자/관객)에게 어떻게 구성해서 읽혀지는가(받아들여지는가)에 해당하는 것으로, 영어로는 '플롯(plot)'이라고 한다.

스토리코칭, 플롯코칭, 내러티브코칭의 차이점

'스토리코칭(story coaching)'은 이야기가 전달되는 방식을 형성하고 다듬는 데 중점을 둔다. 스토리코칭의 기술은 스토리텔링 기법을 사용하여 명확성, 참여도, 영향력을 향상한다. 스토리코칭의 목표는 개인이나 그룹이 프레젠테이션, 발표 또는 개인의 명확성을 위해 특정 스토리를 효과적으로 전달하도록 돕는 것을 목표로 한다.

'플롯코칭(plot coaching)'은 내러티브에서 사건의 구조와 순서를 발전시키는 데 집중한다. 플롯코칭의 기술은 갈등, 속도, 긴장과 관련된 기술을 활용하여 내러티브 참여를 강화한다. 플롯코칭은 작가나 창작자가 작품에서 설득력 있고 잘 구조화된 플롯을 구축하도록 돕는 것이 목표다.

'내러티브코칭(narrative coaching)'은 삶의 패턴과 의미를 이해하기 위해 전반적인 개인 또는 문화적 내러티브를 탐구한다. 내러티브코칭의 기술은 고객이 자기 삶의 이야기와 관점을 재구성하도록 돕기 위해 치료 방법을 사용한다. 내러티브코칭은 개인의

〈표 2-2〉 스토리코칭, 플롯코칭, 내러티브코칭의 의미 비교

구분	스토리코칭	플롯코칭	내러티브코칭
의미	이야기가 전달되는 방식을 형성하고 다듬는 데 중점을 둔다.	내러티브에서 사건의 구조와 순서를 발전시키는 데 집중한다.	삶의 패턴과 의미를 이해하기 위해 전반적인 개인 또는 문화적 내러티브를 탐구한다.
	스토리텔링 기법을 사용하여 명확성, 참여도, 영향력을 향상한다.	갈등, 속도, 긴장과 관련된 기술을 활용하여 내러티브 참여를 강화한다.	내담자가 자기 삶의 이야기와 관점을 재구성하도록 돕기 위해 치료 방법을 사용한다.
	개인이나 그룹이 프레젠테이션, 발표 또는 개인의 명확성을 위해 특정 스토리를 효과적으로 전달하도록 돕는 것을 목표로 한다.	작가나 창작자가 작품에서 설득력 있고 잘 구조화된 플롯을 구축하도록 돕는 것이 목표다.	개인의 삶에 대한 더 넓은 이야기를 이해하고 잠재적으로 변화시킴으로써 개인적 또는 직업적 성장을 촉진하는 것을 목표로 한다.

삶에 대한 더 넓은 이야기를 이해하고 잠재적으로 변화시킴으로써 개인적 또는 직업적 성장을 촉진하는 것을 목표로 한다.

5 선형적 내러티브(linear narrative) vs. 비선형적 내러티브(nonlinear narrative)

내러티브는 이야기를 하기 위해 연속된 사건을 제시하는 방법이다. 에세이나 소설의 내러티브는 줄거리에 따라 별개의 사건을 연결한다. 일반적인 유형의 내러티브에는 시작, 중간, 끝이 포함

스토리코칭

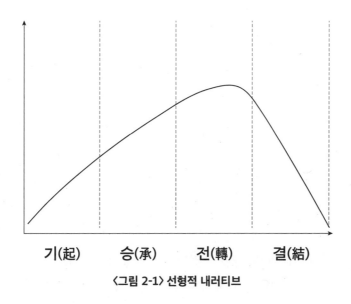

기(起)　　　승(承)　　　전(轉)　　　결(結)

〈그림 2-1〉 선형적 내러티브

된다. 내러티브는 민담에서 고대 서사시에 이르기까지 스토리텔링의 시작부터 존재해왔다.

　'선형적(線形的) 내러티브(linear narrative)'는 이야기의 사건들을 실제로 일어난 순서대로 보여준다. 선형적 내러티브를 사용하는 글쓰기는 등장인물이 겪는 사건을 시간순으로 펼쳐 보여 독자를 주인공의 삶 속으로 몰입시키는 효과가 있다. 기승전결(起承轉結)은 글을 짜임새 있게 쓰는 형식이다. 기(起)는 글을 시작하는 부분, 승(承)은 '기'를 이어받아 전개하는 부분, 전(轉)은 '승'의 내용을 부연하거나 전환하는 부분, 결(結)은 글 전체를 맺는 부분이다. 1인칭, 2인칭, 3인칭 등 어떠한 서술적 시점에서도 이루어질 수 있다. 내러티브 선형성의 예는 각기 다른 다양한 서술적 시점을 제공하는데, 선형적이고 연대기적인 방식으로 전개하는 제인 오스틴의 소설 『오만과 편견』 등에서 찾을 수 있다. 이야기는 서로 다른 관점으로 번갈아 진행되지만, 전체적으로 선형적이며 연대순으로 전개된다. 그 밖에 레프 톨스토이의 소설 『안나 카레니나』 등이 있다.

> 기(起): 처음에는 소수의 사람이 자신의 스토리에 관심을 갖는다.
> 승(承): 점차 많은 사람이 자신의 개인 스토리에 관심을 갖기 시작한다.
> 전(轉): 많은 사람이 자신의 사생활보다 이익에 관심이 많다.
> 결(結): 새로운 세상을 발견하여 떠나게 된다.

'비선형적(非線形的) 내러티브(nonlinear narrative)'는 이야기의 사건을 순서 없이 제시한다. 비선형적 내러티브는 스토리라인이 연대순으로 전달되는 내러티브 기법이다. 플래시포워드, 플래시백, 드림 시퀀스, 예표, 비선형 플롯 라인은 인간의 기억 회상을 모방하거나 시간여행 또는 투시 같은 환상적인 요소를 짜낼 수 있다. 단편소설이나 중편소설은 개인적인 이야기의 감정 무게나 생각 추론의 과정을 강조하기 위해 타임라인을 무너뜨릴 수 있다. 호머의 서사시에서는 오디세우스의 모험이 질서 없이 제시된다. 독자는 오디세우스의 시련이 어떻게 시작되었는지 궁금해하기 때문에 긴 서사시 전체에 서스펜스를 구축하는 효과가 있다. 비선형적 내러티브의 좋은 예는 작가 리처드 파워스가 수십 년에 걸쳐 때로는 중복되는 스토리라인을 엮어낸 것이다. 또한 이야기의 서술 방식도 바뀌기 마련이다. 에밀리 브론테의 『폭풍의 언덕』, 버지니아 울프의 『등대로』, 커트 보니것의 『제5도살장』 등이 대표적인 비선형적 구조를 보여준다. 특히 『제5도살장』은 픽션으로, 제2차 세계대전의 드레스덴 폭격을 포로로서 목격한 작가의 폭로로 전쟁의

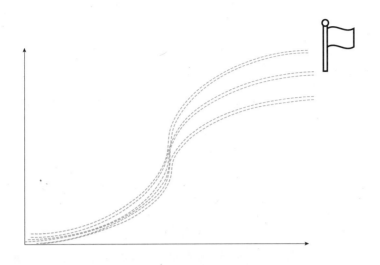

<그림 2-2> 비선형적 내러티브

참상이 드러나 있다. 주인공인 빌리 필그램은 제2차 세계대전에 참전하여 드레스덴 폭격을 목격하고, 검안사로 살다가 비행기 사고로 뇌수술을 한 뒤에 시공을 멋대로 이동한다. 외계인 트랄팔마도어에게 납치되기도 하고, 미래에는 중국인이 미국에 핵전쟁을 걸어서 대충 망한 시대에 예언자로 살면서 강연하다가 전우에게 피살되기도 한다.

비선형적 구조는 이야기에 깊이를 더할 목적으로 시간을 자유로이 이동하는 구조다. 이야기의 끝에 다다르기 전에는 지금 무슨 일이 일어나는지 정확히 파악하기 어렵기에 미스터리한 느낌을 줄 수 있다. 다만 나중에 퍼즐을 맞추어보았을 때 논리적이어야 한다.

바야흐로 선형적(linear) 인식 방식이 위기에 처해 있다. 디지털화로 인한 비선형적(nonlinear)인 코드로 인해 세계를 인식하는 방법에 큰 변화가 올 것이다. 옛날 우리 부모가 살아온 방식인 선형적 내러티브는 사라지고, 자신만의 비선형적 내러티브를 찾아야 한다. 어떻게 비선형적 내러티브를 찾을 것인가?

자기 서사를 쓰지 못하는 리더는 곧 내려오게 된다

조직원이 100명 이상인 중견 중소기업의 임원이 된 A 씨는 솔직하게 직원들에게 다가가면 자신을 따를 것이라 믿었다. 하버드 경영대학원 마이클 왓킨스 교수는 『90일 안에 장악하라』에서 리더로 부임해서 3개월 안에 조직과 업무를 완벽히 장악하라고 조언한다. 리더로서 하루하루 계획 없이 하다 보면 90일은 금방 지나버린다. 그냥 적응하면 되는 팀원 입장이 아니라 조직을 끌어야 하는 리더로서 90일 안에 장악하지 않으면 그 이후에도 쉽지 않을 것이다. 하지만 90일 안에 지나치게 솔직하게 털어놓은 A 씨는 오히려 단점이 드러나면서 직원들에게 신뢰를 잃게 되었다. 나중에 만회하려고 했지만 이미 물건너간 뒤였다. 한번 라포가 형성되지 못한 리더는 다시 그 기회를 얻기 힘들다. 그러면 어떻게 스토리를 쓰는 것이 좋을까?

02
스토리코칭의
핵심역량을 키워라!

"믿기지 않겠지만, 인간이 지닌 최고의 탁월함은 자기 자신과 타인에게 질문하는 능력이다."

- 소크라테스

"매출이 작년 대비 20%나 낮아!"

"왜 이런 식으로 일을 해!"

이처럼 팩트만 나열해서는 상대방의 생각을 바꿀 수 없다. 리더는 팩트를 갖고 스토리로 만들어야 한다. 단순히 팩트를 전달하기만 해서는 안 된다.

"매출이 작년 대비 20% 낮지만, 이것만 바꾸면 내년에는 매출이 올해보다 20% 오를 거야!"

스토리코칭은 주입하는 것이 아니라 스토리로 설득하는 것이다. 스토리(story)는 히스토리(history)로 사람들을 이해시키고 미스터리(mystery)의 방향을 바꿀 수 있다. 스토리(story)는 히스토리(history)와 어원이 같다. 그리스어 히스토리아(historia)는 "조사와 탐문을 통해 얻은 지식"이라는 뜻으로 아리스토텔레스가 그의 저서 『Περί Τά Ζωα Ιστορία(Peri Ta Zoa Istória, 라틴어 역어: Historia Animalium)』에서 사용했다. 스토리에는 '현자(賢者)들의 문답(問答)'이라는 뜻이 내포되어 있다. 우리는 상대방이 행동을 바꾸라고 해서 바꾸지 않는다. 자기 자신이 원해야 일과 삶이 바뀐다. '외재적 동기(extrinsic motivation)'보다 '내재적 동기(intrinsic motivation)'가 더 중요하다. 예를 들어 금전적 보상을 얻기 위해 어떤 행동을 하거나 반대로 금전적 처벌을 피하기 위해 어떤 행동을 하지 않는다면 외부요인에 의해 유발되는 동기다. 반면 스스로 더 나은 사람이 되기 위해 아침 일찍 즐거운 마음으로 일어나거나 행복감을 느끼기 위해 가치관이 비슷한 사람들과 이야기한다면 전형적으로 내재적 동기에 의해 촉발된 행동이다. 행동하려면 마음이 움직여야 하고, 감정이 원해야 한다. 그게 바로 스토리코칭의 힘이다. 이제 스토리텔링하고 빠지는 시대가 아니다. 직접 손발을 걷어붙이고 스토리코칭을 해야 한다.

이 책의 핵심 메시지는 "이야기를 들려주지 말고 이야기로 코칭하라"는 것이다. 직장에서는 지시와 명령이 난무하다 보니 퇴사율이 올라가고 있다. 이제 지시와 명령보다 경청과 질문이 직장에서 조직문화로 정착되어야 그 조직은 살아남을 수 있다. 남이 이래라저래라 명령하면 오히려 하기 싫을 때가 있다. 이제 리더들이 일방적인 지시를 한다고 효과적으로 팀을 이끌 수 없다. MZ세대는 꼰대를 극도로 싫어한다. 꼰대에서 벗어나 어떻게 구성원을 이끌어야 할까? 리더십의 요체는 상대방을 변화시키고 설득하고 변화하는 것이다. 그러기 위해 가장 효과적인 방법이 바로 스토리코칭이다.

스토리코칭이란 무엇인가?

스토리코칭을 수식으로 나타내면 story(이야기) + coach(코치하다) + ing(진행형)로 이루어진다. 재미있는 이야기나 실제 있었던 일에 대한 이야기를 통해 신뢰를 형성하고 목적을 명확하게 하고 행동을 촉구하고 단순화하면 강력한 힘을 발휘하게 된다.

스토리코칭이란 한마디로 "배경, 사건, 인물의 관계를 탐구하면서 생각, 마음, 행동의 변화를 이끄는 것"을 의미한다. 좀 더 쉽게 생각해보면 '기존의 스토리텔링에 코칭을 접목하면서 행동 중심으로 바꾸는 것'을 뜻한다. 스토리코칭은 단지 말로만 하지 말고 행동의 변화가 있어야 한다.

스토리란 '사건들의 관계를 탐구하는 것'이다

스토리(story)의 어원은 14세기 후반 "일련의 사건들에 대한 관계"라는 의미로 사용되었다. 프랑스어 estoire, estorie에서 유래했고, 더 거슬러 올라가면 라틴어 historia에서 유래했다. 'historia'는 '탐구하다', '알아내다'라는 뜻의 그리스어 'historein'에서 나온 말이다. 'historein'은 다시 'histor'라는 말에서 파생되었는데, 이는 '목격자', '증인'을 뜻한다. 따라서 스토리의 어원은 '목격하다', '경험하다', '탐구하여 알아내다'라는 의미를 내포하고 있다. 초기에는 단순히 사건이나 경험을 전달하는 의미였지만, 점차 허구적인 이야기, 설화, 소설 등의 의미로 확장되었다. 결국 어원에서 알 수 있듯이, 스토리는 인간의 실제 경험과 체험을 기반으로 하며, 그것을 탐구하고 의미를 발견하려는 본질적 목적을 지니고 있다.

스토리로 탐구하여 의미를 발견하라

코칭(coaching)의 어원은 헝가리의 도시 코치(Kocs)에서 개발된 네 마리 말이 끄는 마차에서 유래한다. 전 유럽으로 퍼진 이 마차는 프랑스어 'coche'로 불렸으며, 영국에서는 '코치(coach)'라고 했다. 16세기경 유럽에서 마차를 몰고 여행하는 사람을 'cocher'라고 불렀다. 'cocher'는 사람들이 목적지에 안전하게 도착할 수 있도록 길을 안내하고 함께 여행했다. 19세기에 이르러 'cocher'의 의미가 확장되어 어떤 목표를 향해 가는 과정에서 안내자, 동반자 역할을 하는 사람을 지칭하게 되었다. 이런 맥락에서 집체교육(training)의 어원인 기차(train)와 대비하여 코칭의 특성을 잘 설명해주고 있다. 오늘날 코칭은 코치가 동반자의 목표 달성을 위해 동기를 부여하고 방향을 제시하며 동행하는 과정을 의미한다. 따라서 코칭의 어원에는 '여행 동반자', '안내자'의 의미가 담겨 있으며, 코치는 코치이가 자신의 목적지에 도달할 수 있도록 격려하고 이끄는 역할을 하게 된다. 결국 스토리코칭은 미래의 목표로 향해가는 여정에서 스토리로 탐구하여 의미를 발견하는 동반자 역할을 하는 것이다.

스토리코칭은 모두가 공감할 수 있는 에피소드를 활용하는 것이 중요하다. 시작부터 끝까지 분명한 구도를 가지고 말할 때 상대방을 변화시킬 수 있다. 리더는 철저히 팔로우를 위해 존재해야 한다. 과거를 설명하고 가르치는 것이 아니라 빠르게 변화하는 현재를 함께 경험하도록 해야 한다. 코치는 온전히 고객을 위해 존재해야 한다. 일방적으로 지시와 명령을 하던 '텔링(telling)의 시대'에서 '코칭(coaching)의 시대'로 바뀌었다. 기업을 비롯한 다양한 조직에서 신뢰를 형성하고, 가치관과 비전을 전달하는 데 스토리만 한 게 없다. 이제 스토리코칭(storycoaching)의 시대가 되었다. 지금 당신은 스토리로 코칭하고 있는가?

스토리코칭에는 기존 코칭 핵심역량에 다섯 가지 핵심역량이 포함된다. 세계적으로 활약하는 코치들의 글로벌 기구 ICF(International Coaching Federation)는 여덟 가지 코칭 핵심역량(core competency)을 다루고 있다.

I 기초 세우기

  1.1. 윤리적 실천을 보여준다

  1.2. 코칭 마인드셋을 구현한다

II 관계의 공동 구축

  2.3. 합의를 도출하고 유지한다

  2.4. 신뢰와 안전감을 조성한다

  2.5. 프레즌스를 유지한다

III 효과적으로 의사소통하기

  3.6. 적극적으로 경청한다

  3.7. 알아차림을 불러일으킨다

IV 학습과 성장 북돋우기

  4.8. 고객의 성장을 촉진한다

한국코치협회에서는 전문코치를 양성하는 프로그램을 인증할 때 적극적으로 경청하기, 효과적으로 질문하기, 의식 확대하기라는 세 가지 역량을 필수로 요구하고 있고, 한국코칭학회는 맥락적 경청하기, 인정하기, 강력한 질문하기, 긍정적 피드백하기 등을 핵심역량으로 다루고 있다. 이러한 역량은 개인이나 그룹이 개인

스토리코칭

Meaning-seeking Questions
의미 탐색 질문
Narrative Thinking
내러티브 씽킹
Emotional Sensitivity
정서적 민감성
Cultural Literacy
문화적 이해력

〈그림 2-3〉 스토리코칭의 핵심역량

적·직업적·예술적 목적을 위해 자신의 이야기를 효과적으로 전달하는 데 필수다. 스토리코칭의 핵심역량은 다음과 같다.

1 문화적 이해력(cultural literacy)을 높여라

스토리에는 정체성, 문화, 관점의 요소가 포함되는 경우가 많다. 스토리코치는 문화적으로 유능해야 하며, 다양한 배경의 이야기를 존중하고 이해할 수 있어야 한다. 스토리텔러가 내러티브를 전달하기 바빴다면, 코치는 문화적 차이를 탐색할 수 있도록 명료하고 개념의 차이를 명확하게 밝힐 수 있도록 도와줘야 한다. 스토리텔링 기법 및 원리에 대한 지식, 내러티브 아크, 캐릭터 아크, 갈등 해결, 테마 탐구 등 스토리텔링 원리에 대한 깊은 이해가 필수다. 코치는 또한 다양한 스토리텔링 형식과 매체에 익숙해야 하는데, 다양한 문화를 이해하고 그 문화에 맞게 호기심을 유지할 때 비로소 가능해진다.

진정한 리더가 되고 싶다면 스토리코칭을 배워라. 사람의 마음을 변화시키는 데 가장 적합한 도구는 이야기다. 리더는 사람의 마음을 바꾸는 사람이다. 스토리코치는 문화적 이해력을 통해 등장인물이 태어난 문화적 환경을 이해할 때, 그러한 배경으로 진정성 있고 존중하는 내러티브로 이어질 수 있다. 이러한 이해는 고정관념과 진부한 표현을 피하는 대신 뉘앙스와 깊이가 있는 캐릭터와 문화를 묘사하는 데 도움이 될 수 있다. 리더는 새로운 관점에서 사람들의 가치관을 변화시킬 수 있어야 한다.

문화인류학자 마거릿 미드는 "그 어떤 문화도 홀로 지혜를 독점하지는 못한다. 생태적으로 모든 차원에서 우월한 문화란 없다"고 말한다. 리더의 세 가지 유형은 전통적인 이야기를 그대로 재현하는 리더, 전통적인 이야기를 새롭게 각색하는 리더, 완전히 새로운 이야기를 창조하는 리더다. 스토리코칭은 친화력 있는 캐릭터를 만들어야 한다. 스토리코치는 문화적 지식을 캐릭터 개발에 통합함으로써 작가가 자신의 문화적 배경에 맞는 캐릭터를 만들도록 도울 수 있다. 여기에는 언어, 가치, 전통 및 사회적 규범의 뉘앙스를 이해하는 것이 포함되며, 이를 통해 캐릭터를 꾸미고, 비슷한 문화권의 독자와 더욱 관련성을 갖도록 만들 수 있다.

자신이 만든 이야기를 실천할 때 사람들은 감동한다. 예를 들면, 맨해튼계획의 책임자로 대규모 과학자 집단을 이끌고 핵무기 개발에 성공한 이론물리학자 로버트 오펜하이머, 30세에 시카고대학 총장이 되어 고전 연구와 철학적 토론을 바탕으로 고등교육 이념을 제창한 로버트 허친 등 자신이 만든 이야기를 실천할 수 있을 때 스토리의 힘도 극대화된다. 동기를 유발할 수 있는 이야기여야 하고, 기억하기 쉬워야 하며, 다채로워야 할 뿐 아니라 무엇보다 진실해야 한다. 이야기의 진정성은 실행과 실천을 통해 입증된다. 오늘날 '세계화된 스토리'는 종종 문화적 경계를 넘나든다. 문화 활용 능력인 문화적 이해력은 스토리코칭을 할 때 작가가 전 세계 청중이 접근할 수 있고 관심을 가질 수 있는 스토리를 만들도록 안내하고 문화적 특성을 문화 전반에 걸쳐 공감할 수 있는 보편적인 주제로 번역하는 데 도움이 될 수 있다.

2 정서적 민감성(emotional sensitivity)을 키워라

정서적 유대감과 공감은 영향력이 매우 크다. 코칭을 한다는 것은 에너지의 변화, 목소리 톤, 말하는 속도, 억양, 말투, 감정, 정서, 행동 등을 알아차리는 것이다. 스토리텔링의 개인적 특성을 이해하려면, 특히 자신의 경험에서 이야기를 이끌어내는 경우 코치가 공감(empathy)하고 민감해야 한다. 스토리텔러는 자신의 이야기를 탐색하고 공유할 수 있는 안전한 공간을 만들어야 한다. 공감적 경청을 잘하는 코치는 고객의 이야기를 주의 깊게 경청하고 공감하는 자세가 필수다. 이를 통해 고객의 경험 세계를 깊이 있게 이해할 수 있다. 코치는 단어뿐만 아니라 스토리 내의 감정, 주제, 내용까지 들을 수 있는 뛰어난 청취 기술을 보유해야 한다. 이를 통해 코치는 통찰력 있는 피드백과 지도를 제공할 수 있다.

스토리는 감정과 관련이 있다. 신경과학자 안토니오 다마지오(Antonio Damasio)가 말했듯이 "우리는 생각만 하는 기계가 아니다. 우리는 생각하고 느끼는 기계다". 스토리코칭은 작가가 영감의 원천으로서 자신의 감정과 경험을 탐구하도록 정서적 탐색을 장려하고 격려할 수 있다. 이러한 성찰은 작가의 감정적 인식과 감수성을 심화시켜 더욱 진실되고 감정적으로 충만한 내러티브를 만들 수 있게 해준다. 코칭을 할 때는 공간이 의외로 중요한데, 감정 표현을 위한 안전한 공간을 조성해야 한다.

카타르시스, 말 그대로 옮겨 '정서적 배설(emotional purging)'이란 아리스토텔레스에 따르면 극적인 스토리텔링의 전부이며 모든 이야기 속 사건들이 관객의 마음속에서 반드시 성취해야 하는 것이다. 관객은 작품을 통해 정서적 여행을 떠난다. 훌륭한 작품은 크든 작든 삶의 진실을 날카롭게 드러낸다. 스토리코칭에서는 스스로 감정을 자유롭게 탐색하고 표현할 수 있는 안전하고 지원적인 환경을 제공할 수 있다. 이러한 안전망은 스토리텔링을 통해 위험을 감수하고 그렇지 않으면 회피할 수 있는 감정적 깊이를 탐구하도록 장려할 수 있다.

또한 스토리코칭은 감정 곡선을 분석하여 이러한 곡선이 현실적이고 영향력이 있는지 확인할 수 있다. 작가는 스토리의 사건에 반응하여 캐릭터의 감정이 어떻게 진화하는지 분석함으로써 더욱 미묘하고 감정적으로 설득력 있는 캐릭터를 구축하는 방법을 배울 수 있다. 나아가 마음챙김을 연습하고 주변 세계를 관찰하면서 사람들이 다양한 상황에서 감정을 표현하는 방식에 주목하도록 격려할 수 있으며, 서사에서 인간 감정의 복잡성을 포착하는 능력을 향상시킬 수 있다.

정서적 공감을 불러일으키면 그때 전달하는 메시지를 사람들의 머릿속에 영원히 각인시킬 수 있다. 스토리코칭은 글쓰기 과정과 내러티브 자체 모두에서 공감의 중요성을 강조할 수 있다. 고객의 입장에서 생각하도록 지도하여 다양한 정서적 경험과 관점에 대한 더 깊은 이해를 촉진할 수 있다. 감정적 어휘를 확장하는 것은 스토리코칭이 감정적 민감성을 향상시킬 수 있는 방법이다. 기능적인 차원에서 메시지를 전달할 수도 있지만, 그보다 한 걸음 더 나아가 상이나 벌 같은 인센티브를 제공할 수 있다. 정서적인 유대를 형성해 기억되도록 할 수도 있다. 감정을 설명하는 새로운 단어나 문구를 학습함으로써 자신의 이야기에서 감정을 더욱 정확하고 생생하게 표현할 수 있다.

3 내러티브 씽킹(narrative thinking)을 하라

이야기는 무에서 창조되는 것이 아니다. '내러티브 씽킹'이란 인간의 경험과 삶을 내러티브 형식으로 바라보고 이해하는 능력이다. 이는 인간 경험 속에 존재하고 있던 질료들로부터 성장해나오는 것이다. 따라서 삶의 다양한 사건과 경험을 하나의 연결된 이야기로 통합하는 내러티브 관점이 중요하다. 코치는 고객과 협력하여 기존의 이야기를 재해석하고 새로운 관점에서 내러티브를 재구성하도록 돕는다. 이를 통해 삶의 방향성과 의미를 찾아갈 수 있다. 코치는 스토리텔러가 스토리를 개발하는 데 있어 창의적인 장애물이나 어려움을 극복하도록 돕는 경우가 많다. 이를 위해서는 창의성과 대안적 접근 방식이나 솔루션을 제안하는 능력이 필요하다.

또한 고객의 여정, 경험, 활동 등을 담고 있는 스토리 매핑 (story mapping)을 연습해야 한다. 작가는 스토리를 서론, 상승 액션, 클라이맥스, 하락 액션, 결말 등의 구성 부분으로 나눈다. 이러한 요소를 시각적으로 계획함으로써 내러티브의 구조와 자신만의 구성 방법을 더 잘 이해할 수 있다. 이는 이야기를 통해 자신의 내면 깊이 들어감으로써 재능을 발견하거나 조직의 목표를 위해 미래의 비전이나 미션을 실현하는 과정이다. 내러티브 사고 능력을 개발하는 것은 스토리코칭에서 필수다. 이를 통해 작가는 스토리 측면에서 생각하고 캐릭터, 줄거리, 설정 같은 요소가 어떻게 상호 연결되어 설득력 있는 내러티브를 만들 수 있는지 이해할 수 있다. 기본 단계 중 하나는 작가가 장르와 스타일 등을 탈피하여 폭넓게 읽을 수 있도록 장려하는 것이다. 내러티브 구성 방식, 테마 개발 방식, 캐릭터 진화 방식에 초점을 맞춰 이러한 텍스트를 분석하면 효과적인 스토리텔링 기술에 대한 통찰력을 얻을 수 있다.

내러티브 씽킹은 텍스트에만 국한되지 않는다. 영화, TV 쇼, 심지어 비디오 게임의 스토리텔링을 분석하면 내러티브 구조, 시각적 스토리텔링, 캐릭터 개발에 대한 귀중한 교훈을 얻을 수 있다. 작가가 자신의 경험에 대해 반성적 글쓰기에 참여하도록 하고, 이러한 경험이 어떻게 내러티브로 형성될 수 있는지에 초점을 맞춘다. 또한 갈등에 대한 이해를 촉진한다. 내러티브 씽킹을 위해서는 갈등과 이야기를 전개하는 데 있어 갈등의 역할에 대한 깊은 이해가 필요하다. 갈등의 정도는 스토리의 인간적인 차원이다. 이야기의 물질적·시간적 영역뿐만 아니라 사회적 영역도 포함된다. 이야기가 어떤 종류의 갈등에 초점을 맞추고 있는가? 등장인물은 무의식 속에서 갈등을 일으키는가? 아니면 개인 간의 갈등으로 한 단계

올라와 있는가? 코치는 작가와 협력하여 다양한 유형의 갈등을 식별하고 이러한 갈등을 내러티브를 통해 탐구할 수 있다. 단편소설, 중편소설, 대본, 비선형 내러티브 등 다양한 형식의 스토리텔링을 연습하도록 권장한다. 다양한 형식을 실험하는 것은 작가의 내러티브 도구 상자를 확장하고 이야기를 전달하는 방법에 대한 사고의 유연성을 키울 수 있다. 글쓰기 워크숍에 참여하면 토론과 협업의 기회가 제공되어 작가는 다른 사람의 서사 전략을 배우고 자신의 작업에 대해 다양한 피드백을 받을 수 있다.

4 의미 탐색 질문(meaning-seeking questions)을 하라

고객의 이야기를 더욱 깊이 있게 탐색하고 새로운 관점을 발견하도록 열린 질문을 활용한다. 이는 고객 스스로 자신의 이야기를 재구성하고 의미를 찾아가는 과정을 촉진한다. 스토리의 구조, 캐릭터 개발, 속도 및 주제 요소를 분석하는 능력은 매우 중요하다. 코치는 개선이 필요하거나 더 발전할 수 있는 영역을 식별하여 스토리텔러가 자신의 이야기를 강화하도록 돕는다. 모든 스토리텔러는 고유한 스타일, 목표, 과제를 가지고 있다. 유능한 코치는 함께 일하는 각 개인이나 그룹의 특정 요구사항을 충족하도록 접근 방식을 조정할 수 있다.

빅터 프랭클의 명저 『죽음의 수용소에서』는 어떻게 의미를 찾아야 하는지 묻는 사람에게 좋은 지침서다. 그는 나치 강제수용소에서 몇 년을 포로로 살면서 빛나는 통찰력을 얻었다. 빅터 프랭클이 수용소에 도착한 다음 날, 한 사람이 그의 막사를 몰래 찾아와 사람들에게 이런 말을 전했다. "한 가지만 당부하겠네. 가능하면 매일같이 면도를 하게. 유리 조각으로 면도하는 한이 있더라도. 그것 때문에 마지막 남은 빵을 포기해야 하더라도 말일세. 그러면 더 젊어 보일 거야. 뺨을 문지르는 것도 혈색이 좋아 보이게 하는 한 가지 방법이지. 자네들이 살아남기를 바란다면 단 한 가지 방법밖에는 없어. 일할 능력이 있는 것처럼 보이는 거야. 불쌍하고, 비실비실거리고, 병들고, 초라해 보이는 사람들은 이른 시간 안에 가스실로 가게 될 거야. 그러니 명심하게. 늘 면도를 하고 똑바로 서서 걸어야 하네. 죽음의 선발을 두려워하지 말게." 강제수용소에서 지냈던 사람들은 자신의 마지막 남은 빵을 포기하더라도 한 가지를 지키려 했다. 그들은 인간에게서 모든 것을 앗아가도 단 한 가지는 빼앗을 수 없음을 충분히 증명해 보였다. 그들이 빼앗기지 않았던 것은 인간의 자유다. 어떤 상황에서도 삶의 태도를 선택할 자유, 자신만의 방식을 선택할 자유를 말이다. 프랭클은 무력하고 불가항력의 상황에 직면한 순간을 "자신을 변화시킬 수 있는 순간"이라고 말했다. 이 책은 인생에서 가장 힘든 순간에 어떻게 회복력과 용기와 창의성이 태동하는지를 보여준다.

　　스토리코칭에서 의미를 찾는 질문 능력을 개발하는 것은 자신의 작업에 대해 더 깊고 통찰력 있는 질문을 하도록 안내하고 스토리의 기본 주제, 동기 및 의미를 탐색하도록 장려하는 것을 포함한다. 이 과정은 작가가 매력적일 뿐만 아니라 의미가 풍부한 내러티브를 만드는 데 도움이 된다. 나아가 캐릭터의 배경, 동기 및 욕구를 더 깊이 탐구한다. "이 캐릭터가 진정으로 두려워하는 것은 무엇인가요?" 같은 질문을 던지는 것이다. "이 캐릭터는 성공을 위해 무엇을 희생할까요?"와 같이 내러티브를 풍성하게 만드는 복잡성과 갈등의 층위를 밝혀낼 수 있다.

　스토리에서 특정 사건이 발생하는 이유와 캐릭터가 특정 방식으로 행동하는 이유를 지속적으로 질문하도록 안내한다. 이는 일관된 내러티브를 만드는 데 도움이 될 뿐만 아니라 더 깊은 의미와 주제를 이해하는 데도 도움이 된다. 이야기의 설정과 맥락에 대해 비판적으로 생각하도록 권장한다. "설정이 캐릭터에 어떤 영향을 미치나요?" 같은 질문을 하는 것도 바람직하다. "어떤 사회적 규범이나 역사적 사건이 내러티브를 형성하나요?"와 같이 작가가 자신의 이야기에 깊이를 더해야 한다.

　작가에게 "이 사건이 캐릭터와 세계에 어떤 결과를 가져오나요?"처럼 주요 플롯 전개의 의미에 대해 질문한다. "이러한 반전이 독자의 기대에 어떻게 도전하나요?" 같은 질문은 작가가 놀랍고 의미 있는 줄거리를 만드는 데 도움이 될 수 있다. 이야기의 주제와 상징에 대해 질문하고, 이러한 요소가 전반적인 의미에 어떻게 기여하는지 묻도록 안내한다. "캐릭터의 여정을 통해 어떤 테마가 나타나나요?", "상징은 이야기의 주제를 어떻게 강화하나요?"와 같은 질문도 있다. 자신의 이야기에 대한 다른 사람들의 피드백은 작가가 고려하지 않았을 수도 있는 새로운 관점과 질문을 드러낼 수 있다.

스토리코칭에서 가장 많이 쓰이는 도구는 은유다

은유는 스토리코칭의 강력한 도구다. '메타포 표현력'이란 은유, 메타포, 심상 등을 활용하여 고객의 경험을 시각화하고 상징적으로 표현하는 능력이다. 이는 통찰과 자기이해를 촉진한다. 건설적이고 지지적인 방식으로 피드백을 제공하는 것이 핵심역량이다. 스토리코치는 스토리텔러를 낙담시키지 않으면서 개선에 영감을 주는 비평을 제공하는 방법을 알아야 한다.

"당신의 경력을 구불구불한 길로 가정해봅시다. 그러면 당신이 누구인지를 파악하는 새로운 시각과 다양한 경험을 할 수 있습니다."

누군가의 삶이나 진로를 여행에 비유하면 큰 그림을 볼 수 있고 장애물이 끝이 아니라 '과정의 일부'라는 것을 이해할 수 있다. 스토리코칭은 인간의 삶을 이야기로 바라보고, 그 이야기를 재구성함으로써 개인의 성장과 변화를 이끌어내는 코칭 접근법이다. 메타포 표현력을 통해 자신의 이야기를 탐색하고 새로운 의미를 발견하도록 돕는다. 특히 코치는 개인적인 이야기를 다룰 때 높은 수준의 윤리와 기밀을 유지하여 스토리텔러가 자신의 이야기가 존중받고 신중하게 처리된다는 느낌을 받도록 해야 한다. 스토리코치는 이러한 역량을 숙달함으로써 스토리텔러가 자신의 기술을 다듬는 과정을 효과적으로 안내하여 스토리의 영향력과 도달 범위를 높일 수 있다.

"재능을 키우는 것은 정원 가꾸기와 같습니다. 재능을 갖고 있더라도 정성껏 물을 주고 육성해야 합니다. 때로는 새로운 성장을 위한 공간을 마련하기 위해 오래된 습관을 정리해야 합니다."

코치는 정원 가꾸기를 비유로 사용하여 말할 수 있다. 스토리코칭에서 메타포를 활용하는 것은 상징적으로 내러티브에 깊이와 복잡성, 아름다움을 추가할 수 있다. 은유는 겉보기에 관련 없어 보이는 개념 사이의 연결을 만들고, 스토리텔링을 풍부하게 할 수 있다. 일상적인 사건이나 감정을 은유적인 용어로 표현하도록 요청한다. 또한 은유적 글쓰기를 연습한다.

"우리는 인생이라는 극장에서 대본을 쓰게 됩니다. 어떤 역할을 맡고 싶나요? 어떤 장면을 다시 쓰고 싶나요?"

코치는 작가에게 설명 목적뿐만 아니라 이야기의 주제를 강화하기 위해 은유를 사용하도록 안내한다. 잘 만들어진 은유가 어떻게 중심 주제와 공감하여 이야기에 더 깊은 의미를 제공할 수 있는지 토론해본다. 작가의 작품에서 은유 사용에 대한 구체적인 피드백을 제공하여 은유가 진부하거나 비효율적일 수 있는 영역을 강조하고 내러티브를 향상시킬 수 있는 영역을 제안한다. 또한 은유의 맥락적 사용을 연구한다. 등장인물과 대상 청중 모두의 문화적·역사적·개인적 배경을 고려하여 은유의 효과 측면에서 맥락의 중요성을 논의한다. 이는 은유에 쉽게 접근할 수 있도록 한다.

03
스토리코칭의 절차는
어떻게 실천해야 하는가?

"과거의 리더는 말할 줄 알았고, 미래의 리더는 물어볼 줄 알아야 한다."

- 피터 드러커

스토리코칭은 '스토리의 원형(story prototype)'을 찾아가는 여정이다. 스토리코칭 과정에서 설명의 나열이 아니라 설득의 탐구를 실천해야 한다. 문제의 해결책을 찾는 것이 아니라 자신의 관점에 대한 새로운 전환을 불러일으키는 것이다. 주변 환경, 방문하는 장소, 인생에서 만나는 사람들로부터 영감을 얻는다.

① 상황(Situation)을 물어보는 것은 스토리코칭 과정에서 코치와 코칭 받는 사람 사이의 신뢰 구축에 매우 중요한 단계다. 현재 주인공이 어떤 상황에 놓여 있는지 질문한다. 스토리는 현재의 '감정적 연결'을 도와준다.

② 타깃(Target)을 명확하게 설정하는 것은 스토리코칭에서 개인이 자신의 목표를 명확히 하고, 이를 달성하기 위한 구체적인 계획을 수

립하는 데 도움이 된다. 스토리를 통해 개인은 자신의 경험을 반영하고, 자신의 미래가치를 명확히 할 수 있다.

③ 다양한 대안(Option)을 탐색할 수 있는 것은 스토리코칭에서 기회를 제공한다. 코칭 과정에 스토리를 사용함으로써 코치는 코칭 받는 사람이 문제를 다른 각도에서 바라보고 창의적인 해결책을 찾도록 도울 수 있다.

④ 스토리코칭에서 재구성(Reframing)을 통해 새로운 의미를 부여하는 것은 자신의 과거와 현재를 조명하여 미래의 가능성을 상상하게 만든다. 스토리는 개인이 자신의 과거와 현재를 재해석하고, 미래에 대한 계획으로 연결할 수 있다.

⑤ 갈망(Yearn)을 통해 강력히 원하는 욕망을 떠올려본다. 스토리코칭에서 강한 욕망을 떠올리는 것만으로도 효과적으로 실행을 촉진시킬 수 있다. 스토리는 코칭 관계를 강화하고, 코칭 과정을 통해 자신의 서사와 관련된 깊은 이해를 바탕으로 지속가능한 변화를 추구하도록 돕는다. 갈망은 행동의 변화를 위한 강력한 동기 부여가 될 수 있다.

다음에 소개하는 STORY 코칭 프로세스는 스토리로 소통할 때 도움을 받을 수 있는 스토리코칭 모델(STORY Coaching model)이라고 할 수 있다.

1 상황(Situation) - 현재 주인공이 어떤 상황에 놓였는지 파악하기

1단계: 상황 인식(Situation)

스토리코칭 과정에서 상황을 물어보는 것은 코치와 코칭 받는 사람 사이의 신뢰 구축에 매우 중요한 단계다. 어떠한 이슈를 다룰 때는 배경, 인물, 사건 등 스토리 구성의 3요소로 살펴보는 것이 중요하다. 배경은 이미지, 인물은 역할, 사건은 질문으로 끌어내면 상황을 파악하기 쉽다. 배경, 인물, 사건을 줄여서 '배인사'라고 외우면 기억하기 쉽다. 현재 주인공이 어떤 상황에 놓였는지 질문한다. 스토리는 현재의 '감정적 연결'을 도와준다. 스토리코칭은 주인공과 다른 사람들 사이의 감정적 연결을 만들어내는데, 우리의 뇌가 스토리와 연결되는 방식과 공감하는 형태이기 때문이다. 스토리코칭은 감정적 연결을 통해 깊은 수준의 이해와 공감을 촉진

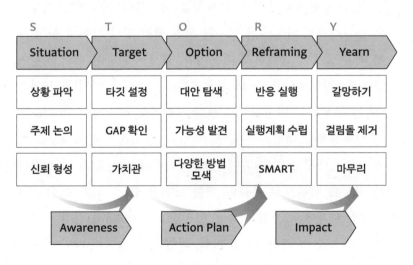

〈그림 2-4〉 스토리코칭 프로세스

한다. 인지심리학자 제롬 브루너에 따르면 사람은 스토리를 통해 정보를 접할 때 22배나 더 잘 기억한다고 한다. 스토리 없이 통계 자료나 각종 데이터와 정보만 보았을 때, 10분 후 머릿속에는 정보의 5%밖에 남지 않는다. 결국 스토리는 감정과 함께 장기적 기억에 남게 된다.

1단계의 상황 질문(Sitution Question)

- 당신은 지금 어디에 서 있나요?
- 오늘 감정은 어떠세요?
- 지금 어떤 이야기를 하고 싶으세요?
- 이 상황에서 가장 중요한 것은 무엇인가요?
- 무엇 때문에 이 문제가 일어나고 있나요?
- 이것을 해결하기 위해 지금까지 어떤 노력을 했나요?

첫 번째 단계에서는 현재 상황을 살펴본다. 상황을 물어보는 것은 스토리코칭 과정에서 코치와 코칭 받는 사람 사이의 신뢰 구축에 매우 중요한 단계이기 때문이다. 현재 주인공이 어떤 상황에 놓였는지 질문한다. 스토리코칭은 현재의 '감정적 연결'을 도와준다. 이는 구성원이 방어적 태도를 취하더라도 중립적인 태도로 끝까지 신뢰관계를 형성하는 데 도움이 된다. 코칭에서는 라포를 형성하는 단계에서 코칭 이슈에 대해 논의한다. 자신들의 현 상황에 대한 이해를 바탕으로 목표에 대한 도전을 할 수 있도록 돕는다. 현실점검 단계에서 코칭 이슈를 둘러싼 배경에 대해 깊이 이해할 수 있으며 본인의 강점, 약점, 기회, 위협 등을 정확히 파악하는 데도 도움을 받을 수 있다. 이 과정에서 고객이 소극적인 태도를 보일지라도 코치는 고객을 끝까지 신뢰하고 지지하는 모습을 보여주어야 한다. 무엇보다 상황과 목표를 동시에 자각할 수 있도록 질문해야 한다. 스스로 이슈 주변의 현상들을 통찰하여 목표와 현실 간의 차이를 인식하는 단계로, 사례와 사실들을 수집하여 고객의 감정을 파악해야 한다. 코치는 고객의 경험에 대해 공감하고 긍정적으로 반영하면서 자신이 언급하는 사건들의 관련성을 파악한다. 코칭 주제에 대해 마인드 매핑을 하고, 고객이 말한 내용을 사실과 감정 및 해석으로 구분한다. 그러고 나서 다양한 질문을 통해 고객의 자원을 이끌어낸다.

2 타깃(Target) - 스토리의 주체로서 방향과 목표를 명확히 설정하기

2단계: 목표 설정(Target)

스토리코칭의 두 번째 단계에서는 고객이 원하는 목표(Target)에 중점을 둔다. 이 단계는 공상 그 이상으로 불가능해 보이는 것에 도달하는 것이 가능해진다. 비현실적으로 보이는 것이 설득력을 갖게 된다. 스토리코칭은 함께 이야기하면서 명확해지는 것이다. 혼자 고민해서는 변화·성장하기 어렵다. 개인에게 스토리코칭은 개인이 자신의 이야기를 통해 자아를 발견하고, 자신의 정체성과 가치를 명확히 한다. 명확한 목표에 대해 질문할수록 질문의 가치와 파급효과가 커진다. 고객이 자신의 가치, 신념 및 관점을 발견하는 과정에서 새로운 스토리의 재료를 개발할 수 있다. 상황에 대한 목표를 세우면 더욱 집중하면서 명료화된다. 수많은 '아하 순간(Aha Moment)'에 자신이 진정 누구인지에 대한 새로운 알아차림을 할 수 있다.

2단계의 타깃 질문(Target Question)
- 당신이 이루고 싶은 것은 무엇인가요?
- 그 상황에 대해 원하는 것은 무엇인가요?
- 이러한 변화를 통해 무엇을 달성하고 싶나요?
- 오늘 코칭 대화에서 어떻게 되기를 바라세요?
- 오늘 목표를 고객의 언어로 표현해주신다면?
- 목표에 잘 도달했다는 것을 어떻게 알 수 있을까요?

스토리코칭 모델에서 목표 설정은 가장 중요한 단계다. 스토리코칭에서 타깃(Target)은 현실적이며 도전적이어야 하고, 고객의 영향력 안에 존재해야 한다. 고객이 자신의 목표를 명확히 하고, 이를 달성하기 위한 구체적인 계획을 수립하는 데 도움이 된다. 스토리를 통해 개인은 자신의 경험을 반영하고, 자신의 미래가치를 명확히 할 수 있다. 고객이 자기 스토리의 저자로서 목표를 명확히 설정하면 자기인식을 증진하면서, 개인적 성장과 변화를 촉진하게 된다. 스토리 중심 코칭(Story Based Coaching)은 개인의 경험, 가치, 신념을 중심으로 내면의 목소리를 듣고 자신의 이야기에 초점을 맞춘다. 자신의 목표를 이해하고, 자발적으로 목표를 명확히 할 수 있도록 도와준다. 이 과정에서 고객은 코칭에 대해 긍정적인 기대를 갖게 되고, 코치와 고객은 상호 간 신뢰관계를 형성할 수 있다. 예를 들어, "직원들이 주도적으로 일했으면 좋겠어요"라는 바람이 있다면, 고객 본인이 주체가 아닌 목표를 자신의 영향력 안의 목표로 바꿀 수 있도록 도와줘야 한다. 따라서 "직원들이 주도적으로 일할 수 있도록 환경을 조성하고 싶습니다" 등으로 재구성하면 좋다. 이는 '고객이 할 수 있는 것'과 '고객이 할 수 없는 것'을 구분하면서 코칭 이슈에 대해 코칭의 방향과 목표를 명확히 하는 과정이다. 코칭을 통해 얻고자 하는 것을 구체적으로 합의함으로써 고객 스스로 자신의 이야기에 적극성을 띠며, 긍정적 기대를 품게 한다. 스토리코칭에서는 목표를 확인하고, 기대 성과를 명확히 하고, 코칭 성과를 점검할 수 있도록 해야 한다. 변화의 목표는 혼자 정하는 것이 아니라 함께 정해야 한다. 코치는 고객과 함께 만든 코칭의 목표에 진심으로 공감해야 한다.

3   대안(Option) – 목표 달성을 위한 여러 가지 대안 탐색하기

3단계: 대안 탐색(Option)

스토리코칭은 고객이 문제를 다른 각도에서 바라보고 여러 가지 대안(Option)을 탐색할 기회를 제공한다. 매일 우리가 직면하는 대부분 문제는 단 하나의 답만 갖고 있는 것은 아니다. 대안 탐색 단계는 목표를 달성하기 위한 여러 경로를 찾아내는 과정이다. 제한 없이 고객에게 가능한 한 많은 아이디어를 내놓으라고 격려하고 지원해야 한다. 고객이 더 넓고 다양한 시각으로 문제를 바라볼 수 있게 하며, 브레인스토밍(brainstorming)을 통해 이전보다 창의적이고 독특한 대안을 제시할 수 있도록 격려하고 지원한다. 이런 환경에서 고객은 자신의 잠재력을 최대한 발휘할 수 있게 된다. 고객에게 아이디어가 떠올랐다고 해서 꼭 그렇게 해야 하는 것은 아니라는 점을 상기시켜준다.

3단계의 대안 질문(Option Question)

- 당신에게 어떤 대안이 있나요?

- 스스로 취할 수 있는 행동들을 열거해주세요.

- 지금까지 시도해보지 않은 새로운 방법은 무엇이 있을까요?

- 당신이 마법사라고 생각하면 어떤 방법이 있을까요?

- 이들 대안의 장단점은 무엇일까요?

- 여러 대안 중에 가장 중요한 것은 무엇일까요?

스토리코칭에서 여러 가지 대안(Option)을 탐색하는 단계다. 주의해야 할 것은 코치의 평가가 개입되어서는 안 된다. 고객이 스스로 문제에 대한 인식을 새로이 하고 통찰력이 생겼다면, 이제 구체적으로 어떤 변화된 행동을 함으로써 목표를 실현할 수 있을 것인가에 대한 대화를 나누도록 한다. 브레인스토밍을 하듯 자유로이 제안에 대한 대화를 통해 고객이 합리적이고 현실적인 대안을 발견할 수 있으며, 목표 달성을 위한 더욱 분명한 행동지침을 갖게 된다. 코치는 고객과의 대화를 통해 현실성 있는 대안을 탐색할 수 있도록 도와주며, 대안을 위한 구체적인 계획을 세운 뒤 고객을 지지한다. 말보다 행동으로 이끌어주는 것이 중요하다. 새로운 실행 계획을 세우기 위해 "대안을 하나만 더 생각해본다면?"이라는 질문을 이용하여 다양한 대안을 탐색할 수 있게 돕는다.

4 재구성(Reframing) - 새롭게 재인식하고 실행계획 다시 잡기

4단계: 관점 재구성(Reframing)

    스토리코칭은 기존 사고방식의 틀에서 벗어나 이전과는 다른 틀에서 통합된 시야로 재구성(Reframing)하는 과정이다. 아무리 많은 계획이 수립되어도 고객의 관점 변화가 없다면 재인식하기 어렵다. 같은 내용이라도 어떻게 의미를 부여하느냐에 따라 고객의 욕구를 강력하게 반영할 수 있다. 스토리코칭은 고객이 자신의 이야기를 재해석하고, 미래에 대한 새로운 가능성을 깨닫게 한다. 이는 목표 달성과 개인적 변화를 위한 강력한 동기 부여가 된다. 코칭 세션이 아무리 훌륭하거나 혁신적이라 할지라도 고객을 위해 세션에서 생성된 발견과 새로운 인식 단계 측면에서 사고확장을 통해 무의식까지 재인식해본다.

4단계의 재구성 질문(Reframing Question)

- 내가 아닌 다른 사람의 관점에서 질문해보면 어떨까요?
- 10년 후 내 모습은 어떠할까요? 그 모습을 이루었다고 생각하면 어떤 조언을 할 수 있을까요?
- 어떻게 하면 이 방법보다 생산적으로 활용할 수 있을까요?
- 목표 달성을 하는 데 장애물은 무엇인가요?
- 부정적인 걸림돌에서 긍정적인 점은 무엇인가요?
- 현재 상황을 문제로 보지 않고 도전과 기회로 본다면 어떻게 될까요?

스토리코칭을 할 때는 새롭게 재인식하는 것이 중요하다. 재구성은 생각, 감정, 행동에 대한 맥락이나 초점을 제공한다. '나(I)' 중심 질문에서 '우리(We)' 중심 질문으로 재구성하는 것이 좋다. 예를 들어, 만일 중요한 약속이 있는데 교통 체증 때문에 늦을 것 같다면 스스로 어떤 질문을 할 것인가? 부정적인 어려움에 집중하기보다는 반대로 어떻게 생산적으로 대처할 것인가로 관점을 전환할 수 있다. 스토리코칭에서는 '그럼에도'라는 접속사를 활용하면 좋다. 낙관주의(Optimism)는 현재보다 미래가 좋아질 것이라는 태도의 관점이라면, 긍정주의(Positivity)는 목표에 도달할 수 있다는 사고방식을 의미한다. 낙관주의가 "현재 상황에 관계 없이 미래에 원하는 일이 일어날 것"이라는 긍정적 기대감을 갖게 한다면, 긍정주의는 "목표를 이루고자 모든 좋은 점에 초점을 맞추는 것"으로 행동하게 만든다.

　　일반적인 상식과 달리 '스톡데일의 패러독스(Stockdale Paradox)'처럼 수용소에서 살아남은 자들은 낙관주의자가 아니라 현실주의자였다. 낙관주의자는 '다가오는 성탄절에는 나갈 수 있을 거야' 이렇게 생각하면서 본인과 주변 사람들에게 희망을 불어넣다가 그게 안 되면 다시 '부활절에는 나갈 수 있을 거야' 이런 생각을 되풀이하더니 뜻대로 안 되자 결국은 상심해서 죽더라는 것이다. 반면, 현실주의자는 성탄절 때까지는 나가지 못할 거라고 생각하면서 그에 대비함으로써 결국 살아남을 수 있었다는 것이다. 그렇다고 『긍정의 배신』(바버라 에런라이크) 같은 책을 읽고 '긍정적 사고는 어떻게 우리의 발등을 찍는가?'만 생각해서는 안 된다. 코칭에서 말하는 '긍정주의'란 무조건 좋게 생각하는 것이 아니라, 스스로 있는 모습 그대로 바라볼 수 있는 태도다. 재구성은 자기효

능감(self-efficacy)이 있을 때 가능하다. 새롭게 주변환경과 자신을 재인식할 때 할 수 있겠다는 자신감을 갖게 된다. 구체적으로 코치는 목표, 행동, 책임 방법을 설계할 때 고객의 자율성을 인정하고 지원한다. 고객 성찰(reflection)을 통해 자신의 내면으로 돌아가 겸손하게 그동안의 성취와 학습을 되돌아본다.

5 갈망(Yearn) – 스스로 마무리 짓도록 실천의지 갈망하기

5단계: 실천의지 갈망(Yearn)

스토리코칭은 외적 환경에서 주인공이 문제해결을 위해 내적으로 변화하는 과정이다. 코칭에서 가장 중요한 것은 고객이 어떤 문제를 해결하려는 과정이 아니라 스스로 내적으로 깨닫는 과정이다. 코칭은 단지 인지 과정을 넘어서 행동과 습관을 바꾸는 것이다. 옛날 상(商)나라를 세운 탕(湯)왕은 자신의 세숫대야에 "구일신, 일일신, 우일신(苟日新, 日日新, 又日新)"이라는 아홉 글자를 새기고, 자신의 몸에 묻은 때를 씻듯 매일 정신을 씻고 가다듬어 제도를 새롭게 혁신해가겠다는 의지를 다졌다고 한다. 그토록 갈망하는 의지는 의지력(willpower)에 달려 있다. 지금 여기서, 내가 원하는 그곳으로 향하게 만들어주는 힘, 갈망을 현실로 바꾸는 방법은 경로력(waypower)을 통해 구체화할 수 있다. 카네기멜론대학 인지과학센터장 마르셀 저스트는 "사람들에게 평범한 서사 하나를 읽게 해도 뇌 활동을 영상으로 관찰해보면 인물의 의도와 동기 같은 것들을 헤아리고 있음"을 이야기한다. 스토리는 코칭 관계를 강화하고 실천의지를 더욱 효과적으로 촉진시킨다. 스토리코칭은 자신의 서사와 관련된 깊은 이해를 바탕으로 지속가능한 변화를 추구하도록 돕는다. 또한 개인의 독특한 경험과 필요에 맞춰 맞춤형으로 접근할 수 있는 유연성을 제공한다.

5단계의 갈망 질문(Yearn Question)

- 스스로 자신에게 북돋고 싶은 것은 무엇인가요?
- 계획을 실행하는 데 듣고 싶은 격려의 말은 무엇인가요?
- 실행이 잘 마무리되었다면 자신에게 어떤 말을 해주고 싶은가요?
- 누군가에게 도움을 받으면 실행에 옮길 수 있을까요?
- 일에 실패했을 때 누구에게 어떤 격려를 받았을 때 좋았나요?
- 이번 코칭을 통해 정리된 것은 무엇인가요?

고객이 스스로 세운 대안 중 우선순위를 정하게 하고 그것을 실행하게 하는 단계다. 리더십 코칭에서 가장 중요한 단계로서 조직 구성원의 행동을 요구한다. 모든 과정이 그렇듯 저절로 시행되는 것은 없다. 대안 탐색을 통해 많은 계획이 수립되어도 조직 구성원의 행동 변화가 없다면, 목표와 현실의 차이는 계속될 것이다. 따라서 리더는 계획의 실행을 위해 계속해서 조직 구성원의 경험적 학습을 촉진해야 한다. 대부분 사람은 적절한 경험을 갖고 있고, 이를 통해 배울 마음이 열려 있는 경우에만 배우고 성장하고 변화할 수 있다. 리더십 코치로서 항상 구성원들이 과거 행동을 반성하여 무엇이 잘되었고 무엇이 그렇지 않았는지 스스로 성찰할 수 있도록 도와야 한다. 리더는 구성원과의 건설적인 피드백을 통해 행동의 실행과정 및 결과 그리고 개선점을 확인한다. 변화된 행동으로 인해 발생할 새로운 장애물의 등장도 항상 염두에 두면서 코칭

스토리코칭

전체 과정을 구성원 스스로 마무리 짓도록 지지한다. 고객이 코치에게 의존하지 않도록 공식적인 코칭을 종료한다.

스토리코칭의 5단계 절차를 STORY로 구성해서 요약하면 다음과 같다.

① 상황 인식(Situation): 상황에 대한 객관적인 정보를 수집하고 분석한다.
② 목표 설정(Target): 구체적이고 측정 가능한 목표를 설정한다.
③ 대안 탐색(Option): 목표 달성을 위한 다양한 방법과 전략을 탐색한다.
④ 관점 재구성(Reframing): 메타포, 은유, 시각화 등을 통해 새로운 시각에서 재구성한다.
⑤ 실천의지 갈망(Yearn): 새로운 행동 계획을 실행에 옮긴다.

04
스토리코칭의 도구는
어떻게 활용해야 하는가?

스토리텔링은 아이디어를 세상에 알리는 가장 강력한 방법이다.

- 로버트 맥키

  스토리코칭의 도구는 어떻게 활용해야 하는가? 호모 루덴스 (Homo Ludens), 즉 '놀이하는 인간'의 의미를 스토리코칭에서 실질적으로 체험할 수 있다. 스토리코칭은 세계적인 연극치료의 대가 뉴욕대학교 로버트 랜디(Robert J. Landy) 박사의 역할 이론을 근거로 하여 한국 정서에 맞는 56가지 역할을 엄선했는데, '이미지', '역할', '질문' 등으로 구성되어 있다. 이야기는 현실의 일상적인 은유일 뿐 아니라, 자기 삶을 향상시키는 방법을 제공해준다. 자신의 역할을 채택하고(role taking), 역할을 수행하며(role playing), 역할을 창조(role creating)한다. 이야기의 보편성(배경, 인물, 사건)에서 특수성(무대, 역할, 질문)으로, 내 인생의 목적어(object)는 무엇인가? 고정된 과거를 수용하고 현재에서 변화시키면, 새로운 미래를 발견할 수 있다. 사이코드라마는 역할놀이(role-playing)라는 매우 강력한 무기를 가지고 있다. 이는 기존의 대화 위주 치료법과 차별화되는 사이코드라마만의 요소다. 주인공이 극에 자연스레 몰입하면, 비록 실제 인물이 아닐지라도 극중에서 만나는 인물에게 주인공은 자신의 내적 세계를 투사(projection)한다. 이는 자신의 내면을 투사하는 전이(transference)보다 훨씬 강력하며 더욱 구체적이다. 행위(action)를 통해 인지하고 통찰하는 작업은 '몰입의 놀이'라고 부를 수 있다. 사이코드라마는 정지된 애도가 다시 시작되는 놀람(surprise)의 순간을 넉넉히 포용할 수 있다. 자신의 스토리를 세상 밖으로 내보내야 한다.

1 한마디로 무엇인가? 로그라인(log line) 찾기

"당신이 쓰려고 하는 시나리오를 한 문장으로 말한다면?"

시나리오 작가가 할리우드 영화제작자 앞에서 피칭을 한다고 상상해보자. 인간은 누구나 스토리를 갈망한다. 스토리를 듣고 보고 말하고 다시 이야기하기를 좋아한다. 욕망과 두려움을 스토리로 드러낸다. 스토리는 삶에 활력을 불어넣고 의미를 부여한다. 사실을 기반으로 한 이야기든 꾸며낸 이야기든 좋은 스토리는 사람의 마음을 움직인다. 첫인상을 잘 남길 기회는 단 한 번뿐이다. 사람의 집중력이 지속되는 시간은 평균 8초라고 한다. 8초 안에 고객의 시선을 사로잡으려면 어떻게 해야 할 것인가? '후킹(hooking)'이란 독자나 청중의 주의를 즉시 사로잡는 기법이다. 충격적인 사건, 재미있는 대화, 흥미로운 진술 등으로 시작하여 호기심을 자극한다. 이를 통해 스토리에 대한 관심과 몰입도를 높일 수 있다. 궁금증을 유발하는 후킹은 마법처럼 많이 쓰인다. 후크는 간단명료해야 한다. 후크는 스토리가 아니라 스토리에 구미가 당기도록 만드는 일종의 맛보기 장치다. 후크를 스토리로 전환하려면 로그라인(log line)부터 만들어야 한다.

(1) 한 문장으로 말하기

'로그라인(log line)'이란 시나리오를 한 문장으로 요약하는 것을 말한다. 로그라인은 30초에서 3분 사이에 말해야 한다. 할리우드에서는 영화제작자나 프로듀서, 배우들에게 플롯을 한 문장으로 요약해 이야기하는 것이 일반적이다. '브리핑(briefing)'은 스토리 애널리스트가 시나리오를 보고 시장성이 있는지 없는지에 관한 자기 생각을 간략하게 요약하는 것을 말한다. '스토리라인(story line)'이란 사전적 의미로는 소설, 희곡 등에서 연속적으로 일어난 사건의 집합을 말한다. 줄거리, 틀, 글감 등을 뜻하며 이야기의 구성을 어떻게 할지 대략 얼개를 정리한 것이다. 시나리오 작가는 드라마를 종이 위에 펼치기 전에 드라마가 거대한 영화 속 스크린 위에서 어떻게 작동하는가를 먼저 이해해야 한다. 엘리베이터를 타고 올라가는 시간만큼 60초 이내에 중요한 이야기를 요약하여 설명하는 것을 '엘리베이터 피치(elevator pitch)'라고 한다.

인생은 하나의 무대다. 살아있는 동안 무대에 들락날락하면서 여러 역을 맡게 된다. 지금 당신은 어떤 역을 맡고 있는가? 윌리엄 셰익스피어는 "온 세상이 무대(All the world's a stage)"라며 세상과 무대를 연결했다.

(2) '나인 것'과 '내가 아닌 것'

역할의 가장 두드러진 특징은 바로 양면성이다. "사느냐 죽느냐 그것이 문제로다"라는 『햄릿』의 대사처럼 현실과 이상, 일상의 삶과 상상의 삶, 내면과 외부, 픽션과 논픽션, 현재와 과거, 평범한 것과 경이로운 것, 배우와 역할, '나'와 '나 아닌 것' 등이 극적으로 구현된다. 내가 나답게 되는 역할은 무엇인가? 내가 아닌 역할은 무엇인가? 뉴욕대학교 로버트 랜디 교수는 역할 중에 '나인 것'과 '내가 아닌 것'을 구분하라고 한다. 오늘 저자가 질문스토리카드로 뽑은 것은 '조각가' 카드다. 이 카드는 가족과 함께한 유럽여행 때 이탈리아에서 영감을 얻었다. 미켈란젤로는 말한다. "나는 대리석 안에서 천사를 보았고 그를 자유롭게 할 때까지 돌을 깎아냈다." 오늘 서울교대에서 8시간 워크숍이 있었다. 아침 일찍 일어나 오시는 분들에게 어떤 선물을 드릴까 생각한다. 교육은 잔치가 되어야 한다고 생각한다. '교육'이라는 잔치를 통해 손님은 '깨달음'이라는 풍성한 선물을 받게 된다. 사람은 누구나 본성을 가지고 이 땅에 태어난 이유가 있다. 참된 모습을 드러내는 방법은 불필요한 것을 제거하는 것이다. 당신이 발견한 자신의 본성은 무엇인가?

"이야기가 원하는 것을 말하라(Say what the story demands)"는 시나리오 작가들이 벽에 붙여놓은 표어로 알려져 있다. 당신은 당신의 영혼으로 관객과 교감해야 하고 관객과 하나 되어야 한다. 관객과 여행을 떠날 때 당신은 그들을 어디로 데려가고 싶은지, 어떻게 데려가야 하는지 어떤 지점을 결정해야 하고, 그다음에 실제로 그들을 데려가야 한다. 당신의 영혼을 가장 단순하고 이해하기 쉬운 방식으로 드러내라. 왜냐하면 영혼의 순수함만이 시나리오를 쓰기 위해 당신이 선택한 그 순간을 다른 어떤 순간보다 아름답고 독특한, 당신만의 것으로 만들 수 있기 때문이다.

스토리라인 탐색을 위한 10가지 질문

① 인생이 하나의 무대라면 당신의 무대는 어디인가?

② 인생의 무대에서 맡은 당신의 역할은 무엇인가?

③ 인생은 한 편의 연극이다. 당신의 연극 제목은 무엇인가?

④ 당신에게 인생의 목적어는 무엇인가?

⑤ 요즘 당신의 역할에서 중요한 것 여섯 가지는?

⑥ 당신의 목표 안에서 연습이 필요한 역할은 무엇인가?

⑦ 죽기 전에 맡고 싶은 배역은 무엇인가?

⑧ 5년 후 당신의 역할은 무엇인가?

⑨ 요즘 당신의 역할모델은 누구인가?

⑩ 지금 당신에게 가장 중요한 역할은 무엇인가?

2   내가 닮고 싶은 역할 채택(role taking)하기

세상은 옳은 말과 옳은 말의 싸움이다.

누구나 각자만의 옳음을 가지고 이야기하는 것이다.

어젠다 세팅(agenda setting)은 자신이 하지 말고 상대방이 하도록
하라.

상대의 말을 부정하지 말고 감정이입을 하라. 마음을 열고, 들으려는
자세를 갖춰야 한다.

- 박웅현

스토리코칭은 인생의 무대에서 당신이 어떤 역할(role)을 맡고 있는지 질문으로 깨닫게 도와주는 여정이다. 아이가 엄마와 자신을 분리된 개별적 존재로 인식하고 자신을 대상화하여 객관화할 때 비로소 뚜렷이 나타나기 시작한다. 역할 채택(role taking)은 역할모델의 특질을 내면화하는 극적 과정을 가리킨다. 역할 채택 과정에는 동일시, 투사, 전이의 세 가지 양상이 있다. 동일시(identification)는 끊임없이 '나는 누구인가?'를 묻는 과정으로 자기가 동일시하는 역할모델을 근거로 답을 찾게 된다. 투사(projection)는 동일시와 상반되는 개념으로 다른 사람이 자기가 느끼는 것처럼 느낀다고 상상하는 정신적 과정을 말한다. 전이(transference)는 무의식적인 충동이나 관념을 실제 대상과는 완전히 다른 대체물에게 방출하는 현상을 말한다. 나만의 역할바퀴(role wheel)를 만들어 역할바퀴에서 발견된 역할을 살펴본다. 스토리 구성의 3요소를 알면 스토리코칭에 쉽게 접근할 수 있다.

스토리 구성의 3요소
① 배경(보편성) - 무대(특수성)
② 인물(캐릭터) - 역할(페르소나)
③ 사건(주변인) - 질문(주체성 자각)

인생의 무대에서 어떤 역을 맡고 있는지 페르소나(persona)를 깨닫게 만드는 역할을 '나인 것'과 '나 아닌 것'으로 나누어 찾아보자. 예를 들어 어떤 사람이 '나인 것'을 '꿈꾸는 사람(Dreamer)' 카드를 선택하고, '나 아닌 것'을 '구두쇠(Miser)' 카드를 선택했다고 하자. 스스로 구두쇠 역할은 부정적이지만, 그 역할에서 '빈 수레'와 '넘치는 수레'를 이야기하고 단순히 채우려 하지 말고 '누구와 수레를 밀 것인가?'라고 질문한다. 질문스토리카드 앞면에는 사진 이미지가 배경을 보여준다. 구두쇠 카드는 말라가는 사막에 앙상한 나무를 나타내고 '구두쇠(Miser)' 역할을 어떻게 해석하느냐에 따라 달라진다. 살아간다는 것은 닻을 내리는 것과 같다. 제대로 정박한 것 같지만 더욱더 흔들리기 쉽다. 어디에 닻을 내리고 있는가? 빈 수레가 요란하다. 하지만 넘치는 수레는 더욱더 위험하다. 수레 채울 욕심에 사람이 떠나간다. 채우려 하지 말고 누구와 수레를 밀 것인가?

(1) '말하는 것'과 '말하지 않는 것'

코칭에서 '듣기'는 고객을 이해할 수 있는 가장 중요한 수단이다. '적극적인 경청(active listening)'은 칼 로저스(C. Rogers)가 제안한 것으로, 커뮤니케이션 활동을 수행하는 데 있어 적극적인 청취 태도에 대한 사고방식을 뜻하며 '공감적 경청'이라고도 한다. 잘 들어주기만 해도 고객의 문제가 해결될 수 있다. '적극적인 경청'이야말로 코치가 고객에게 줄 수 있는 최고의 선물이다. 고객의 맥락에서 전달하는 것을 충분히 이해하고 고객의 자기표현을 돕기 위해 그 사람이 '말하는 것'과 '말하지 않는 것'에 초점을 맞춘다. 적극적인 경청은 고객에게 온전히 집중하는 것이다. 고객의 신발을 직접 신어봐야 한다. 그 사람을 이해(understand)하기 위해서는 그 사람 아래(under)에 서야(stand) 한다.

적극적으로 경청한다는 것은 고객을 이해하기 위해 정체성을 고려하는 것이다. 말은 정체성에서 나오는 것이다. 따라서 그 사람이 '자기 자신을 어떤 존재로 인식하고 있는가?'가 중요하다. 코치

스토리코칭

앞장: 이미지를 보고 해석하는 과정
앞장: 이미지를 보고 해석하는 과정 뒷장: 맥락적 질문에 답한다.

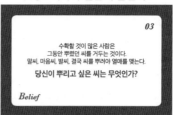

〈그림 2-5〉 스토리의 구성

가 고객이 하는 말을 주의 깊게 경청하면 고객이 자기 자신에 대해 가지고 있는 정체성을 알게 된다. 코치가 경청할 때 고객이 자신을 어떻게 인식하는지 보면 그 사람을 알 수 있다.

코치가 고객의 말을 들으면서 주목하고 알아차리고 탐색해야 하는 것은 고객의 감정이다. 적극적 경청의 태도에는 상대가 무엇을 느끼고 있는가를 상대의 입장에서 받아들이는 공감적 이해가 중요하고, 자신이 갖고 있는 고정관념을 버리고 상대의 태도를 받아들이는 수용의 정신, 자신의 감정을 솔직하게 전하고 상대를 속이지 않는 성실한 태도가 필수다. 적극적인 경청을 위해 비판적·충고적인 태도를 버리고, 상대가 말하고 있는 의미 전체를 이해하고, 단어 이외의 표현에도 신경을 쓰며, 상대가 말하고 있는 것을 피드백해보고, 감정을 흥분시키지 않는 것 등이 중요하다. 적극적 경청은 커뮤니케이션을 위한 기본 태도이므로 관리·감독자나 튜터, 퍼

〈표 2-3〉 외적 반응 스킬

외적 반응 스킬	개념	효과
아이콘택트 하기 (Eye Contact)	고객의 눈을 바라보면서 대화하는 것을 말한다.	눈 맞추기: 눈 맞추기는 고객과 코치가 눈을 맞춤으로써 연결되었다는 느낌을 줄 수 있다.
미러링하기 (Mirroring)	고객의 말과 행동 같은 태도 및 동작에 맞추어 반응하여 비춰주는 기술을 말한다.	끄덕끄덕: 고객의 말과 행동에 반응하여 동조한다는 느낌을 줄 수 있다.
페이싱하기 (Pacing)	고객의 호흡, 음조, 목소리 등에 맞추어 반응함으로써 자신이 리듬에 맞춰서 함께 있다는 느낌을 준다.	고객의 호흡, 음조 등에 맞춰줌으로써 무의식적으로 하나가 되었다고 느낄 수 있다.
백트래킹 하기 (Back Tracking)	고객의 말을 요약하고 반복하면서 반응하여 촉진하도록 말한다.	고객의 말을 요약하여 확인할 수 있다.

실리테이터 등을 대상으로 대인관계 기술이나 코칭 기술을 향상하기 위한 교육에 채택되고 있다.

　코치는 고객의 말을 들으면서 무슨 질문을 해야 할지 생각하지 말아야 한다. 코칭 대화에서 듣기와 경청은 비슷해 보이지만 큰 차이가 있다. 듣기는 일반적으로 공유되는 정보를 수동적으로 수신하는 것을 뜻한다. 우리는 물리적으로 그 자리에 있고 상대방의 이야기를 듣고 있지만, 정신은 다른 곳에 가 있거나 말하는 내용에 완전히 몰입하지 않는 경우도 있다. 그냥 듣기만 할 때는 상대방의 말을 적극적으로 이해하거나 공감하려고 노력하지 않는 경우가 많다. 대화에 완전히 집중하지 않기 때문에 중요한 세부 사항이나 뉘앙스를 놓치는 경우도 많다. 반면에 경청은 대화하고 있는 상대방과 완전히 소통하고 상대방이 하는 말의 내용을 이해하기 위해 의

〈표 2-4〉 내적 반응 스킬

내적 반응 스킬	개념	효과
명료화하기 (Clarification)	고객의 모호한 진술, 혼동되는 내용, 부정확한 사실 등을 분명히 말해달라고 요청하는 것을 말한다.	- 고객이 좀 더 자세하게 이야기하게 된다. - 모호한 이야기를 명료하게 할 수 있다.
반영하기 (Reflection)	고객의 말과 행동에서 표현된 기본적인 감정, 생각 및 태도를 코치가 다른 참신한 말로 부연해주는 것으로, '코치'라는 거울에 비추어 되돌려주는 기술을 말한다.	- 고객의 감정을 강력하게 경험할 수 있게 한다. - 자신이 느끼고 있는 감정을 더 잘 자각하게 한다.
바꾸어 말하기 (Paraphrasing)	어떤 상황, 사건, 사람, 생각을 기술하는 고객의 진술 중에서 내용 부분을 코치가 동일한 의미의 말로 바꾸어줌으로써 자신이 한 말의 내용에 주의를 환기시킨다.	- 고객이 자신이 한 말에 초점을 맞출 수 있게 한다. - 말을 바꿔서 객관적으로 강조할 수 있다.
요약하기 (Summarizing)	고객의 언어적 표현 중 여러 요소들을 서로 묶어 공통적인 것을 밝혀내고 두서없는 이야기를 정리하여 자신의 이야기에 주의를 환기시키고 통찰을 촉진하도록 한다.	- 지나치게 반복되는 말을 막을 수 있다. - 공통된 주제나 패턴을 발견하게 된다.

식적으로 노력하는 것을 뜻한다. 또한 경청할 때는 말하는 단어뿐만 아니라 몸짓이나 목소리 톤 같은 비언어적인 면에도 주의를 기울여야 한다. 적극적 경청은 대화에 온전히 집중하고, 상대방의 이야기가 정확히 이해되지 않을 경우 다시 명확하게 질문하고, 이해했음을 보여주기 위해 때로는 상대의 말을 되짚어보기도 한다. 단순한 듣기가 정보를 수동적으로 받아들이는 방식이라면, 능동적 경청은 상대방과 소통하고 메시지를 이해하기 위해 의도적으로 노

력한다. 이처럼 적극적으로 경청하면 다른 사람들과 더 강한 유대감을 형성하고, 대화의 질이 개선되어 더 깊은 이해와 공감을 할 수 있을 것이다.

(2) 듣기와 경청의 미묘한 차이는 무엇인가?

'듣기'가 귀로 들어오는 소리가 뇌로 이동하기까지의 청각 활동이라면('난 계속 듣고 있었어!'), '경청'은 소리를 통해 수신된 메시지를 해석하는 활동을 말한다('네가 힘들었겠구나!'). 듣기(hearing)의 동기가 그냥 귀에 들려오는 소리를 듣는 생리적 현상이라면, 경청(listening)의 동기는 관심을 갖고 집중하는 의식적 활동이다. 듣기[聽聞]가 들려오는 소리를 무심히 흘려보내는 수동적 행위라면, 경청(傾聽)은 귀를 기울여서 상대의 의도를 알아차리는 능동적 행동이다. 듣기가 자기 중심으로 들리는 것을 확인하는 기술이라면, 경청은 상대방 중심으로 들리지 않는 것을 듣고자 존중하는 태도다. 당신은 듣기를 통해 어떻게 상대방의 진심을 경청할 것인가?

(3) 귀 기울이는 것은 그 사람에게 기대는 것이다

굿리스너(good listener)는 입을 닫고 귀를 연다. 귀가 열린 사람은 자신을 보호할 수 있고 기회를 포착하기 쉽다. 지혜의 상징이 된 올빼미는 어두운 밤 커다란 두 눈으로 사물을 뚫어지게 응시한다. 고대 그리스인은 이 모습을 보고 야행성 동물을 현명한 영물로 생각했다. 사실 올빼미는 커다란 눈보다 귀가 발달한 동물이다. 올빼미는 상하좌우에서 들려오는 소리의 미세한 시차를 감지해 음원의 위치를 정확히 파악한다. 정확하게 파악할 수 있는 것은 한쪽 귀가 다른 쪽 귀보다 높고 귓구멍 방향도 좌우가 서로 다른 비대칭

구조이기 때문이다. 올빼미의 귀는 눈 주위로 움푹 파여 깃털로 덮여있는 안반 뒤에 감춰져 있다. 올빼미는 이 안반을 움직이며 주변의 소리를 모아 뒤에 있는 귀로 전달한다. 눈과 귀가 완벽한 조화를 이뤄 소리를 듣는 능력을 갖춘 셈이다. 우리도 관찰 능력과 경청 능력을 길러야 한다. 단지 자신의 언어로 상대방의 말을 해석하거나 이해하려고 하지 말아야 한다. 상대의 입장에서, 제로베이스(zero-base)에서 이해해야 한다. 그때부터 말과 그 사람의 모습, 그 이면까지 들리기 시작한다. 그가 부족한 부분을 채울 여백도 깨닫게 해줄 수 있다. 안전지대가 아니면 사람들은 결코 속 깊은 이야기를 꺼내지 않는다. 그래서 입체적으로 듣지 않으면 오해와 불신을 가질 수밖에 없다. 굿리스너가 된다는 것은 결국 그 사람을 전적으로 믿고 몸을 기울여 상대방의 말과 몸에 기대는 것이다.

처음 누군가에게 귀 기울이기 위해서는 가장 먼저 그 사람에게 기대야 한다. 기대지 않으면 결코 그 사람과의 거리를 좁힐 수 없다. 그 사람이 하는 말만 들어서는 안 된다. 그 말의 이면을 들으려고 귀를 쫑긋 세워야 한다. 어릴 때는 누군가에게 이야기하는 것을 부끄러워했다. 어쩌면 글을 잘 쓰게 된 것도 듣는 것보다 읽는 것을 잘하기 때문이기도 했다. 코칭에서 경청의 중요성을 귀가 닳도록 들어왔다. 청력을 검사받으면서 여러 생각이 지나간다. 내 이야기를 들어주었던 많은 사람들에게 감사의 마음이 들었다. 그런 의미에서 귀를 기울이고 듣는다는 것이 얼마나 중요한지 새삼 깨닫는 성찰의 시간이 된다. 귀가 잘 안 들리면 코치로서 결격사유일지도 모른다. 주변에 말만 하는 사람보다 상대방의 의견에 귀 기울이고 경청하는 굿리스너가 많아졌으면 좋겠다. 과제지향에서 관계지향으로 먼저 관계가 형성되어야 과제를 해결할 수 있다. 스토리코칭은 상호 간의 학습을 통해 이야기를 만들어가며 결과에 책임을 진다.

3 내가 직접 역할 수행(role playing)하기

스토리 안에 질문이 숨어 있다. 스토리 구조에는 배경, 사건, 인물, 시점 등이 있다. 이야기의 보편성에서 벗어나 특수성을 갖기 위해 좀 더 조명할 필요가 있다. 배경→무대, 인물→역할, 사건→질문. 질문을 통해 새로운 역할을 깨닫게 된다. 단순한 질문이 아닌 맥락적 질문을 배운다. 질문스토리카드로 여덟 가지를 선택하라고 하고, 그 여덟 가지 중에서 동일한 것이 많이 나온 것을 설명해준다.

몇 해 전 홍대 어느 카페에서 정리 컨설턴트를 만났다. 그때 한창 인생이 헝클어진 시기였다. 마치 마음집이 없는 사람처럼 정처없이 돌아다니고 있었다. 이런저런 이야기를 하다가 그 정리 컨설턴트가 툭 던진 말이 꽂혔다.

〈표 2-5〉 서양적 질문 vs. 동양적 질문

질문의 종류	서양적 관점에서의 질문	동양적 관점에서의 질문
알고 싶은 것	Ask: 원뜻은 '요청하다'. 요청하는 질문	질문(質問)은 '알고자 묻다'라는 뜻
의심하는 것	Question: 질문을 거듭하다. 의심하는 질문	의문(疑問)은 '의심스럽게 생각하다'라는 뜻
찾고 싶은 것	Inquiry: 파고드는 질문. 특정인에게 하는 질문	탐문(探問)은 '찾아가 묻다'라는 뜻

"바닥이 보여야 정리할 수 있어요."

'아! 그동안 정리하지 못한 것은 바닥을 보지 않았기 때문이구나.'

정리 컨설턴트가 이야기했던 말이 떠오른다. 소중한 공간을 위해 설렘을 주지 않는 물건을 버려라. 바닥이 보여야 정리할 수 있다. 바닥이 드러나야 헝클어진 삶이 비로소 명료해진다. 지금 버려서 바닥을 드러나게 할 것은 무엇인가?

가장 중요한 것은 질문을 멈추지 않는 것이다. 호기심은 그 자체만으로도 존재 이유를 갖고 있다. 영원성, 생명, 그리고 현실의 놀라운 구조에 대해 숙고하는 사람은 경외감을 느낄 수밖에 없다. 매일 이러한 비밀의 실타래를 한 가닥씩 푸는 것만으로도 충분하다. 신성한 호기심을 절대로 잃지 말라.

- 알베르트 아인슈타인(Albert Einstein)

질문은 열쇠와 같다. 인생을 살아가면서 우리는 많은 문을 만난다. 그런 문 뒤에는 기회와 경험 그리고 새로운 인연으로 이어주는 온갖 가능성이 숨어 있다. 그러나 가능성의 세계로 들어가려면 반드시 문을 열어야 한다. 그 문을 열 수 있는 열쇠가 바로 질문이다.

Question은 라틴어 '찾다(Quaestio)'에서 유래했다. 약어 'Qo'로 쓰던 것을 '?(Question Mark, 물음표)'로 기호화해 질문의 의미로 활용한다. 그래서 질문은 곧 시작이며 출발이다.

- 『하버드 마지막 강의』의 저자 라이언 학장

결국 역할이 스토리의 향방을 잡고 있고, 역할을 이해하면 숨

지금 당신은 어떤 역할을 맡고 있는가?

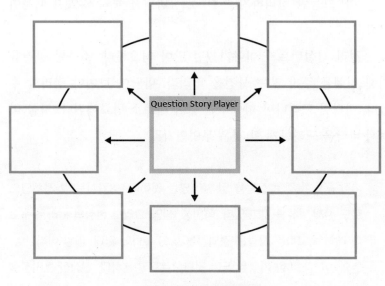

Question Story Player

〈그림 2-6〉 역할바퀴 만들기

어 있는 질문의 관점을 볼 수 있다. 따라서 역할에 대해 단순하게 생각하지 말고 다중적 역할에 대해 깨어나야 한다.

하나의 질문이 세상을 변화시킨다. 지금 당신은 어떤 역할을 맡고 있는가? 나만의 역할바퀴를 만들어보자.

역할바퀴(Role Wheel)는 여덟 가지 다중모델 접근법에서 역할의 구조를 이해할 때 활용할 수 있다. 신념(Belief), 정서(Affection), 사회(Social), 상상(Imagination), 인지(Cognition), 신체(Physical), 가족(Family), 미적(Esthetic)이라는 여덟 가지 요소의 머리글자를 따서 BASIC PFE로 통칭된다.

역할바퀴는 크게 여덟 가지 요소로 나뉜다.

스토리코칭

역할바퀴

〈그림 2-7〉 역할바퀴 모델

① 신념(Belief)

② 정서(Affection)

③ 사회(Social)

④ 상상(Imagination)

⑤ 인지(Cognition)

⑥ 신체(Physical)

⑦ 가족(Family)

⑧ 미적(Esthetic)

코치는 완전히 깨어 있는 상태로 고객에게 집중하면서 관찰해야 한다. 해결해야 할 이슈나 어젠다(What)보다 내 앞에 있는 고객(Who)에게 집중해야 한다. 마샤 레이놀즈가 이야기했듯이 "코칭은 좋은 질문을 하는 것 이상이다". 그녀는 코치와 리더들이 질문에만 너무 의존하고 있다고 말한다. 많은 코치들이 사람이 아니라 질문을 찾고 기억하는 데만 몰두한다. 안타깝게도 질문하는 것은 탐구하는 것이 아니다. 이는 오히려 코칭을 복잡하게 만들며, 효율적인 코칭을 하지 못하게 만든다. 오히려 코치들을 괴롭혀온 '마법 같은 질문'에 대한 집착에서 벗어나야 한다. 문제가 아니라 사람에게 다가가는 것이 바로 진정한 의미의 코칭이다. 문제가 아니라 사람에게 주목해야 한다. 고객이 표현한 말과 행동을 면밀히 관찰하라.

"나도 그런 적 있어요", "괜찮아요. 그런 것은 중요하지 않아요" 등과 같이 동조나 위로를 표현하는 것이 나중에 악영향을 끼칠수 있다. 고객 입장에서 동조하거나 무조건 위로만 해서는 안 된다. 이때는 동조(sympathy)하지 말고 공감(empathy)해야 한다. 고객 입장에서 충분히 들어주고 감정을 읽어주되, '동조적 관찰자(at-tached observer)'가 아닌 '객관적 관찰자(detached observer)' 역할을 해야 한다.

코칭을 받는 사람을 면밀히 관찰할수록 좀 더 전문적인 조언을 적절하게 제공할 수 있는 능력이 강화된다. 따라서 개인의 행동을 비공식적으로뿐만 아니라 공식적으로 관찰할 필요가 있다. 관찰할 때는 일반적으로 다음과 같은 두 가지 점에서 강점과 약점을 파악하도록 하자. 코칭을 받는 사람의 행동이 동료들에게 어떠한 영향을 미치고 있는가? 코칭 받는 사람의 행동이 자신의 목표를 달성하는 능력에 어떤 영향을 미치는가?

관찰하면 현재 일어나고 있는 현상에 대해 개인적인 견해가

스토리코칭

생기지만, 성급히 판단을 내리지 말아야 한다. 고객의 무의식인 믿음과 가정을 파악하라. 확증편향에 빠지지 말고 중립적인 관찰자가 되어야 한다. 적절하다면 다른 사람들과 상황을 토의하여 그들의 관점을 이해하라. 마지막으로 견해를 반드시 체크하고 다른 사람들과 공유하라.

고객에게 효과적인 일 또는 비효과적인 일은 무엇인가? 최대한 정확히 관찰하라.

고객의 행동이 팀의 목표나 개인적인 목표를 달성하는 데 어떤 영향을 미치는가? 고객이 원하는 결과를 구체화하라. 성급한 판단을 피하고 관찰자로 기록하라. 관찰한 내용을 숙고하라. 누군가를 주의 깊게 관찰한 후 그에게 코칭으로 해결할 수 있는 문제가 있다고 제안할 수도 있다. 코치는 고객에게 이야기하기 전에 자신의 내적 동기를 점검해야 한다. 성과에 문제가 있다고 생각되는 사람에게 코칭을 제안하기 전에 먼저 자신의 행동을 주의 깊게 살펴보라. 코치의 행동이 어떻게 기여할 수 있을지 자문해본다. 마지막으로 통찰과 실행 약속을 분명히 하라.

마셜 골드스미스의 행동주의 코칭(behavioral coaching)은 '행동 변화'를 끌어내기 위한 코칭이다. 리더가 그 자신과 직원, 그리고 팀을 위해 긍정적이며 장기적인 측정 가능한 행동의 변화를 달성하도록 돕고 있다. 행동주의 코칭이 다른 코칭 모델과 다른 점은 과거에 대한 평가인 '피드백(feedback)'보다 미래에 대한 제안인 '피드포워드(feed-forward)'를 강조한다는 것이다. 피드백은 부정적·비판적이기 쉽지만, 피드포워드는 긍정적·미래지향적이다.

대부분 사람들은 "10년 후에 바뀌는 게 뭡니까?"라는 질문을 합니다.
저는 "10년 후에도 바뀌지 않을 게 뭡니까?"라고 질문합니다. 왜냐하
면 시간이 지나도 변하지 않는 것을 중심으로 사업 전략을 짤 수 있기
때문이죠.

- 제프 베조스

나의 스토리 역할을 창조하라

가장 큰 변화는 '자신을 바라보는 관점'을 바꾸는 것이다. 기
록하지 않은 것은 기억되지 않는다. 실제 사건과 내가 경험했던 사
건은 다를 수 있다. 슬픈 감정이나 가족들 간의 관계, 대화, 그리고
자신의 유년 시절에 대한 지식 같은 것들이 결합하여 '지각된 사건
(perceived event)'을 형성하고, 이것은 다시 특정한 순간과 결합
하여 '왜곡된 기억(distorted memory)'으로 둔갑한다. 어른이든
아이든 가상의 이야기를 통하면 평소에 내보이지 못한 응어리진
감정을 드러내기 시작한다. 이것이 스토리가 갖는 강력한 힘이다.
나의 스토리에 맞게 역할(role)을 창조(creationg)한다.

누구에게나 진정한 '가장 오래된 기억'을 정확히 찾아내는 것
은 어려울 수 있다. 하지만 글로 기록해놓으면 실제로 스토리를 통
해 시작할 수 있을 뿐만 아니라 살아가면서 장애물에 부딪쳤을 때
유용하게 활용할 수 있다. 자신의 '오래된 과거'에서부터 '다가올
미래'를 스토리에 담아보는 것이다. 이것이 '내가 바라보던 나'를
바꾸는 과정이다. 이것이 과거에 있었던 자신의 스토리를 성찰하
고, 미래의 스토리를 써야 하는 이유다.

몇 년 전에 전남대학교 여수캠퍼스에서 사흘간 워크숍을 진행했다. 대학교에서 제공한 숙소와 가까운 음식점에 가서 아침을 때우고 있었다. 식당 주인장 말씀이 서울에서 살다가 사람에 치여서 이곳 여수로 오셨다고 했다. 그때 '환상가' 카드의 영감을 얻었다. 빠르게 성장하는 현대사회에서 오히려 우리는 '느린 거북'처럼 성장하기 때문에 변화를 피부로 느끼기 어렵다. '당신은 이미 최고'라는 것을 놓치고 산다. 우리는 누군가의 도움으로 이곳에 있다. 당신은 태어날 때도 부모의 도움으로 세상이 떠나가라고 최초로 울부짖었고, 지금 최선을 다하고 있고, 장차 최고가 될 것이다. 최고가 되어 인터뷰한다고 가정할 때 진심으로 감사할 사람은 누구인가?

역할은 크게 긍정적 역할과 부정적 역할로 나누어져 있다. '나인 것'은 내가 잘 맡았던 역할이고, '나 아닌 것'은 내가 잘 맡지 않았던 역할이다. 예를 들면 영어 교수님에게 본인의 아이를 가르치시지 않는 이유를 물어보니 "내가 가르치면 아버지 역할은 누가 할 것인가?"라고 되물었다. 영어 교수 역할에서 아버지 역할로 역할 창조(role creating)가 된 것이다. '나 아닌 것'을 버려야 '나다운 것'을 만나는 순간이 온다.

메타포는 어떻게 사용하는가?

메타포(metaphor)는 사전적 의미로 은유, 비유, 상징을 뜻한다. 그리스어 'metaphero'에서 나온 'metaphorá(전달하다, transfer)' 등에서 유래했는데, 'meta'는 둘 사이(between), 'phero'는 품다(to bear), 전달하다(to carry)라는 의미를 지니고 있다. 메타포는 전이(轉移)를 뜻하며, 두 사물을 직접적으로 비교하는 비유적 표현이다. 추상적인 개념을 구체적인 이미지로 전달하여 이해를 돕는다. 생동감 있고 인상 깊은 메타포는 스토리에 깊이를 더한다. 머리와 가슴이 연결되지 않은 메타포는 의미 없다. 질문도 머리와 가슴을 연결하는 통로를 확보할 때 빛이 난다. 관계를 회복해야 소통이 좋아진다.

메타포를 쓸 때는 전체적인 목적과 개념을 연결한다. 사람들이 목표를 달성함으로써 현재의 상태에서 미래의 상태로 이동하는 것을 도와주는 과정이 전환 기법이다. 대비를 통한 메타포는 강력하게 얻고 싶은 쪽으로 변화를 이끌 수 있다. 은유는 문자 그대로 사실은 아니지만, 상징적 유사성을 암시하여 아이디어를 설명하거나 비교하는 데 도움이 되는 방식으로 사물, 사람, 상황 또는 행동을 설명하는 비유적 표현이다. 은유는 직유법과 같이 '처럼(like)', '같이(as)' 등을 사용하지 않고 직접적으로 비교를 진술한다. 예를 들면 "내 마음은 호수" 같은 것이다.

사티어(Satir)는 가족치료 과정에서 구성원들이 서로에게 표현하고자 하는 것을 직접적으로 하지 않고 은유를 사용하여 간접적으로 의사소통이 일어나는 기법을 활용했다. 그녀는 가족 구성원들이 은유를 사용하는 것을 파악하여 가족체계의 변화를 증진시키고, 가족 역동의 수단으로 이용했다. 또한 치료자가 내담자에게 은유를 사용함으로써 단순하고 명료한 지시를 하는 것이 아니라 내담자가 자신만의 방식으로 해석하고 받아들일 수 있는 자리를 확보해주었다. 이는 치료자가 사용한 은유를 내담자가 받아들이고 해석하는 데는 어느 정도의 차이가 있음을 활용하는 것이다. 이 기법은 내담자의 자발적인 참여를 자연스럽게 유도하고, 대안을 확장하는 효과가 있다.

상징(symbol)은 특정한 아이디어를 나타내며, 모티프(mo-tif)는 반복적으로 등장하는 요소나 패턴을 의미한다. 상징은 개인적·보편적·외형적일 수 있으며, 다른 것을 대신하거나 수용자의 마음을 자극하여 다른 것을 연상케 하는 것을 가리킨다. 모티프는 상징을 사용하여 특정한 의미를 전달하며, 반복이 모티프의 힘이다. 모티프는 테마를 뒷받침하는 역할을 하며, 테마는 전체적인 의미를 나타낸다. 반복되는 단어, 사물, 색 등으로 특정한 의미나 주제를 암시한다. 또한 스토리에 주제의식과 메시지를 은유적으로 부여하여 독자가 스토리를 깊이 있게 해석하도록 도와준다.

> 예: 갈등에서 협력으로, 상호의존에서 상호발전으로, 버티는 삶에서
> 이끄는 삶으로, (   )에서 (   )으로

김주환 교수는 『내면 소통』에서 자아의 세 가지 개념을 이야기한다. ① 경험 자아: 특정한 경험을 하는 자아다. ② 기억 자아: 일상적인 자아정체성을 말하는데, 개별 자아 또는 에고라고 불린다. ③ 배경 자아: 경험 자아, 기억 자아의 존재를 알아차리는 자아다. '나의 뒤에 있는 나'로 언제나 나와 함께 있다. 예를 들어 내가 음악을 듣고 있다고 생각해보자. 경험 자아는 지금 듣는 음악이 좋다고 느끼는 자아다. 기억 자아는 예전에 내가 이 음악을 누구와 어디에서 들었다는 것을 떠올리는 자아다. 배경 자아는 경험 자아와 기억 자아의 존재를 알아차리는 자아로 인식의 주체이기 때문에 설명하기가 어려우며, 늘 고요하게 존재한다. 경험 자아와 기억 자아는 생각, 감정, 경험, 기억 같은 소음을 만들어낸다. 배경 자아는 호흡을 가다듬고 마음이 흘러가는 것을 지켜볼 때, 즉 명상할

때 알아차릴 수 있다. 이런 자아들이 소통하면 내가 변하게 된다. 나를 바꾼다는 것은 생각보다 큰 의미로 나를 둘러싼 세상을 바꾼다는 뜻이다.

어느 시대보다 고객이 똑똑해졌다. 스토리코칭에서 좋은 이야기로 소통하는 것만으로 충분하지 않다. 코치가 진정성이 부족하면 고객은 더 이상 브랜드를 신뢰하지 못한다. 결과적으로 고객은 자연스럽게 멀어질 것이다. 신뢰는 소통의 윤활유제와 같으며 모든 관계를 유지하는 코치의 기본 원칙이다. 따라서 고객에게 스토리를 전달하는 것 이상의 역할을 해야 한다.

에드거 샤인이 말하는 '겸손한 질문(humble inquiry)'을 하면 좋다. '겸손한 질문'의 태도는 호기심, 진실을 향한 열린 마음, 서로 귀 기울이는 법을 배우고 공유한 맥락에 대해 공감대가 형성되도록 적절히 대응하는 법을 배우면 대화와 관계를 통해 통찰을 이끌어낼 수 있다는 깨달음에서 비롯된다.

리더의 역할은 상대방을 논쟁으로 굴복시키는 것이 아니다. 리더가 먼저 솔선수범으로 존중의 분위기를 만들면 구성원들도 따라 하게 되어 조직문화가 서서히 변하기 시작한다.

스토리텔링이 대중 앞에서 이야기하는 것이라면, 스토리코칭은 초개인화된 커뮤니케이션으로 고객과의 개인적인 연결을 만드는 한 가지 방법이다. 스토리텔링은 군중을 즐겁게 하는 최고의 수단이다. 반면 스토리코칭은 모든 사람을 설득하기보다 단 한 사람에게 집중한다. 텔링이 다소 주의가 산만한 분위기를 만든다면, 코칭은 스스로 집중할 수 있도록 동기를 부여한다.

(1) 스토리코칭은 영화 촬영과 비슷하다

예를 들면 영화를 찍기 전에 시나리오가 완성되고, 배역을 캐스팅하고, 실제 리허설을 한 다음 장소 헌팅을 한다. 실제 촬영에 들어가고 나중에는 촬영일지와 기록을 남긴다. 이처럼 철저하고도 꼼꼼한 준비를 하기 전에는 섣불리 코칭에 들어가서는 안 된다.

(2) 스토리코칭을 할 때는 타인의 이야기보다 자신의 이야기를 먼저 써라

스토리코칭을 하기 전에 먼저 자신의 이야기부터 쓰는 것이 좋다. 내 이야기도 써보지 않은 사람이 다른 사람의 이야기를 코칭하려고 하니 잘 안 되는 것이다. 내 이야기를 썼다면, 타인을 코칭할 때는 처음부터 유료로 하라. 코칭의 질은 가격이 담보한다.

(3) 주변 지인은 스토리코칭을 하지 말라

아직 자기서사가 없거나 숙련도가 낮은 코치들이 자주 하는 실수는 주변 지인부터 코칭하는 경우다. 하지만 주변 지인에게는 잘해도 못해도 문제다. 잘하면 계속 무료로 해달라고 해서 시간을 빼앗기고, 기존 관계 설정 때문에 코칭이 잘 안 될 가능성도 크다. 주변 지인에게 코칭을 못하면 평판이 나빠질 수 있으니 더욱더 좋지 않다. 주변 지인은 숙련도가 높아진 다음에 해도 된다.

(4) 스토리코칭을 할 때 배경부터 꼬치꼬치 묻지 말라

스토리 구성의 3요소는 배경, 인물, 사건이다. 코칭할 때 배경이나 환경을 먼저 꼬치꼬치 물어보면 결국 환경분석으로 들어가서 컨설팅이 되고 만다. 스토리코칭은 인물 중심으로 먼저 그 사람의 감정부터 살펴봐야 한다. 코칭은 안전지대를 확보할수록 잘된다.

(5) 스토리코칭을 할 때 지나치게 완벽한 시나리오를 만들지 말라

　　코칭 섹션 전에 완벽한 시나리오를 준비할수록 인위적인 코칭이 된다. 물론 진단검사나 질문지를 먼저 줄 수 있다. 하지만 코칭에서 과제가 많으면 고객은 과제를 부담스러워해서 다음 섹션에 참가하지 않을 수 있다. 코치가 상황에 맞는 진단과 행동 처방을 내려줄 것이라는 기대감은 오히려 코칭에 도움이 되지 않는다. 상황에 맞는 진단을 하는 것은 컨설턴트이고 처방을 내리는 것은 의사이지 코치의 역할이 아니다. 지나치게 완벽한 시나리오를 만들지 않아도 스토리코칭은 자연스럽게 살아있는 리얼 코칭이 된다.

(6) 스토리코칭을 할 때 명확하게 서로의 역할을 준비하고
　　시작하라

　　스토리코칭을 할 때는 각자 역할을 어떻게 하는 게 좋을지 미리 결정하는 것이 좋다. 제일 좋은 방법은 코칭 계약서를 쓰고 하는 것이다. 계약서를 쓰면 구두로 이야기했던 것이 명시화되어 좋다. 불명확한 역할이 결국 애매모호한 관계로 이어진다.

(7) 스토리코칭에서는 '내담자'라는 말을 쓰지 말라

　　'내담자'라는 말은 상담사들이 쓰는 말이다. 스토리코칭을 받는 사람은 코치이(coachee)다. 스토리코칭에서는 '고객'이라는 말을 쓴다. 그리고 스토리코칭에서 고객은 이미 작가라고 생각하라.

누구나 태어나면서 자기 일과 삶의 주인공이다.

(8) 스토리코칭을 할 때 고객 대상을 한정하지 않으면 좋은 성과를 내기 어렵다

스토리코칭을 하려면 스토리에 대한 이해 수준이 높아야 한다. 고객 대상을 한정하지 않으면 좋은 성과를 내기 어렵다. 아무나 코칭할 수 있다면 좋은 관계가 되기 어렵다. 코치는 대상자보다 실제 나이나 경력과 경험에서 리스펙을 받을 수 있어야 한다. 물론 숙련된 코치는 그것을 뛰어넘을 수 있다. 코칭을 받는 사람과 코칭하는 사람 모두 좋은 관계가 되는 것은 서로 존중하는 관계일 때다.

(9) 스토리코칭에서 가장 중요한 것은 사소한 감정이다

스토리코치는 단지 스토리텔링 기술만으로 할 수 있는 게 아니다. 예를 들어 야구에서도 투수코치가 단지 던지는 기술만 코칭하지는 않는다. 뜨거운 경기 상황에서 구성원의 모든 동작, 미세한 움직임, 상대편이 사용하고 있는 전략까지 꿰고 있어야 한다. 마찬가지로 스토리코칭은 스토리텔링 기술도 필요하고, 코칭 철학과 숙련된 실습도 필요하다.

(10) 스토리코칭은 성과보다 모든 여정을 소중하게 여긴다

스토리코칭을 받는 사람이 수준 높은 행동으로 성과를 내기 위해서는 결과의 가능성을 미리 마음속으로 그려보도록 해야 한다. 코치는 남들이 보지 못하는 사각지대를 볼 수 있는 넓은 안목과 사람의 마음을 꿰뚫어볼 수 있는 통찰력이 있어야 한다. 훌륭한

코치는 방법을 알려주는 것이 아니라 어떤 사람이 될 수 있는지 스스로 깨닫게 해주는 사람이다. 당신은 어떤 코치가 되고 싶은가?

6 　스토리보드 만드는 방법

　스토리보드는 스토리코칭에서 프로세스를 활용할 수 있는 중요한 도구다. 원래 스토리보드는 영화제작자들이 사용해왔지만, 이제는 거의 모든 디자인 프로세스에서 활발히 사용되고 있다. '스토리보드(storyboard)'란 애니메이션이나 영화, 광고 등을 제작할 때 줄거리와 촬영에 필요한 세부 정보를 시각적으로 정리한 것이다. 스토리보드는 1930년대 초 월트디즈니 스튜디오의 애니메이터 웹 스미스(Webb Smith)에 의해 도입된 것으로 알려져 있다. 초기에는 이야기와 주요 액션 및 편집점을 간략히 설명하는 스케치를 하곤 했다. 하지만 점차 전체 스토리를 개관하기 위해 빈 벽면에 수십 개의 스케치를 전시하여 회의하게 되었다. '스토리(story)'와 그림을 게시판에 부착해본다는 '보드(board)'가 합쳐져 스토리보드라는 용어가 생겨났다. 단순히 스토리를 일반 텍스트로 이야기해도 되지만, 고객과 상호작용하는 동안 단순히 텍스트만으로는 충분하지 않다는 것을 깨달았다. 스토리보드는 흔히 '콘티'라고도 불리는 콘티뉴어티(continuity)와 구분되어 사용되었는데, 과거 콘티뉴어티는 이미지가 없는 일종의 '촬영대본'을, 스토리보드는 촬영대본을 기초로 하여 각각의 프레임을 시각 이미지로 나타낸 자료를 의미했다. 하지만 최근에는 콘티뉴어티의 의미가 변화함에 따라 두 단어가 자주 혼용된다. 하지만 아직 현장에서는 용도에 따라 콘티와 스토리보드를 구분하기도 하는데, 간단히 말해 콘티는 촬영용, 스토리보드는 프레젠테이션용 자료를 의미한다. 규격에 따라 콘티와 스토리보드를 구분하기도 하는데, 콘티는 8절이나 A4 용지 정도의 작은 규격의 자료를, 스토리보드는 전지 또는 반절지 정도 크기의 자료를 의미한다.

고객이 직접 스토리보드를 만들 수 있도록 하는 것이 제일 좋은 방법이다. 결국 코치와 고객이 함께 활동한 작업을 스토리로 전달하면 좋다. 이것이 바로 스토리보드가 등장한 이유다. 여러 개의 스토리보드를 만든 후 깨달은 기본 규칙은 스토리보드를 읽는 고객과 관련된 이해관계자의 문제가 무엇인지, 우리가 전달하고자 하는 스토리가 무엇인지에 대해 높은 수준의 이해를 얻을 수 있도록 항상 스토리보드를 만드는 것이 좋다.

스토리보드를 만드는 단계는 다음과 같다.

① 스토리를 만들기 전에 고객과 요구 사항에 대한 초기 논의를 마쳤는지 확인한다.

② 의견을 나누고 나서 관련 사용자에 대한 기본 사용자 페르소나를 만든다. 사용자 페르소나에 대한 많은 정보가 필요한데, 이름, 나이, 그 사람이 하는 일 같은 기본적인 정보가 있어야 한다.

③ 이미 고객과 논의한 문제에 직면한 사용자의 이야기를 상상한다.

④ 사용자 페르소나가 겪게 되는 이야기를 간단한 단계로 나눈다.

⑤ 단계마다 직사각형 상자를 만들고 상자 안에 단계에 대한 기본 설명을 작성하여 일러스트레이션용 아이콘을 사용하여 연재만화처럼 보이게 한다.

⑥ 그런 다음 직사각형 사이에 방향 화살표를 추가한다. 이것으로 사

용자 페르소나 문제 이야기가 끝났다.

⑦ 다시 문제를 제거할 수 있는 높은 수준의 해결책 이야기를 상상한다.

⑧ 앞의 단계를 반복하면서 전체 스토리를 그려서 완성한다.

〈표 2-6〉 영웅의 여정(The Hero's Journey)

Story	The Hero's Journey	이름		특이사항	

일상의 세계(Ordinary World)	모험(Adventure)	소명의 거부(Refusal)

스승과의 만남(Meeting)	관문 통과(Crossing)	시험(Trial)

동굴(Cave)	시련(Ordeal)	보상(Reward)

귀로(Road Back)	부활(Resurrection)	귀환(Return)

스토리코칭 보드(Story)

닫는 말
더 이상 명령하지 말고 스토리코칭을 하라

나는 배웠다. 사람들은 당신이 한 말, 당신이 한 행동은 잊지만 당신이 그들에게 어떻게 느끼게 했는가는 결코 잊지 않는다는 것을.

- 마야 안젤루

"내가 누군지 알아요?"
"어디서 감히 그렇게 이야기하세요?"
"내가 왜 그걸 해요?"

요즘에는 다들 자신의 주장이 강해졌다. 남녀와 세대 차이도 심해졌고, 양극화는 광적으로 심해지고 있으며, 중간지대가 사라지고 있다. 다들 "스토리로 설득하라"고 주장하지만, 실제로 스토리를 잘 만드는 사람들은 드물다. 특히 리더일수록 자신이 이끄는 팔로우들과 의사소통을 잘하는 최상의 방법은 스토리를 활용해야 한다. 이제 단순히 메시지를 전달하고 빠지는 시대는 지났다. 스토리코칭은 개인에게 신뢰를 형성하고, 목적을 명확하게 하고, 행동을 촉구하고, 가치관과 비전을 전달하고, 지식을 공유하는 데 있어서

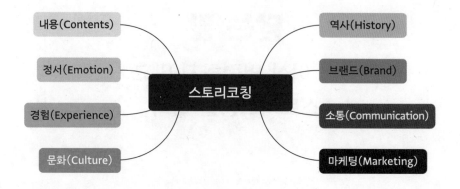

스토리코칭과 관련 키워드

단순하면서도 강력한 힘을 발휘하게 된다.

사실 스토리코칭의 목표는 우리 자신이 스토리텔러가 되어 즐겁게 메시지를 전달하고, 정보를 제공하고, 설득하고, 영감을 주는 등 메시지를 효과적으로 전달하고, 청중과 연결하고, 소통 목표를 달성하도록 돕는 것이다. 아무리 좋은 코칭이라도 결국 고객이 원하지 않는 방향이라면 소용없다.

'스토리코칭(storycoaching)'이란 스토리를 통해 생각, 마음, 행동의 변화를 이끄는 것을 의미한다. 좀 더 쉽게 생각해보면 기존의 스토리텔링에 코칭을 접목하여 행동 중심으로 바꿀 수 있다. 스토리코칭과 관련된 키워드는 역사(History), 콘텐츠(Contents), 정서(Emotion), 경험(Experience), 문화(Culture), 브랜드(Brand), 소통(Communcation), 마케팅(Marketing) 등이다. 스토리는 히스토리(history)에서 출발한다. 스토리코칭에서는 때때로 개인이나 조직의 역사적 배경이나 과거 경험 등을 이야기 소재로 활용할 수 있다. 자신의 뿌리와 정체성을 탐구하고 성찰하는 과정에서 개인이나 역사가 스토리텔링 요소로 사용될 수 있다. 스토리코칭은 콘텐츠(contents) 중심으로 코칭 대상자의 경험, 가치관, 비전 등을 바탕으로 이야기 소재를 발굴하는 것이다. 스토리코칭을 하다 보면 코칭 대상자의 경험, 가치관, 비전 등이 드러난다. 스토리 속에는 그 사람의 기쁨, 슬픔, 두려움, 희망 등의 정서가 녹아 있다. 스토리를 통해 코치와 코칭 대상자는 서로의 정서를 공유하고 이해할 수 있다. 스토리의 원천, 스토리코칭의 근간이 되는 것은 바로 개인의 삶의 경험이다. 코칭 대상자가 살아오면서 겪은 다양한 경험들이 이야기 소재가 되고, 이를 바탕으로 스토리가 구성된다. 경험 없이는 스토리가 만들어지기 어렵다. 스토리코칭은 비즈니스 세계에서 강력한 도구로 활용되고 있다. 스토리코칭은 단지 말로만 해서는 안 되고 행동의 변화가 있어야 한다. 스토리코칭을 해야 하는 이유는 크게 세 가지다.

첫째, 스토리는 세상을 보는 하나의 '렌즈(lense)'다.

스토리코칭의 핵심은 관점 전환이다. 결국 내 스토리의 역사를 바꿔야 내 삶과 비즈니스가 변화한다. 한마디로 사람은 스토리의 살아있는 역사다. '호모 나랜스(Homo Narrans)'란 라틴어로 '이야기하는 사람'이다. 미국의 영문학자 존 닐이 1999년에 발표한 『호모 나랜스』에서 처음 소개했다. 존 닐은 인간은 이야기하려는 본능이 있고, 이야기를 통해 사회를 이해한다고 주장했다. 동양에서 '형이하학(形而下學)'은 감각할 수 있는 '구체적인 사물'을 뜻하며, '형이상학(形而上學)'은 사물이 형체를 갖기 이전의 '근원적인 본모습'이다. 형이상학이 사유의 세계를 논한다면, 형이하학은 현실의 세계를 직시한다는 점에서 서로 판이한 입장이다. 이를 한마디로 축약하면 '형이하(physical)'는 물질로 이루어지고, '형이상(metaphysical)'은 스토리로 이루어진다. 사람은 자신의 경험을 공유하고 '피지컬한 스토리(physical story)'를 통해 다른 사람들과 소통하면서 자신의 정체성을 정의하기 위해 '메타피지컬한 스토리(metaphysical story)'를 사용한다. 결국 우리는 남의 스토리로 세상을 받아들이고, 자신의 스토리로 세상을 바라보게 된다. 우리는 '스토리'라는 자기서사를 통해 주변 세상을 이해한다. 따라서 '스토리'라는 '렌즈'를 바꾸지 않으면 관점이 전환되지 않는다.

둘째, 스토리는 고객의 감정(emotion)을 움직이는 열쇠다.

어떤 주제에 대한 상대방의 마음을 바꾸려면 그 주제에 대한 상대방의 감정을 바꿔야 한다. 결국 '스토리'는 '감정'과 밀접한 연관성이 있다. 부여된 인물과 사건에 깊이 단순히 사건만 나열하는 것이 아니라 인물의 감정 변화를 통해 사건의 맥락과 의미가 드러난다. 감정의 기복을 통해 인물에게 입체감과 깊이가 더해진다. 감정은 스토리에 현실감과 생동감을 부여하여 몰입할 수 있게 해준다. 인물의 감정에 공감하면서 이야기에 대한 애착과 관심이 높아진다. 스토리가 전달하고자 하는 주제의 메시지가 인물의 감정을 통해 더욱 강렬하게 전달된다. 감정적 스토리를 통해 메시지의 영향력이 배가된다. 스토리 속 기쁨, 슬픔, 극복 등의 감정에 동참하며 대리만족과 카타르시스를 경험하게 된다. 기억과 감정을 동반한 사건은 인지적으로 더 오래 기억되는 경향이 있다. 기억(memorizing)이란 인간이 살아남기 위해 뇌에 저장하는 방식이다. 단기적 기억은 쉽게 사라지지만, 장기적 기억은 쉽사리 사라지지 않는다. 트라우마도 기억이 지워지지 않으니 문제가 일어난다. 사실은 뇌에서도 감정뇌에 남는 것이 중요하다. 배우는 것도 감정뇌에 남아야 장기 기억이 된다. 추억이란 시간이 지나고 다시 생각할 때 남는 것이고, 기억이란 스스로 선택해서 얻는 것이다. 강렬한 감정이 스토리에 각인되어 인상 깊은 메시지로 남게 된다.

셋째, 스토리는 내 비즈니스의 강력한 의미(meaning)를 만드는 툴이다.

감정은 청중이나 독자에게 정서적 경험을 선사한다. 의미 있는 이야기는 감동과 공감을 일으킨다. 상대방의 이야기 속 의미를 존중하고 이해할 때 진정한 소통이 가능해진다. 감정은 스토리의 현실감, 깊이, 전달력, 경험 제공, 기억력 향상 등에 핵심적인 역할을 한다. 인간은 본질적으로 정서적 존재이기에 감정이 스토리와 결합될 때 비로소 설득력과 파급력을 지니게 된다. 자신의 이야기 속에 숨겨진 의미를 찾아가는 과정에서 자아에 대한 이해의 깊이가 더해지고, 삶의 방향성에 대한 통찰을 얻을 수 있다. 의미를 발견하면서 진정한 자기 자신을 인식하게 된다.

무엇보다 스토리코칭은 상상력을 발휘하게 한다. 상자 안에 갇혀 있던 사람이 상자 밖으로 나오게 된다. 스토리를 통해 의미 있는 목표와 가치를 발견하면 그것을 이루고자 하는 강한 동기와 의지가 생긴다. 단순히 해야 할 일이 아니라 '왜' 해야 하는지 이유를 가질 때 실천력이 생긴다. 남들을 설득하려면 화자와 청자가 함께 공감할 수 있는 스토리를 들려주어야 한다. 그가 말하려는 스토리가 자신에게 갖는 의미와 중요성을 느낄 수 있게 해야 한다. 결국 상대방의 생각을 바꾸는 데 그치지 않고 그들의 일과 삶을 바꿀 수 있다. 스토리코칭은 자신의 비전 설정은 물론, 일과 삶의 방향성을 정립하게 하고 자신의 이야기에서 진정 중요한 것이 무엇인지

의미를 찾아내면 미래에 대한 구체적인 비전을 그릴 수 있다. 삶의 본질적인 의미를 발견하여 나아갈 때 삶의 목적이 생긴다. 비즈니스도 마찬가지로 일의 본질적인 의미를 재조명하면 새로운 해결책이나 대안을 발견할 수 있다. 겉으로 드러난 표면적 문제가 아닌 근원적 의미를 파악하는 것이 중요하다.

더 이상 텔링(telling)하지 말고, 코칭(coaching)하라.

이제 단순히 스토리를 전달하는 시대는 끝났다. 코로나19 이후 스토리의 지형이 변화하는 시기가 도래할 전망이다. 상대방에게 설명하면 할수록 스스로 생각할 기회를 잃어버린다. 화자와 청자가 수직적 상하관계가 되기보다 함께 이야기를 나누고 문제를 해결하는 '파트너'가 되어야 한다. 과거에는 지식의 원천이 전달자인 스토리텔러였지만, 생성AI가 발전한 지금 주인공은 반드시 상대방이어야 한다. 바야흐로 명령하고 군림하려는 사람은 망하고, 스토리를 코칭하는 사람은 흥한다. 코로나19 이후 눈 깜짝할 사이에 우리의 스토리가 변하고 있다. 이미 생산과잉, 정보과잉, 광고과잉의 포화 시대에 살고 있다. 그냥 메시지를 무의식적으로 받았던 고객, 소비자의 스토리에 반응하는 속도가 달라지고 있다.

초개인화 시대에 걸맞은 스토리코칭의 시대가 온다

명령하지 말고 질문하라.

이제는 더 이상 일방적인 지시가 먹히는 시대가 아니다. 옛날처럼 TV 앞에서 온 가족이 옹기종기 모여서 보던 시대가 지나가고 있다. TV로 스토리를 봤던 시청자는 스트리밍을 통해 자신이 보고 싶은 것만 본다. 소비자가 각자 취향에 맞는 서비스를 이용하면서 광고를 보지 않아도 된다는 것이 온라인 스트리밍 서비스의 장점이다. 소비자의 패턴을 분석하여 맞춤형 프로그램을 추천하며 더 많은 시청자를 끌어들인다. 이제 스토리텔러가 일방적으로 전달하던 콘텐츠는 청중에게 더 이상 먹히지 않는다. 지식노동자(knowledge worker)는 결국 스토리를 통해 콘텐츠를 생산한다. 개인 콘텐츠를 제작하는 크리에이터가 늘어나면서 전 세계 누구라도 언제든지 인기 콘텐츠를 만들 수 있다. 유튜브, 인스타그램, 페이스북, 링크드인 등 비슷한 스토리텔링만으로는 주목받기 어렵다. 챗GPT가 나오고부터는 비슷한 콘텐츠가 우후죽순으로 재생산되고 있는 것이 사실이다. 따라서 점차 스토리코칭이 중요해지고 있다.

결과만 보지 말고, 스토리 여정을 시작하라.

모든 인간의 마음속에는 수많은 스토리가 꿈틀거린다. 어떤 스토리는 새벽의 조용한 순간에 미라클 모닝으로 속삭이고, 또 다른 스토리는 대낮에 카페에서 두런두런 커피타임으로 꽃핀다. 스토리는 우리 존재의 본질이며 우리 삶의 구조를 짜는 실이다. 이 책에서는 스토리로 성공신화를 만드는 법을 알려주지 않는다. 오히려 먼지에 쌓인 자신의 기억을 꺼내서 자기성찰을 할 수 있도록 도와준다. 당신은 어떻게 스토리 여정을 시작할 것인가?

참고문헌

I 부 스토리코칭을 위한 스토리 솔루션의 이론과 적용

1   논문

김기윤·이주환. 「VR 환경에서의 게임 시점에 따른 재미와 몰입감」. 한국HCI학회
　　학술대회 발표논문집, 2018.

류예슬. 「디지털 게임 시점의 특징과 사용 이유 분석」. 한국콘텐츠학회, 2015.

변민주. 「"겨울왕국2"에 나타난 4원소 정령의 기호작용과 서사구조의 연구」. 커뮤
　　니케이션디자인학연구, 2021.

_____. 「VR/AR을 기반으로 한 수원시립미술관 디지털워킹 아트숲의 공간체험형
　　융합스토리텔링 방법론 연구」. 한국과학예술융합학회, 2021.

_____. 「가상세계를 기반으로 한 메타버스의 개념적 이해와 게임형 메타버스 스토
　　리리빙의 구조에 관한 연구」. 한국과학예술융합학회, 2023.

_____. 「고대인터랙티브 스토리텔링의 특성을 지향한 디지털스토리텔링의 비선형
　　성 연구」. 한국문예창작학회, 2006.

_____. 「기능적 목적이 있는 스토리텔링의 서사적 구조의 특성 연구: 에듀테인먼
　　트 스토리텔링과 인포테인먼트 스토리텔링 연구를 중심으로」. 디자인융복합
　　연구, 2013.

_____. 「기능적 스토리텔링 효과로서의 넛지 커뮤니케이션디자인 연구」. 커뮤니
　　케이션디자인학연구, 2017.

_____. 「내러티브의 원리를 적용한 사이버자동차산업관의 콘텐츠디자인에 관한
　　연구」. 커뮤니케이션디자인학연구, 2016.

_____. 「문화원형을 기반으로 한 캐릭터의 이미지텔링에 관한 연구」. 기초조형학
　　연구, 2008.

_____. 「불가사리 문헌 및 스토리텔링의 다학제적 분석을 통한 상징적인 의미의

해석과 현대 미디어 적용에 관한 연구:「송도말년 불가살이젼」과 북한 영화 〈불가사리〉를 중심으로」. 한국과학예술융합학회, 2021.

_____.「브랜딩 적용을 위한 한국형 괴물 스토리텔링의 의미의 특성과 기호 포지셔닝에 관한 연구」. 한국과학예술융합학회, 2023.

_____.「스토리보드 제작을 위한 에듀테인먼트 가상현실 콘텐츠의 사용자 시점 연구」. 커뮤니케이션디자인학연구, 2019.

_____.「스토리텔링을 적용한 산업기술 사이버박물관의 콘텐츠구조 연구」. 한국과학예술포럼, 2013.

_____.「심층메타포 이론을 기반으로 한 미디어스토리텔링의 통과의례에 관한 연구. 한국과학예술포럼, 2014.

_____.「심층메타포의 욕망을 기반으로 한 지역공간의 스토리텔링 방법론 연구: 항노화의 산삼골 함양을 중심으로」. 한국과학예술융합학회, 2018.

_____.「칼 융의 집단무의식의 그림자 이론을 적용한 한국형 괴물의 상징성과 이미지에 관한 연구」. 한국과학예술융합학회, 2022.

_____.「커뮤니케이션의 기호 이론을 적용한 광고 창작에 관한 연구」. 한국과학예술포럼, 2016.

_____.「콘텐츠 제작을 위한 스토리텔링과 이미지텔링의 창작방법론」. 디지털디자인학연구, 2009.

_____.「크로스미디어전략을 기반으로 한 비스트의 대체현실게임 스토리텔링 연구: 최초의 ARG 비스트를 중심으로」. 한국과학예술융합학회, 2019.

변민주·박건용.「영화 스토리텔링의 상호텍스트성에 함의된 가족상에 관한 연구: 데이비드 린치 〈블루벨벳〉을 중심으로」. 한국과학예술포럼, 2016.

오출세.「韓國敍事文學에 나타난 通過儀禮 연구」. 동국대학교 석사학위논문, 1991.

전승규.「문화원형문자의 발전에 관한 연구」.『조형논총』25, 2006.

2 저서, 역서

강재철.『한국속담의 근원』. 백록출판사, 1980.

고성배.『한국괴담』. 위즈덤하우스미디어그룹, 2019.

곽재식.『한국괴물백과사전』. 워크룸 출판부, 2019.

구인환 외 6인.『문학개론』. 형설출판사, 1984.

길버트 듀란트·진형준.『상상의 인류학적 구조』. 문학마을, 2013.

김훈철·장영렬·이상훈.『브랜드 스토리텔링의 기술』. 멘토르, 2011.

로렌스 빈센트.『스토리로 승부하는 브랜드 전략』. 박주민 역. 다리미디어, 2002.

로버트 맥키·토머스 제라스.『스토리노믹스』. 이승민 역. 민음사, 2020, 74쪽.

리처드 탈러·캐스 선스타인.『똑똑한 선택을 이끄는 힘 넛지 Nudge』. 안진환 역.
        리더스북, 2016.

반 게넵.『통과의례』. 전경수 역. 을유문화사, 1985.

변민주.『(4차 산업혁명 시대) 콘텐츠디자인 스토리텔링』. 커뮤니케이션북스,
        2020.

_____.『지역문화와 콘텐츠』. 한국문화사, 2019.

변민주 외.『문화원형을 기반으로 한 캐릭터의 이미지텔링에 관한 연구』. 컴북스캠
        퍼스, 2022.

앤드루 호튼.『캐릭터 중심의 시나리오 쓰기』. 주영상 역. 한겨레, 2000.

오출세.『한국서사문학과 통과의례』. 집문당, 1995, 34쪽.

윤열수.『신화의 상상 아니마 열전』. 한국문화재재단, 2017.

이부영.『그림자: 우리 마음속의 어두운 반려자』. 한길사, 1999.

정성희.『무의식마케팅』. 시니어커뮤니케이션, 2010.

제럴드 잘트먼·리제이 잘트먼.『마케팅메타포리아』. 이진원 역. 21세기북스, 2010.

캐롤린 핸들러 밀러.『디지털미디어 스토리텔링』. 변민주 외 6인 역. 커뮤니케이션
        북스, 2006.

C. G. 융.『인간과 무의식의 상징』. 이부영 역. 집문당, 2000.

3 외국 서적

Alexander, J. The film of David Lynch, London: Charles Letts & Co. Limited, 1993.

Alkin, E. Sound with vision, London: The butter worth group, 1973.

Altman, R. Sound theory Sound practice, New York: Routledge, 1992.

Bernstein, S. Film Production, Focal Press, 2001.

Berry, B. "Forever, In My Dreams: Generic Conventions and the Subversive Imagination in Blue Velvet," Literature/Film Quarterly, 16(2), 1988.

Bordwell, D. & Thompson, C. Film Art: An Introduction, Sixth Edition NewYork: McGraw-Hill, 2001.

Chute, D. "Out to Lynch," Film Comment (Oct), 1986.

Gerald Zaltman, Lindsay H. Zaltman, Translated by Lee Jin-won Marketing Metaphoria, 21st Century Books, 2010.

Sorensen, Eli Park, Lee, Marvin Jin, "Ironic Distance and Credulity in David Lynch's Blue Velvet," Studied in Humanities, 47, 2015.

II부 스토리코칭의 실제

가브리엘 돌라·야미니 나이두. 『팩트보다 강력한 스토리텔링의 힘』. 박미연 역. 트로이목마, 2017.

김미경 외. 『세븐테크: 3년 후 당신의 미래를 바꿀 7가지 기술』. 웅진지식하우스, 2022.

로버트 랜디. 『페르소나와 퍼포먼스: 역할 접근법의 이론과 실제』. 이효원 역. 학지사, 2010.

로버트 맥키. 『시나리오 어떻게 쓸 것인가 STORY』. 고영범·이승진 역. 황금가지, 2006.

마샤 레이놀즈. 『문제가 아니라 사람에 주목하라』. 박정영 외 역. 이콘, 2023.

마셜 매클루언. 『미디어의 이해』. 박정규 역. 커뮤니케이션북스, 2007.

마이클 티어노. 『스토리텔링의 비밀』. 김윤철 역. 아우라, 2008.

매튜 룬. 『픽사 스토리텔링』. 박여진 역. 현대지성, 2023.

스티븐 데닝. 『스토리텔링으로 성공하라』. 안진환 역. 을유문화사, 2006.

최석현·윤영범. 「영상 콘텐츠 수용에 관한 연구: 로저스의 혁신확산이론을 중심으로」. 『2007 논문집』 35, 경남정보대학, 2007.

한병철. 『서사의 위기』. 최지수 역. 다산초당, 2023.

S. 채트먼. 『영화와 소설의 수사학』. 한용환·강덕화 역. 동국대학교 출판부, 2001.

David Berkowitz, "The Beginning of the End of Storytelling, Brands Need to Be Story Makers, Not Story Tellers," Advertising Age.

변민주

단국대학교 디자인학부 커뮤니케이션디자인전공 전임교수다. 한양대학교, 국민대학교 경영대학원 등에서 객원교수로 활동했으며, 현재 커리어코치협회 이사로도 활동 중이다.

단국대학교 교책 기관인 미디어콘텐츠연구원(스토리텔링연구센터)에서 산학 프로젝트를 맡아서 스토리텔링 연구를 진행했다. 백석문화대학 광고마케팅학부 겸임교수, 중앙리서치 편집장, 한국광고연구원 수석을 역임했으며, 국민대학교 테크노디자인전문대학원에서 BK21 디지털콘텐츠디자인전공 제1호 박사다. 2006년 한국콘텐츠진흥원에서 진행된 최초의 분야별 디지털 미디어스토리텔링 사이버강좌 프로젝트를 기획하여 연구책임을 맡았으며 이후 강의교수로 활동했다. 2009년, 2010년 한국생산기술연구원의 '증강현실' 관련 사업에서 스토리텔링 기획을 주도했다.

2011년부터 현재까지 단국대학교 전임교수로서 한국콘텐츠진흥원, 문화재청, 한국산업기술진흥원, 한국자동차산업협회, 한국공학한림원 등의 스토리텔링 관련 연구사업의 연구책임 및 PM을 맡아서 진행했다. 한국과학예술포럼(연구재단 등재지)을 비롯한 학술등재지, 서울시를 비롯한 시·도 지자체, 한국공예문화디자인진흥원, 한국토지주택공사와 국가기관 공사 등에서 심사와 평가단 학술지 등재 제도위원으로 활동하고 있다. 특히 한국연구재단 전문평가단의 위원으로 위촉되었다. 중소기업부 산하 중소기업기술정보진흥원에서는 '중소기업전력기술로드맵'의 콘텐츠 분야, 가상현실 및 증강현실 분야의 자문위원을 지속적으로 맡고 있으며, 디자인과 융복합 서비스 분야에서는 위원장을 역임했다. 현재 산업통상자원부, 문화체육관광부, 중소벤처기업부 등의 국책사업에 관심을 갖고 자문 및 관련 사업을 진행하고 있다.

『K-스토리텔링』(2022), 『콘텐츠디자인 스토리텔링』(2020), 『지역문화와 콘텐츠』(2019), 『천의소감언해』(2019), 『디지털미디어스토리텔링 코어』(2015), 『콘텐츠디자인의 이해』(2015), 『콘텐츠디자인』(2010) 등의 저서와 「5 원소를 기반으로 한 영웅의 통과의례의 유형과 현대 미디어콘텐츠의 박스형 스토리텔링의 유형과 구조에 관한 연구」(2025), 「마셜 매클루언의 「미디어의 이해」에 나타난 나르시스의 의미와 차가운 미디어의 감성 확장에 관한 연구」(2024), 「심층메타포 이론을 적용한 문제해결로서의 스토리텔링 씽킹의 가능성 연구」(2024), 「가상세계를 기반으로 한 메타버스의 개념적 이해와 게임형 메타버스 스토리리빙의 구조에 관한 연구」(2023), 「칼 융의 집단무의식의 그림자 이론을 적용한 한국형 괴물의 상징성과 이미지에 관한 연구」(2022), 「VR/AR을 기반으로 한 수원시립미술관 디지털워킹 아트숲의 공간체험형 융합스토리텔링 방법론 연구」(2021), 「스토리보드 제작을 위한 에듀테인먼트 가상현실 콘텐츠의 사용자 시점 연구」(2019), 「크로스미디어전략을 기반으로 한 비스트의 대체현실게임 스토리텔링 연구: 최초의 ARG 비스트를 중심으로」(2019) 등 다수의 논문을 출간했다.

윤영돈

현재 윤코치연구소 소장, 지혜의탄생 대표코치로 현장에서 잔뼈가 굵었다. 한국커리어코치협회 부회장, 한국강사협회 이사, 인사혁신처 인재채용분과 정책자문위원으로 활동하고 있다. 단국대학교 초빙교수, 성신여자대학교 겸임교수 등을 역임했고, 국내 1위 문서서식사이트 비즈폼에 근무하면서 여러 문서작업을 했다. 결혼정보회사 선우에서 콘텐츠를 개발하기도 했고, (주)유니드파트너스 평생교육원 원장을 역임했으며, 크레듀, 휴넷, 현대경제연구원, 한국산업인력공단 등에서 이러닝을 개발하게 되었다. 코리아인터넷닷컴에 3년간 칼럼을 꾸준히 쓴 것이 '윤코치'라는 필명이 알려지게 된 계기가 되었다. 하우라이팅닷컴을 개발해서 창업하기도 했다.

여러 직업을 거치면서 '누군가를 성장시키는 일'이 자신에게 맞는다는 것을 깨달았다. 처음 코칭을 접한 것은 2003년 한국코치협회가 생기기 전에 코칭연구회부터 시작해서 커리어코칭연구회 활동, 콘퍼런스 발표, 월례회 강의 등 현재까지 전문코치(KPC)로 살고 있다.

서울대, 연세대, 제주대 등 300여 개 대학교에서 특강을 했으며 대한민국 취업컨설팅대전, 대한민국취업박람회 등 20여 개 취업현장에서 컨설팅을 했다. 면접관 교육은 한국가스공사, 한국항공우주산업(KAI), 대한무역투자진흥공사(KOTRA), 아시아나항공 등에서 진행하고 있다.

30대에 『30대, 당신의 로드맵을 그려라』(한국문학번역원 주관 '한국의 책' 선정)라는 책을 쓰고 중국어로 번역·수출되면서 독립하는 계기가 되었다. 일하면서 늦은 나이에 단국대학교 박사과정에 들어가 문학박사를 취득했다. 2007년 한국경제신문 한경닷컴 칼럼니스트 신인상을 받았고, 2023년 월간 한국수필에서 신인상을 수상했으며, 2010년 콘텐츠 개발 능력을 인정받아 삼성경제연구소 SERI 우수지식인으로 선정되었다.

2007년 5월 12일부터 2009년 2월 6일까지 한국경제신문사 한경닷컴 교육센터에서 커리어코치 1기부터 13기 과정을 진행했고, 2010년부터 커리어코치협회 주최 윤코치연구소 주관으로 커리어코치 1급 14기부터 36기까지 진행하고 있다. 『한국형 커리어코칭을 말한다』, 『한국형 정서코칭을 말한다』, 『한국형 리더십코칭을 말한다』 등을 공동 집필했다. 『채용트렌드 2024』, 『채용트렌드 2023』, 『채용트렌드 2022』, 『채용트렌드 2021』, 『채용트렌드 2020』, 『책 잘 쓰는 법』, 『독습, 책을 지적자본으로 바꾸는 10가지 습관』(2019), 『NCS 기반 블라인드 채용 자소서&면접마스터』(2018), 『남을 것인가? 떠날 것인가? 터닝시프트』(2018), 『아직도 글쓰기가 어려운가? 공식대로만 쓰면 된다! 글쓰기 신공 5W4H1T』(2017), 『1PAGE로 설득하라! 보고서 마스터』(2017), 『상대의 마음을 훔쳐라! 기획서 마스터』(2015), 『챗GPT 자기소개서』(2023), 『한번에 OK 사인 받는 기획서 제안서 쓰기』(랜덤하우스, 2008), 『자연스럽게 Yes를 끌어내는 창의적 프레젠테이션』(뜨인돌, 2005), 『30대, 당신의 로드맵을 그려라』(매일경제신문사, 2004), 『자기소개서 작성법 특강』(2003) 등이 있다.

감수했던 책으로 『기획서 제안서 작성 기술 200 무작정 따라하기』(길벗, 2006), 『최강 프레젠테이션 기술』(지훈, 2008) 등이 있다.

부록

질문 스토리 카드

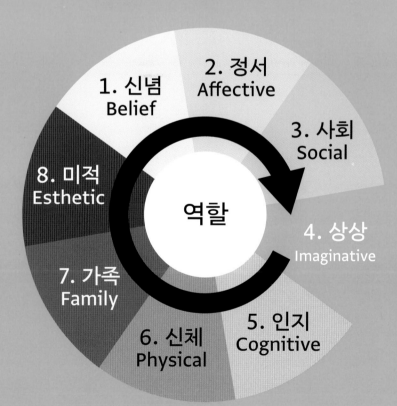

질문스토리카드

지금 당신은 어떤 역을 맡고 있는가?

Role Wheel

1. 신념 Belief
2. 정서 Affective
3. 사회 Social
4. 상상 Imaginative
5. 인지 Cognitive
6. 신체 Physical
7. 가족 Family
8. 미적 Esthetic

ROLE

B

◎ 질문스토리카드(Question Story Card)

하나의 질문이 스토리를 바꾼다!

윌리엄 셰익스피어는 "온 세상이 무대(All the world's a stage)"라고 말하며 세상과 무대를 연결했습니다. **질문스토리카드**는 셰익스피어의 은유를 통해 인생의 무대에서 어떤 역을 맡고 있는지 페르소나를 깨닫게 만드는 카드입니다. 페르소나(persona)란 그리스 어원의 '가면'을 나타내는 말로 '가면을 쓴 인격'을 뜻합니다. 역할을 풍부하게 해야, 이야기는 현실이 일상적인 은유입니다. 역할을 풍부하게 해야, 이야기는 현실이 일상적인 은유입니다.

A

◎ Question Story Cards

인생은 하나의 무대다. 살아있는 동안 무대에 등장퇴장하면서 여러 역을 맡게 된다.

지금 당신은 어떤 역을 맡고 있는가?

What role do your play now?

Boneheart®

역할모델 BASIC PFE

Belief	도덕주의자 Moralist	순결자 Innocent	조력자 Helper	생존자 Survivor	희생자 Victim	이기주의자 Egoist	복수하는 사람 Avenger
Affective	연인 Lover	긍정주의자 Optimist	환상가 Fantast	좀비 Zombie	좌절가 Frustrated Person	분노자 Angry Person	구두쇠 Miser
Social	중재자 Peacemaker	판사 Judge	경찰 Police	부자 Rich Person	보수주의자 Conservative	거지 Homeless	혁명가 Revolutionist
Imaginative	영웅 Hero	요정 Elf	마법사 Magician	마녀 Witch	허무주의자 Nihilist	성직자 Saint	허수아비 Scarecrow
Cognitive	현자 Wise Person	목격자 Witness	잠자는 사람 Sleeper	수집가 Collector	길을 잃은 자 Lost One	비평가 Critic	얼간이 Simpleton
Physical	성인 Adult	미인 Beauty	청소년 Adolescent	아동 Child	노인 Elder	거세된 남자 Eunuch	도망자 Outcast
Family	엄마 Mother	아버지 Father	아내 Wife	남편 Husband	딸 Daughter	아들 Son	친구 Friend
Esthetic	시인 Poet	화가 Painter	음악가 Musician	무용가 Dancer	조각가 Sculptor	소설가 Novelist	몽상가 Dreamer

◎ 질문스토리카드 활용법

질문스토리카드는 인생이 무대에서 당신이 어떤 역할을 맡고 있는지 질문으로 깨닫게 도와주는 카드입니다.

01 질문스토리카드를 모두 펼쳐놓습니다.

02 당신이 지금 맡고 있는 역할카드 9개를 뽑습니다.

03 9개 카드 중 3개를 버리면 6개가 남습니다.

04 버려 모양으로 나만의 역할바퀴를 만들어봅니다.

05 역할바퀴에서 발견된 역할을 살펴봅니다.

Role

01 *Belief* (신념)
02 *Affective* (정서)
03 *Social* (사회)
04 *Imaginative* (상상)
05 *Cognitive* (인지)
06 *Physical* (신체)
07 *Family* (가족)
08 *Esthetic* (미적)

01

Belief

전염은 무섭게 온다.
나쁜 행동을 보면서 당신은 그런 행위를 안 하겠다고
마음먹었지만, 어느새 따라 하고 있는 자신을 만난다.

당신이 끊어야 하는 전염은 무엇인가?

02

Belief

거절을 두려워하지 마라. 거절은 곧 거부가 아니다.
상대방이 제안을 물리치더라도 무엇을 거절하는지
파악하고 다시 제안하라.

당신이 제안하고 싶은 것은 무엇인가?

03

Belief

수확할 것이 많은 사람은
그동안 뿌렸던 씨를 거두는 것이다.
말씨, 마음씨, 맘씨, 결국 씨를 뿌려야 열매를 맺는다.

당신이 뿌리고 싶은 씨는 무엇인가?

04

Belief

쓸데없는 경험은 없다.
시행착오를 겪어보지 않으면
도저히 알 수 없는 것을 깨닫게 된다.

최근 당신이 겪은 경험은 무엇인가?

순결자
Innocent

도덕주의자
Moralist

생존자
Survivor

조력자
Helper

05

마음이 상처를 입었을 때 금방 아물 줄 알았다.
하지만 썩은 마음을 도려내지 않으면 멀쩡한 마음도 물든다.
부정적 마음이 상처는 긍정적 마음으로 회복된다.

당신 마음의 동아줄은 어디에 있는가?

Belief

06

사람을 탐색하든 자기 일을 탐색하든
모험 없이 얻을 수 있는 것은 어떤 것도 없다.
그동안 너무 탐색만 하지 않았는가?

지금 탐색을 끝내고 모험하고 싶은 것은 무엇인가?

Belief

07

타인의 약점이 눈에 들어오는 것은
나 자신이 힘들 때다.
자신이 행복한 사람은 타인의 약점을 별로 신경 쓰지 않는다.

상대방을 존중하기 위해 던지고 싶은 질문은 무엇인가?

Belief

01

서두르지 마라.
마음만 앞세우지 말고 행동으로 보여줘라.
진짜 사람은 상대가 싫어하는 것을 안 하고
진정 원하는 것을 해주는 것이다.

당신이 진정 원하는 것은 무엇인가?

Affective

이기주의자
Egoist

희생자
Victim

연인
Lover

복수하는 사람
Avenger

스토

순탄한 삶이 어디 있겠느가!
지금까지 무수히 넘어지고 깨지고 지쳐졌다.

그럼에도 불구하고 당신을 일어나게 한 힘은 무엇인가?

Affective

당신은 태어날 때 최초였고
지금 최선을 다하고 있고 장차 최고가 될 것이다.

최고가 되어 인터뷰한다고 가정할 때 진심으로 감사할 사람은 누구인가?

Affective

웃음은 사람이 빗장을 푸는 열쇠다.
웃지 않는 사람을 경계하라!
표정이 굳어 있다면 정서가 메말라 있는지 확인하라.

빗장을 풀고 싶은 사람은 누구인가?

Affective

인생의 길을 가다 보면 어찌 꽃길만 걸을 수 있겠느가.
진흙탕물에 넘어졌을 때 어느 돌부리를 원망하진 마라.
그것을 못 본 자신을 책망할 때 꽃길이 나온다.

당신에게 있어 돌부리는 무엇인가?

Affective

환상가 **Fantast**

긍정주의자 **Optimist**

좌절가 **Frustrated Person**

좀비 **Zombie**

돌이켜보면 함께했던 감정이 떠오른다.
두려움과 욕망, 슬픔과 기쁨, 노여움과 즐거움, 미움과 사랑!
묵은 감정을 버리고

새로운 물세를 지필 사람은 누구인가?

Affective

빈 수레가 요란하다. 하지만 넘치는 수레는 더 위험하다.
수레 채우는 욕심에 사람이 떠나간다.

채우려 하지 말고 누구와 수레를 밀 것인가?

Affective

눈인사, 입가의 웃음, 따뜻한 말 한마디, 상대방을 배려한
사소한 행동 하나로 가슴 한 켠이 뿌듯해진다.

당신에게 있어서 작지만 확실한 행복은 무엇인가?

Social

신뢰는 행동에서 나온다.
겉모습은 참 멋진 사람이었는데 직접 아는 사람들이
내뱉는 이야기를 들으니 가관이다.
어제 손으로 하늘을 가리겠는가!

당신이 만난 겉만 번드르르하고 속 다른 사람은
어떤 행동을 하던가?

Social

구두쇠
Miser

분노자
Angry Person

판사
Judge

중재자
Peacemaker

스토리코칭

03

아침에 출근할 때 계급장을 떼어내어라.
당신이 속한 조직에 매몰되지 않으려면 머릿속에
깊이 각인된 고정관념에서 벗어나야 한다.

당신이 하는 일의 본질은 무엇인가?

04

오늘의 선택이 내일을 좌우하지만
과거의 흔적을 되돌아보는 것은 현재의 반성이기도 하다.
미래만 보면 속도에 취한다.

속도를 줄이고 싶은 것은 무엇인가?

05

혼자 이룬 것은 하나도 없었다.
되돌아보니 함께 겪었던 모든 분이 동반자였고, 기쁘고 화나고
슬프고 즐거웠던 어느 순간도 소중하지 않았던 적이 없다.

지금 이 순간까지 어떻게 왔는가?

06

바닥이 보여야 정리할 수 있다.
바닥이 드러나야 헝클어진 삶이 비로소 명료해진다.

지금 바로서 바닥을 드러나게 할 것은 무엇인가?

보수주의자 **Conservative**

경찰 **Police**

거지 **Homeless**

부자 **Rich Person**

질문이 없으면 끌려가는 인생을 산다.
그러니 질문으로 혁명하라.
당신은 함께 가는 상대를 위해 무엇을 내놓을 것인가?
마지막으로 우리가 살아갈 터전을 위해
무엇을 할 것인가?

Social

인생은 항해이다.
잔잔한 호수보다 거친 풍랑이 훌륭한 사람으로 만든다.
그렇더라도 당장 몰아치는 태풍 속으로 뛰어들지는 마라.
지금 당신에게 풍랑은 무엇인가?

Imaginative

삶은 달걀이 되지 않으려면 긴장해야 한다.
닭이 못 되어도 병아리로 살아남아야 기회가 있다.
애벌레에서 나비로 탈바꿈해보자.

당신이 변하고 싶은 것은 무엇인가?

Imaginative

삶은 생각보다 긴 여행이다.
그 여행에서 가방에 무엇을 담고 갈 것인가?
결코 다른 사람이 내 인생을 살아주지 않는다.

당신이 마법사라면 꼭 이루고 싶은 것은 무엇인가?

Imaginative

영웅 Hero

혁명가 Revolutionist

마법사 Magician

여정 Elf

04

어긋나는 사람과 거리를 두어라.
잘해줘도 돌아오는 것은 상처뿐이다.
그럼에도 불구하고 당신이 곁에 두고 싶은 사람은
어떤 사람인가?

Imaginative

05

센 척하지 마라.
연약한 마음을 들키고 싶지 않아서다.
사람은 두려울수록 강한 척한다.

당신이 두려워하고 있는 게 무엇인가?

Imaginative

06

직면하기 힘들더라도 자신의 허물을 벗어던져라.
그래야 보잘만 난는다.
절대로 타협하지 말고 수용부터 해야 한다.

당신의 이야기를 가장 잘 들어준 사람은 누구인가?

Imaginative

07

별다른 역할이 없다고 해도 쓸모없는 사람은 없다.
누가 뭐라고 해도 기죽지 마라!
상상하는 만큼 생각이 성장한다.

요즘 당신이 상상하고 있는 것은 무엇인가?

Imaginative

마녀
Witch

허무주의자
Nihilist

허수아비
Scarecrow

성직자
Saint

338

01

중요한 것은 문이 열릴 때까지 해보았느냐다.
단지 열리지 않는 자물쇠는 비밀번호가 맞지 않았기 때문이다.
비밀번호를 바꾸지 않으면 문이 열리지 않을 것이다.

비번을 바꾸고 싶은 것은?

Cognitive

02

현상에 취하지 마라!
본질에 가까이 가기 위해서는 현상을 걷어내야 한다.
그러면 원인이 보이고 원인에도 주원인이 있고 부원인이 있다.
주원인에서 문제점을 도출하라. 그래야 해결안이 보인다.

당신 앞에 있는 문제는 무엇인가?

Cognitive

03

태어날 때부터 뛰어난 사람은 없다.
끊임없는 노력으로 탄생한다.
백열등도 원래는 보잘것없는 맥시코산 잡초였다.
독일의 식물학자 요한 고트프리트 진에 의해 개량되면서
관상용으로 널리 재배되고 있다.

당신의 숨겨진 보물은?

Cognitive

04

지금 힘들다는 것은 정상이 바로 앞이라는 얘기다.
포기하고 싶을 때 진경이 보인다.
정차를 알려면 경험치가 있어야 한다.

길을 묻고 싶은 사람은 누구인가?

Cognitive

목격자
Witness

현자
Wise Person

잠자는 사람
Sleeper

길을 잃은 자
Lost One

트리코칭

05

세상을 살다 보면 만나야 할 사람이 있는 반면
만나지 말아야 할 사람이 있다.
앞닥가 다른 사람을 조심하라!

당신의 주변에서 멀리해야 할 사람은 누구인가?

Cognitive

06

남의 허물을 드러내기 전에 내 허물을 들여다보라!
남의 가슴에 대못을 박으면 내 주위에 말뚝이 세워진다.
머리로 재지 말고 가슴으로 뛰어들라!

당신의 허물은 무엇인가?

Cognitive

07

헛품을 팔면 낭만 샐 뿐이다.
에너지를 빼앗는 사람에게 기회를 찾는 것은 어리석은 짓이다.

당신 주변에 에너지를 빼앗는 사람은 누구인가?

Cognitive

01

리더는 자신을 드러내는 용기가 필요하다.
자신의 잘못을 드러내야 수치심을 이기는 힘도 생긴다.
잘못을 인정하는 리더가 진짜 리더다.

잘못을 인정하고 싶은 것은?

Physical

비평가
Critic

수집가
Collector

성인
Adult

열간이
Simpleton

02

시간을 잡을 수 없지만, 함께했던 여정은 기억할 수 있다.
꾸민다고 원래 모습이 쉽게 변하지 않는다.
다만 다른 사람들을 위해 정체성을 분명히 하라!

당신의 본모습은 어떠한가?

Physical

03

인생은 결과가 아니라 과정이다.
무엇을 배웠나가 아니라 무엇을 겪었는가다.
겪는 과정을 하나하나 소중히 할 때 열매가 맺힌다.

지금 어디로 가고 있는 과정인가?

Physical

04

남들 따라 하는 보행기 수준에서 벗어나라!
성숙한 사람은 그저 말하는 수준을 넘어
관계에 도움이 되는 목소리를 낸다.

<u>스스로 자신의 목소리를 내고 싶은 것은 무엇인가?</u>

Physical

05

더 이상 설레는 순간이 사라졌다는 것은
소멸하고 있다는 말이다.
이리 재고 저리 재고
결국 몸은 움직이지 않고 생각이 복잡해진다.

요즘 설레는 순간은 언제인가?

Physical

청소년 **Adolescent**

미인 **Beauty**

노인 **Elder**

아동 **Child**

몸이 신호를 잘 들어라.
눈과 소리로 세상을 듣다 보면 몸짓가 된다.
문짓에서 벗어나야 편박이 사고를 깰 수 있다.

요즘 당신의 몸이 보내고 있는 신호는 무엇인가?

Physical

살아간다는 것은 닻을 내리는 것과 같다.
다 정박한 것 같지만 더욱러 흔들리기 쉽다.

어디로 닻을 내리고 있는가?

Physical

한가로변에 에너지를 소모하지 마라.
아마니라는 직업은 세상에서 가장 힘들다.
여유분을 가져야 타월함을 발휘할 수 있다.

당신이 가지고 있는 여유분는 무엇인가?

Family

누구나 어른이 되면
아버지의 그늘에서 벗어나게 된다.
그때야 아버지의 뒷모습을 보게 된다.

아버지께 전하고 싶은 말은 무엇인가?

Family

도망자 **Outcast**

거세된 남자 **Eunuch**

아버지 **Father**

엄마 **Mother**

토리코칭

03

우리는 강아지를 키운다고 생각하지만
강아지는 우리를 보살펴준다.
리더는 팔로우를 이끈다고 생각하지만
팔로우는 리더를 보좌한다.

당신이 보살펴야 하는 것은 무엇인가?

Family

04

상대방의 결점을 품어라.
거목을 얹고자 하는 나무꾼은
사소한 흠집을 탓하지 않는다.

당신이 만난 거목은 어떤 사람인가?

Family

05

어릴 때 아이의 감성이 충분히 자랄 수 있도록 지켜봐줘라.
강요하지 말고 진정으로 인정해주어야 한다.

당신이 듣고 싶은 칭찬은 무엇인가?

Family

06

점을 매는 헛품도 팔아야 한다.
그러나 밭품, 손품도 제대로 하는 것을 배워야지
대충이 길들면 남만 샌다. 나이 들어서 바꾸기 더 힘들다.
배워서 진품이 될 때 명품이 된다.

진품이 되고 싶은 것은 무엇인가?

Family

남편 Husband

아내 Wife

아들 Son

딸 Daughter

스토리 등지

Why가 있을 때 만나면 '지인'이고
Why 없이 만나고 싶으면 '친구'고
Why를 만들어서 만나면 '애인'이다.
관계란 일방적인 게 아니라 상호작용으로 만들어진다.

내 Best Friend는 누구인가?

Family

마음을 비우니 낙엽이 보인다.
이렇게 가벼우니 세상이 아름답다.
산봉우리 가는 길이 막바지다.

조그만 숨을 고르고 싶은 것은?

Esthetic

스스로 질문의 수준을 올려라!
'왜 이렇게 못 하나?'보다
'어떻게 하면 잘할 수 있을까?'라고
당신에게 필요한 질문을 하다.

당신이 던지고 싶은 질문은 무엇인가?

Esthetic

가르칠 때 귀한 배움이 오는 법이다.
물어보는 사람을 귀하게 여겨라.
당신이 전달한 내용의 오류를 발견할 기회다.

당신이 불러일으키 오해는 무엇인가?

Esthetic

시인 **Poet**

친구 **Friend**

음악가 **Musician**

화가 **Painter**

04

인간의 몸은 생명의 아름다움 그 자체다.
인간의 몸짓은 예술작품 중에서도 가장 감동적이다.

당신이 할 수 있는 몸짓은 무엇인가?

Esthetic

05

사람은 누구나 본성을 가지고 이 땅에 태어난 이유가 있다.
참된 모습을 드러내는 방법은 불필요한 것을 제거하는 것이다.

당신이 발견한 자신의 본성은 무엇인가?

Esthetic

06

무슨 일을 하든지 글쓰기 공부를 하라.
글쓰기를 못 하는 것은 재주가 없어서가 아니라
연습이 부족한 것이다.
지금 펜을 들고 써라.

펜을 들고 쓰고 싶은 것은 무엇인가?

Esthetic

07

꿈을 미루지 마라.
어리석은 사람은 꿈을 미루고
현명한 사람은 꿈을 쳐긴다고 밝어간다.

꿈을 밝아가고 싶은 것은 무엇인가?

Esthetic

조각가 **Sculptor**

무용가 **Dancer**

꿈꾸는 사람 **Dreamer**

소설가 **Novelist**